政策演进中的独立学院发展研究

王凤华 著

吉林大学出版社
·长春·

图书在版编目（CIP）数据

政策演进中的独立学院发展研究／王凤华著. -- 长春：吉林大学出版社，2020.8
ISBN 978-7-5692-6977-2

Ⅰ.①政… Ⅱ.①王… Ⅲ.①高等学校-学校管理-研究-中国 Ⅳ.①G647

中国版本图书馆 CIP 数据核字（2020）第 168263 号

书　　名	政策演进中的独立学院发展研究 ZHENGCE YANJIN ZHONG DE DULI XUEYUAN FAZHAN YANJIU
作　　者	王凤华　著
策划编辑	李伟华
责任编辑	李伟华
责任校对	柳　燕
装帧设计	王　艳
出版发行	吉林大学出版社
社　　址	长春市人民大街 4059 号
邮政编码	130021
发行电话	0431-89580028/29/21
网　　址	http：//www.jlup.com.cn
电子邮箱	jdcbs@jlu.edu.cn
印　　刷	三美印刷科技（济南）有限公司
开　　本	787mm×1092mm　1/16
印　　张	14
字　　数	270 千字
版　　次	2021 年 3 月　第 1 版
印　　次	2021 年 3 月　第 1 次
书　　号	ISBN 978-7-5692-6977-2
定　　价	48.00 元

版权所有　翻印必究

前言

独立学院作为利用市场机制实现优质高等教育资源与社会资本有效整合的一种全新高等教育组织形式，在短暂的发展历史中异军突起，成为民办高等教育系统的中坚力量和大众化高等教育体系的重要组成部分。在拓展优质高等教育资源、提升民办高等教育办学质量、深化高等教育体制改革和人才培养模式改革等方面都发挥了积极的作用。但必须看到，独立学院在发展过程中也存在着法人地位未落实、产权归属不清晰、办学条件不达标等诸多问题，面临着诸多挑战。

随着教育部《关于加快推进独立学院转设工作的实施方案》的落地，所有独立学院都面临着或转设、或撤销问题，也许用不了太长时间，独立学院这一办学模式将以另一种身份，重新投身于高等教育系统中，它们的融入将有利于形成公办高等教育和民办高等教育比翼双飞、竞争发展的新格局，同时，无论是转设为民办普通本科高校，还是转设为公办普通本科高校的独立学院，都将继续作为振兴我国高等教育发展的中坚力量，承载着夯实高等教育基础、提高高等教育质量、提升高等教育发展能力的重要任务。

本书以独立学院的产生背景、发展历程、发展现状以及未来走向为切入点，来探讨独立学院的发展脉络，从独立学院产生的背景来研究独立学院出现的必然性；从独立学院的发展历程来分析不同阶段独立学院的发展情况；从研究独立学院的现状，并且通过探索独立学院之间存在的差异性和办学模式的特殊性，对独立学院进行全面而又客观的分析与研究；通过分析独立学院的未来走向，去找寻尽可能合乎政策要求和独立学院自身发展需求的发展目标以及线索。

本书从宏观、中观、微观三个不同的视角，探讨了独立学院发展的不同领域。从宏观的角度看，独立学院的产生、发展与国家政策制度、经济社会发展、高等教育系统变革等都存在着紧密的关系，国家对独立学院的制度及政策供给与独立学院的发展密切相关，两者相互交织、相互影响、相互促进，独立学院的发展历史也印证和记录着我国经济、社会、教育在这一时段的改革发展历史。从中观层面看，由于独立学院根植于它所产生和成长的地域环境，因此，基于省情的独立学院发展情况各不相同。从微观层面看，独立学院自身作为一个组织，由不同的要素构成，本书还聚焦了独立学院教师队伍建设、专业布局调整、课程建设、教学方法改革等微观层面的分析。在上述三个层次中分别展开的研究是把握独立学院复杂性的主要手段。

本书聚焦于独立学院规范发展和应用型转变两个重大问题。从初期的整顿，到中期的规范发展，再到最终转设为民办或公办，或终止办学，独立学院的规范发展问题伴随着独立学院的发展历程。除了规范发展外，独立学院还面临着内涵发展及应用型转变的任务，随着高等教育大众化使命的完成，独立学院不可能再是高等教育大众化数量上的补充，尤其是在人才培养目标取向上处于其他普通本科高校和高职院校之间的尴尬处境，独立学院必须在质量上突进，应通过普通教育与职业教育的融合，进一步转变办学理念，深化教学改革，重构课程体系，优化教师队伍结构，尽快实现应用型转变。

具体来看，全书共分为八章来进行阐述。第一章追溯了独立学院产生的社会时代背景、发展环境，探究了孕育独立学院的土壤，揭示了独立学院作为新的办学模式诞生的必然性。第二章分析了独立学院发展的现状、取得的成就，同时论述了独立学院发展中存在的问题和争议。第三章和第四章着重对国家关于独立学院规范发展的政策制度推进，以及独立学院转设的进程进行了深入分析，尤其民办教育新法新政的政策实施，对包括独立学院在内的民办高校将会产生的影响是本部分关注的重点。第五章和第六章着重论述了独立学院深化内涵建设的基础，实现应用型转变的理论基础、政策推进及整体架构。第七章和第八章分别从独立学院"双师型"教师队伍建设和教学方法变革两个微观视角，论述了独立学院实现内涵发展和应用型转变的具体路径。

本书中的章节内容是对以前发表的论文和相关课题研究报告的再编辑，是近十年研究成果的积累，因此，书中有很多的时间节点。同时，由于笔者学术理论水平与研究能力的限制，本书还存在一定的不足之处和局限性，在此，也恳请各位专家学者给予批评指正。

作者
2020 年 5 月

目录

第一部分 诞生与发展

第一章 产生的背景 ··· 3
第二章 发展与问题并存 ·· 14
 第一节 独立学院理论研究进展分析 ······································ 14
 第二节 发展与成就 ·· 26
 第三节 问题与争议 ·· 41

第二部分 规范与转设

第三章 规范发展的持续推进 ·· 55
 第一节 国家政策制度的设计 ·· 55
 第二节 独立学院转设情况分析 ·· 60
 第三节 独立学院转设的必然 ·· 63
 第四节 独立学院转设中面临的问题与政策建议 ················· 66
第四章 分类管理的影响 ·· 70
 第一节 国家层面的分类管理及政策节点 ···························· 71
 第二节 不同省份实施意见的政策文本对比 ························ 75
 第三节 分类管理后利益格局的变化及思考 ························ 81
 第四节 独立学院在分类管理背景下的发展选择 ················· 84

第三部分　内涵与转型

第五章　内涵建设与应用型转变的开启 …… 89
 第一节　实现内涵式发展的必要性 …… 89
 第二节　独立学院应用型转变的热点分析 …… 94
 第三节　应用型转变之专业布局与调整 …… 99

第六章　普通教育与职业教育的融合 …… 110
 第一节　基础·优势·机遇 …… 110
 第二节　思路·原则·框架 …… 122
 第三节　措施·途径·方法 …… 128

第四部分　实践与探索

第七章　"双师型"教师队伍的建设 …… 143
 第一节　"双师型"教师的内涵与认定分析 …… 144
 第二节　山西大学商务学院"双师型"教师队伍建设经验 …… 153
 第三节　"双师型"教师队伍建设面临的问题及原因 …… 167
 第四节　完善"双师型"教师队伍建设和发展的政策建议 …… 171

第八章　教学方法的变革 …… 176
 第一节　调查的目的与对象 …… 176
 第二节　教学方法运用现状分析 …… 179
 第三节　教学方法改革中存在的困境及其原因 …… 187
 第四节　促进教师教学方法改进的措施 …… 191

第九章　展望——成为真正意义上的独立者 …… 198

附表一　2003—2018年独立学院发展相关政策 …… 204

附表二　2008—2020年上半年全国独立学院转设名单 …… 207

参考文献 …… 211

后　　记 …… 217

第一部分　诞生与发展

第一章 产生的背景

德国著名哲学家黑格尔曾经说过，凡是存在的，都有其合理性。也就是说任何事物的出现或存在都有其合理性，那么，独立学院的出现是否也不例外？英国高等教育教育史学家哈罗德·珀金曾经说过："一个人如果不能理解过去不同时代和地点存在过的大学概念，他就不能真正理解现代大学。"① 本章将追溯独立学院产生的社会时代背景、高等教育的发展环境，探究孕育独立学院的土壤，揭示独立学院作为新的办学模式诞生的必然性。

一、社会经济发展的深刻变革

社会经济的发展，促使产业结构发生了巨大的变化，由原来的以传统的劳动密集型产业为主转向以知识和智力密集型的信息、生物、材料等高新技术产业为主，产品和服务越来越知识化、信息化、数字化，知识生产的比重越来越大，创新正在成为社会发展的巨大动力。正是由于信息技术的发展变化，世界各国和各行业企业都迫切需要增加劳动力素质方面的应变能力。同时，技术的变革也不断地影响着劳动的性质和安排，紧紧跟上这种变革，甚至走在变革的前头，已成为一个十分重要的问题。② 事实上我们看到，在所涉及的这一时期内，由于技术的进步和现代化的压力，在大多数国家，为了经济目的而对教育提出的需求不断增多。在国际上所做的比较，显示出人力资源的重要性，也显示出为了提高生产力而进行教育投资的重要性。③

随着社会的发展，大学与社会的联系日益紧密，促使以传播高深知识和开展学术研究为己任的大学，逐渐从社会的边缘走向社会的中心。克拉克·科尔

---

① 伯顿·克拉克. 高等教育新论：多学科的研究 [M]. 王承绪，等，译. 杭州：浙江教育出版社，1998：45.
② 联合国教科文组织. 教育——财富蕴藏其中 [M]. 联合国教科文组织总部中文科，译. 北京：教育科学出版社，2014：32-33.
③ Edward F. Denison. Why Growth Rates Differ: Postwar Experience in Nine Western Countries [Z]. Washington, D. C., Brookings Institution, 1967.

曾经指出："高等教育要遵循自身的发展逻辑，这是正确的。但是，高等教育的历史是由内部逻辑和外部压力的对抗谱写的，它还必须回应外部社会不断变化的环境。"① 尤其是随着高等教育全球化、大众化以及市场化的来临，客观上要求大学必须走出"象牙塔"，回应国家和社会层面的需求。

无论是现代化社会还是正处于现代化进程中的社会，工业发达社会还是发展中社会，都有着越来越强烈的高等教育需求。"到了知识经济时代，不提高全民族的文化素质，不培养大批掌握高科技的高素质的专门人才，缺乏知识、科技的支持，经济与社会就不可能持续发展。"② 这主要是因为：现代经济的发展越来越依赖于知识技术与信息处理能力，因而需要越来越多的经过专门培训的公民。③ 因此，不少国家都把加强教育作为开发人力资源、抢占国际竞争地位的重要策略，而高等教育作为教育体系中最高层次的教育，在建设人力资源强国中扮演着重要角色，因此，各国政府都积极通过加强高等教育来开发人才和储备人才。"几乎可以肯定，要求扩充学院和大学的主张会持续得到广泛的支持"；"经济的发展，尤其是第三产业的持续发展，形成了对高等教育的动力"；由于这些以及其他一些相同的力量和潮流，"我们有理由相信高等教育在本世纪内会继续发展。"④ 教育部在《面向21世纪教育振兴行动计划》（1998年12月24日）中指出，在即将到来的21世纪，以高新技术为核心的知识经济将占主导地位，国家的综合国力和国际竞争能力将越来越取决于教育发展、科学技术和知识创新的水平，教育将始终处于优先发展的战略地位，现代信息技术在教育中广泛应用并导致教育系统发生深刻的变化。当前，许多国家都把振兴教育作为面向21世纪的基本国策，这些动向预示着未来教育将发生深刻的变革，我们应当及早准备，迎接新的挑战。正是经济社会和科技的加速发展，不仅使高等教育逐渐走向社会发展的中心，也使高等教育成为社会和人们关注的重点。

---

① 克拉克·克尔.高等教育不能回避历史——21世纪的问题[M].王承绪.译.杭州：浙江教育出版社，2001：5.
② 潘懋元.21世纪：可持续发展的中国高等教育：兼论中国高等教育大众化问题[J].教育科学研究，1999（2）：3-10.
③ 皮特·斯科特.高等教育全球化：理论与政策[M].周倩，高耀丽，译.北京：北京大学出版社，2009：151.
④ 伯顿·R.克拉克.高等教育系统——学术组织的跨国研究[M].王承绪，等，译.杭州：杭州大学出版社，1994：206.

二、高等教育需求的增加

信息社会的发展和产业结构的变革迫使人们不断通过学习和增加教育的年限来应对外部环境的变化和工作岗位的需要。因为"伴随网络和通信技术的应用而来的信息和知识爆炸，使我们可获得的知识和信息呈几何级数增加，并极大地改变了我们的生活、工作以及通讯方式。同时，这些变化速度之快，大大超越了很多人的驾驭能力。对大量信息的处理已经使个人决断变得更为重要，然而，纯粹的量上的信息却降低了对其进行整合的可能性。技术能够为人所驾驭，也能奴役人，而学习则是将其引入合理使用轨道的关键所在。"[①]

尤其是随着国民经济的持续增长，人们的消费能力、消费需求逐步提高。就全国来说，改革开放以来，随着我国经济的持续增长，人民群众的收入和消费结构状况有了很大的改变。城镇居民人均可支配收入1995年为4 283元，到1998年已达5 425.10元，农村人均纯收入1995年为1 577.70元，到1998年已达2 162元。城乡储蓄存款余额1995年为29 662.30亿元，1998年上升至53 407.50亿元，到2002年12月已达到87 342.5亿元。[②] 消费结构中衣、食比例下降，交通、通信、教育、健康、文化娱乐等比例上升，在子女及本人接受教育方面的投入逐步提高。

未来社会知识经济占主导地位，没有较高的知识水平难以立足，学生和家长对高等教育机会的迫切需求，除了源于人们对上述的认识外，还源于人们对高等教育寄予了厚望，普遍相信接受高等教育会产生巨大的经济收益和文化收益，虽然接受高等教育要缴纳不菲的学费，但个人和家庭对高等教育的投资是值得的，因为最好的工作机会和经济奖励会给那些获得大学学位的人，这就大大激励着学生和家长把进入大学当作取得经济收益、获得社会地位和名誉、改变人生命运以及实现人生价值的重要跳板。

虽然学生和家长接受高等教育的需求不断增加，但多数学生不愿意选择职业学校，而更愿意到普通高等院校，除了受职业院校发展不充分、传统文化观念影响等原因外，还源于我国中等教育与高等教育、普通教育与职业教育等系统层次之间缺乏必要的沟通和衔接，相互之间是一个闭路系统，尤其是普通教育与职业教育之间没有建立沟通的渠道，职业教育系统的学生很难进入到普通教育系统，高等职业教育基本上是终结性教育，即高职的学生很难有机会开展

[①] 诺曼·朗沃斯.终身学习在行动——21世纪的教育变革[M].沈若慧，等，译.北京：中国人民大学出版社，2006：4.

[②] 罗明.独立学院的发展研究[D].长沙：湖南师范大学，2005.

进一步的学习和深造，教育分流结构限制了同等教育层次学生之间的交流，并在很大程度上影响了学生进入职教系统学习的积极性，他们更愿意花高昂学费到普通高等院校，也不愿意到收费很低的职业学校，可以说，社会的需求是独立学院产生的重要原因之一。

三、高等教育体制改革的促动

20世纪80年代初，随着我国经济领域改革的全面开展，教育领域的改革也稳步推进。1985年5月颁布的《中共中央关于教育体制改革的决定》（以下简称《决定》），开启了我国教育体制改革的大幕。《决定》提出："通过改革来更好地调动各级政府、广大师生员工和社会各方面的积极性。""地方要鼓励和指导国有企业、社会团体和个人办学，并在自愿的基础上，鼓励单位、集体和个人捐资助学，但不得强迫摊派。同时严格控制各方面向学校征收费用，减轻学校的经济负担。"《决定》的出台，改变了过去很长时期内中央政府对教育全部包揽的局面，一些民间资本逐渐向教育领域渗透，但高等教育领域的体制改革并没有大的突破。

1993年2月，中共中央、国务院印发的《中国教育改革和发展纲要》明确提出，要改变政府包揽办学的格局，逐步建立以政府办学为主体、社会各界共同办学的体制。高等教育要逐步形成以中央、省（自治区、直辖市）两级政府办学为主、社会各界参与办学的新格局。国家对社会团体和公民个人依法办学，采取积极鼓励、大力支持、正确引导、加强管理的方针。国家欢迎港、澳、台同胞、海外侨胞和外国友好人士捐资助学。可以在国家有关法律和法规的范围内进行国际合作办学。《中国教育改革和发展纲要》的颁布，对建设社会主义教育体制做了整体性的规划设计，使我国办学体制改革进入了一个新的多元发展时期。

1997年7月颁布的《社会力量办学条例》，确立了国家对社会力量办学实行"积极鼓励、大力支持、正确引导、加强管理"的方针，明确了社会力量办学的方向和重点。虽然要求严格控制社会力量举办高等教育机构，但对社会力量进入教育领域起到了很大的推动作用。

1999年6月，《中共中央国务院关于深化教育改革，全面推进素质教育的决定》指出，要进一步解放思想、转变观念，积极鼓励和支持社会力量以多种形式办学，满足人民群众日益增长的教育需求，形成以政府办学为主体，公办学校和民办学校共同发展的格局。凡符合国家有关法律法规的办学形式，均可大胆试验，在发展民办教育方面迈出更大的步伐。经国家教育行政主管部门批准，可以举办民办普通高等学校，要因地制宜地制定优惠政策（如土地优惠使用、免征配套费等），支持社会力量办学。

随着经济的发展和社会管理模式的变迁，政府对社会的管理方式逐步从控制为主改变为以服务为主。社会资源也由完全的政府支配逐步改变为由分散的各种社会主体按照市场规则和原则来支配。政府不再是高等教育的唯一办学主体，社会力量也可以参与举办高等教育。① 高等教育体制的改革，为社会资本进入高等教育领域开辟了道路，高等教育多元化的办学格局逐渐形成，为独立学院的产生奠定了基础。

四、高等教育大众化的持续推进

根据美国学者马丁·特罗的研究，如果以高等教育毛入学率为指标，可以将高等教育发展历程分为精英、大众和普及三个阶段，他认为当高等教育毛入学率达到15%时，高等教育就进入了大众化阶段。一个国家国力的强弱以及整个社会物质和精神文明的进步，很大程度上取决于高等教育所培养人才的数量和质量。因此，高等教育的大众化、普及化，成为20世纪60年代以来世界高等教育发展的大趋势。然而到20世纪末，我国接受高等教育的适龄人口比例只有9%，仍处于精英教育阶段，毛入学率低于发展中国家的平均水平，大力发展高等教育成为当务之急。②

1998年12月，教育部制定了《面向21世纪教育振兴行动计划》（以下简称《行动计划》），1999年1月获得国务院批复正式公布，成为我国高等教育大众化启动的标志。《行动计划》作为我国21世纪教育的行动纲领，提出了未来高等教育发展的两个重大战略构想：一是要"积极稳步发展高等教育"，即在提高规模效益的同时，改革教学思想、内容和方法，不断提高教育教学质量；二是要全面振兴教育事业，实现高等教育规模的较快发展，至2010年高等教育毛入学率达到15%的发展目标。《行动计划》指出，在采用新的机制和模式的前提下，2000年高等教育本专科在校生总数将达到660万人，研究生在校生规模应有较大增长，高等教育入学率将从1997年的9.1%提高到2000年的11%左右。1999年6月，第三次全国教育工作会议在北京召开，会议进一步明确了高等教育大发展的基本思路，指出为增强国力和国际竞争力，迎接21世纪的机遇和挑战，必须把教育放在优先发展的战略位置。要扩大现有普通高校和成人高校的招生规模，尽可能满足人民群众接受高等教育的要求，保

---

① 杨继瑞，等．高校独立学院：市场化运作的经济学分析［M］．成都：西南财经大学出版社，2007：11.

② 罗明．独立学院的发展研究［D］．长沙：湖南师范大学，2005.

证教育的适度优先发展。1999年6月，《中共中央国务院关于深化教育改革全面推进素质教育的决定》再次重申，扩大高中阶段和高等教育的规模，拓宽人才成长的道路，减缓升学压力。通过多种形式积极发展高等教育，到2010年，我国同龄人口的高等教育入学率要从现在的9%提高到15%左右。

上述计划、会议、决定，为我国高等教育迅速扩张指引了方向，开启了中国高等教育规模扩张的历史征程。中央政府不仅发出了高等教育扩招号令，而且针对这一清晰而具体的高等教育毛入学率目标，采取了强有力的政策予以推进。1999年2月教育部已经确定并下达该年招生计划指标为110万人，第三次全国教育工作会议上宣布计划招生130万人，而1999年我国普通高校本专科招生总数为159.68万人，比1998年的108.36万增加了51.32万人，增长了47.5%。从以上政策可以看出，国家对高等教育规模和高等教育入学率发展目标具有明确的要求，这给了地方政府发展高等教育一个简单而又明确的指示。

五、地方政府的高等教育竞争

在中央政策的推动下，地方政府纷纷把扩大本省高等教育规模、提高高等教育毛入学率作为一项"政治任务"，制定了本省的高等教育规模发展和大众化目标，并采取了相应政策措施予以推进。①虽然国家制定了到2010年将高等教育毛入学率提高到15%的计划，但从表1-1中可以看出，有25个省市将实现高等教育毛入学率15%的计划提前到2005年。

表1-1 各省份高等教育毛入学率目标

序号	省份	2005年目标	2010年目标
1	上海	57%；率先实现从大众化到普及化的跨越	在校生规模达到90万人
2	北京	53%；在全国率先进入高等教育普及化阶段	60%左右
3	天津	超过50%，实现高等教育普及化	超过60%
4	浙江	34%；比"九五"期末提高21个百分点	不低于45%
5	江苏	33.5%	40%以上
6	辽宁	33%；比全国同期水平高出12个百分点	38%左右
7	吉林	28%；较早进入高等教育大众化阶段	35%以上

---

① 张应强，彭红玉. 高等教育大众化时期地方政府竞争与高等教育发展 [J]. 高等教育研究，2009，30（12）：1-16.

续表

序号	省份	2005 年目标	2010 年目标
8	湖北	24.9%；由 2000 年的 14%提高到 24.9%	30%左右
9	陕西	23.5%；由 12.2%提高到 23.5%	30%左右
10	黑龙江	23.17%；比 2000 年提高 11.96%	30%以上
11	广东	22%；从 11.4%提高到 22%	28%以上
12	山西	21%	28%左右
13	河北	21%	25%左右
14	四川	21%	与全国水平基本持平
15	江西	20.43%	25%左右
16	青海	20%	25%
17	山东	19.2%	26%
18	宁夏	19.2%	30%以上
19	福建	19.17%	25%
20	内蒙古	18.36%	25%左右
21	湖南	17.78%	27%
22	安徽	17.1%	25%左右
23	河南	17.02%	23%
24	广西	15%	22%左右
25	甘肃	15%	20%以上
26	云南	12.65%	18%左右
27	贵州	11%	15%左右
28	重庆	—	30%
29	西藏	—	18%
30	海南	—	—

资料来源：张应强，彭红玉. 高等教育大众化时期地方政府竞争与高等教育发展 [J]. 高等教育研究, 2009, 30 (12): 1-16.

同时，为了实现高等教育大众化的目标，各省份纷纷制定政策并采取措施。除了公办高校开展大规模扩招外，浙江省作为最早创办独立学院的省份，1998 年 12 月，浙江省政府发布的《浙江省关于鼓励社会力量参与办学的若干规定》提出，只要符合国家有关法律法规，有利于增加教育投入，有利于扩大教育规模、提高教育质量，有利于满足社会的教育需求，各种办学形式都可以大胆试验，探索积极，企事业组织、社会团体、其他社会组织及公民个人可以依法独立办学或以股份形式合资办学，可以与政府部门或公办学校联合办学。于是浙江省出现了多样化的社会力量参与办学模式，比如以浙江万里学院为代表的进行国有改制的"万里模式"；以个人投资、出资、征用土地、兴建校舍举办学校为特征的"温州模式"等。其中还出现一种办学尝试，就是社会力量与公办高校互补资源优势合作办学，以克服社会力量独资办学缺乏品牌和质量以及市场认同而带来的发展障碍。为充分利用现有教育资源，提高浙江省高等教育毛入学率，1999年7月，浙江大学、杭州市政府与浙江省邮电管理局（现为浙江电信实业集团公司）共同发起创办了浙江大学城市学院这一全日制本科普通高校，它依托浙江大学的优质教育资源与浙江电信实业提供的优质的硬件资源，在杭州市政府的支持和引导下，按民办机制运行，对外招生办学。由于它克服了普通民办高校在办学过程中存在的因社会认同低、办学资金不足等原因带来的发展障碍，也减轻了公办高校扩招压力，在不花政府一分钱的情况下扩大了高等教育规模，得到了浙江省政府的认可和全国范围内的大规模效仿。据不完全统计，1999年浙江省20所公办本科院校中有18所创办了19所独立学院，仅独立学院就招生4 000多人，2000年独立学院招生人数达到11 000人，2001年招生规模超过20 000人，使浙江省2001年的本科生入学人数增加到50 000人，毛入学率由1998年的8.9%上升到2001年15%，高考录取率也由1998年的35%上升到2001年的68%，基本达到高等教育大众化水平。[1] 到2003年，全国已有25个省、自治区、直辖市举办了独立学院，独立学院数目达到300多所，本科在校生达到40多万人。

"高校扩招"与"独立学院"这两件高教史上的重要事件同时发生于世纪之交，看似有着很大的偶然性，实则有着必然的联系，这也是为什么不少学者认为独立学院是高等教育大众化的产物的原因。1999年，中央做出扩大高校招生规模的决定，当年招生人数达到159.68万人，比1998年增加51.32万人，增幅达47.4%；其后的三年中，扩招幅度分别达到了38.16%、21.61%和19.46%。到2002年，高校招生320万人，本专科在校生达到1 462.52万人，高等教育毛入学率达到15%，总规模一跃超过美国（1 420万）而居世界第一位。高校扩招需要具备一定的基本条件，但按照当时国家的财政性经费投入力度，高校持续扩招的能力明显不足。在这种背景下，普通高校以民办机制创立

---

[1] 尹伟. 独立学院的发展历程与特征探析 [J]. 高等农业教育, 2007 (08)：9-12.

独立学院，成为这些高校扩大招生规模的普遍做法。1999年到2002年的三年大扩招时期，全国高校共创办独立学院300多所，承担了高校扩招的很大份额。以吉林省为例，2000年批建9所独立学院，当年招收本科生4 000人，占全省扩招总数的40%，扩容效果十分显著。

六、教育经费投入的不足

自1999年起，我国高等教育连年大幅扩招，1999年扩招51.3万人，较1998年实际增幅达47%，2000年扩招60.9万人，2001年扩招29.4万人。[①] 2002年全国高校本专科的招生数达到320万人，高校在校生总规模已突破903万人。[②] 具体见表1-2。

表1-2　1998—2003年普通高等教育事业发展情况表

项目		年份					
		1998	1999	2000	2001	2002	2003
普通高校	学校（万）	1 022	1071	1 041	1 225	1 396	1 552
	在校生（万）	340.87	413.42	556.09	719.07	903.36	1 108.56
	在校生增幅（%）	73.81	21.28	34.51	29.31	25.63	22.72

资料来源：雷家彬，张建国，候志军. 高等教育投入不足的原因分析与对策［J］. 理工高教研究，2006（2）：39-41.

但与之形成鲜明对比的是，自1999年扩招后，我国高等教育投入在总量上虽有增加，但由于学生数的大幅增长，普通高校生均预算内教育事业费支出和生均预算内公用经费在2000年以后呈逐年下降的趋势（详见表1-3）。普通高校经费来源中预算内政府拨款的比重从1998年的60.5%下降到2001年的52.9%。[③] 我国是人口大国，"穷国办大教育"的现实使我国政府承受着沉重的教育财政负担。扩招以来，中央和地方政府采取了切实有效的措施，逐年加大对高等教育发展的经费投入力度，但受国民经济发展总体水平和财政投入实

---

① 许为民，林伟连，楼锡锦，等. 独立学院的发展与运行研究［M］. 杭州：浙江大学出版社，2008：28.
② 2002年教育统计数据. http://www.moe.gov.cn/s78/A03/moe_560/moe_568/moe_581/.
③ 许为民，林伟连，楼锡锦，等. 独立学院的发展与运行研究［M］. 杭州：浙江大学出版社，2008：27.

力的制约，高等教育财政拨款增长缓慢。① 随着大众化的推进，高等教育的资源缺口日益严重。据 1999 年末统计，根据教育部 1996 年制定的办学条件，在 1071 所普通高校中，超过 2/3 的办学条件有缺口，其中教学行政用房缺 2 377 万平方米，学生宿舍缺 558 万平方米，教学仪器设备等费用缺 38.3 亿元，图书缺 1.7 亿册。在 510 所高校中，有 305 所生均教学行政用房面积在标准要求的 80% 以下，有 193 所生均教学实验仪器资产值在标准要求的 80% 以下，有 307 所生均拥有图书数在标准要求的 80% 以下。②

表 1-3　1998—2003 年普通高校生均预算内教育事业费支出、生均预算内公用经费、学费和杂费、国家财政性教育经费表

项目		年份					
		1998	1999	2000	2001	2002	2003
生均预算内教育事业费	支出：元	6 775.19	7 201.24	7 309.58	6 816.23	6 177.96	5 772.58
	增长率（%）	3.87	6.29	1.5	-6.75	-9.36	-6.56
生均预算内公用经费	支出：元	2 892.65	2 962.37	2 921.23	2 613.56	2 453.47	2 352.36
	增长率（%）	0.94	2.41	-1.39	-10.53	-6.13	-4.12
学费和杂费	支出：元	2 144.91	2 921.57	3 463.66	3 927.88	4 324.44	—
	占高等教育经费比例（%）	13.31	17.04	21.09	24.21	26.26	—
高等教育经费中国家财政性教育经费比例（%）		64.94	62.53	58.16	54.24	50.55	

注：转引自雷家彬，张建国，候志军. 高等教育投入不足的原因分析与对策 [J]. 理工高教研究，2006（2）：39-41.

"高等教育需求的不断增长给政府公共财政造成了很大压力。有迹象表明，在全球范围内，来自私人投资的教育经费的增长速度要比公共经费快得多。"③ 同时，由于"大学学生人数的惊人增长，已促使创办私立大学，以弥补政府不能满足的市场需求，或者由于对免费的政府高校入学机会的限制，或

---

① 刘铁，孙雪冬. 我国独立学院内部治理研究——以广东省为例 [M]. 广州：中山大学出版社，2018：72.

② 孙远雷. 关于"高校扩招"后教育质量问题的思考 [J]. 现代大学教育，2001（05）：96-98.

③ 简·奈特. 激流中的高等教育：国际化变革与发展 [M]. 刘东风，陈巧云，译. 北京：北京大学出版社，2011：12.

由于他们提供的教育质量低劣。"① 正是由于大学入学人数需求的增加与政府能够提供的入学机会有限,给独立学院的出现创造了条件。

七、民办高校无法承担起重任

随着扩招的持续推进,高等教育资源被稀释,同时由于政府对高等教育经费投入的相对不足,导致公办高校的办学条件无法满足要求,教育教学质量无法保障。与此同时,虽然有国家政策的扶持,但由于社会认同度、教师待遇和学生就业等方面的制约,民办高等教育的发展后劲不足,不仅在数量上偏少,而且在办学层次上偏低,无法支撑高等教育的持续发展和满足高等教育在质量上的要求。相关资料显示,1994 年 2 月,国家教委首次受理和审批了河南黄河科技学院、上海杉达学院等 6 所民办高校具备颁发学历资格证书的资格。2000 年,黄河科技学院成为我国第一所民办本科院校。② 教育部统计数据显示,2002 年我国民办高校 131 所,其中本科层次的高校仅有 4 所,在校生 31.6 万人,其中本科生仅 2.85 万人。③ 到 2008 年 2 月,我国民办本科高等院校共 43 所。从我国民办高等教育的发展看,在高等教育大众化开启的初期,开展学历教育的民办高校数量少且层次低,各类教育培训机构成了民办高等教育的主体。

加上长期形成的对民办高校的偏见,导致社会、用人单位、学生、家长对待民办高校的态度仍然没有完全改观,民办高校的发展任重而道远。虽然有部分民办高校突破重围,建立了自己的品牌,拥有了自己的一席之地,但整体上看,民办高校的整体发展水平还有待于提高,特色发展还不够明显。未能分担起高等教育大众化的责任,这与民办高校自身有很大关系,当然,也与国家政策制度及社会对其认同有很大关系,所以说,正是由于民办高校发展的不充分性,为独立学院的出现留出了空间。

---

① 伯顿·R. 克拉克. 高等教育系统——学术组织的跨国研究 [M]. 王承绪,等,译. 杭州:杭州大学出版社,1994:182.
② 许为民,林伟连,楼锡锦,等. 独立学院的发展与运行研究 [M]. 杭州:浙江大学出版社,2008:29.
③ 2002 年教育统计数据. http://www.moe.gov.cn/s78/A03/moe_560/moe_568/moe_581/.

第二章 发展与问题并存

独立学院是我国高等教育改革和发展过程中出现的一种新的办学模式，是利用市场机制实现优质高等教育资源与社会资本有效整合的一种新形式。总体上看，独立学院这一全新的高等教育组织形式，在短暂的发展历史中已异军突起，成为民办高等教育系统的中坚力量和大众化高等教育体系的重要组成部分。独立学院凭借其在运行机制上的优势，广泛吸纳非国家财政性经费，在短期内有效地扩大了高等教育规模，满足了人民群众对高等教育迅速增长的民生需求。同时，独立学院在拓展优质高等教育资源、提升民办高等教育办学质量、深化高等教育体制改革和人才培养模式改革等方面发挥了积极的作用。可以说，在民办高等教育领域已经形成了民办高校和独立学院共同发展的新格局。但必须看到，由于独立学院的形态多样，基于办学体制、运作机制等方面存在显著差异，在办学过程中也存在着诸多问题，面临着诸多挑战。

第一节 独立学院理论研究进展分析

一、数据来源与研究方法

数据来源。以 CSSCI 数据库作为数据来源，对独立学院相关研究进行检索。由于 CSSCI 数据库收录最早的有关独立学院研究的文献时间是 2003 年，所以将期刊年限设定为 2003—2015 年，设定检索篇名（词）为"独立学院"，共获得相关文献 349 篇（检索时间为 2017 年 3 月 20 日），剔除 1 个会议通知及 2 篇不相关文献，最终 346 篇文献形成了本部分研究的资料来源，每一条数据记录主要包括文献的篇名、作者、期刊、机构、关键词和参考文献，结果如表 2-1 所示。

表 2-1 研究数据的获取

检索项目	检索内容设定及结果
数据库	CSSCI
检索方式	篇名（关键词）：独立学院
文献类型	论文，综述，评论，报告
时间跨度	2003—2015
检索时间	2017 年 3 月 20 日
检索结果	346

研究方法。一是文本分析法。文本分析是指通过对文本特征项的选取，把从文本中抽取出的特征词进行量化来表示文本信息，从文本的表层深入到文本的深层，从而发现那些不能为普通阅读所把握的深层意义。二是知识图谱可视化分析方法。即通过信息可视化技术、信息科学等学科的理论和方法与计量学引文分析、共现分析等的结合，挖掘、分析、构建、绘制和显示知识及它们之间的相互联系，从大量文献和数据中找到隐藏的规律和模式，并利用可视化的图谱形象地展示学科或某一研究的核心结构、发展历史、前沿领域以及整体知识架构的方法。本部分利用文本分析和知识图谱这一可视化的技术，绘制基于关键词共现和聚类关系的独立学院发展研究知识结构图谱，以揭示有关独立学院研究领域的发展脉络及热点。

二、独立学院研究文献分布情况

时间分布。如图 2-1 所示，对于独立学院的研究大致可以分为两个阶段：2003—2008 年的平稳上升阶段，2009—2015 年的逐渐下降阶段。可以看出，2008 年对于独立学院的研究成果达到了顶峰，并呈现爆发式增长，这让我们联想到 2008 年教育部 26 号令的颁布，结果也正如所料，根据对 2008 年的 52 篇文献内容进行分析，围绕独立学院的转设、制度安排、体制机制、困境、产权制度、发展走向等进行研究的文献有 24 篇，占当年文献数的近 1/2。2013 年出现的小高峰，也与独立学院 5 年过渡期满的相关研究和讨论有关。从以上结果可以看出，对于独立学院的相关发展研究，国家政策具有明显的影响力。

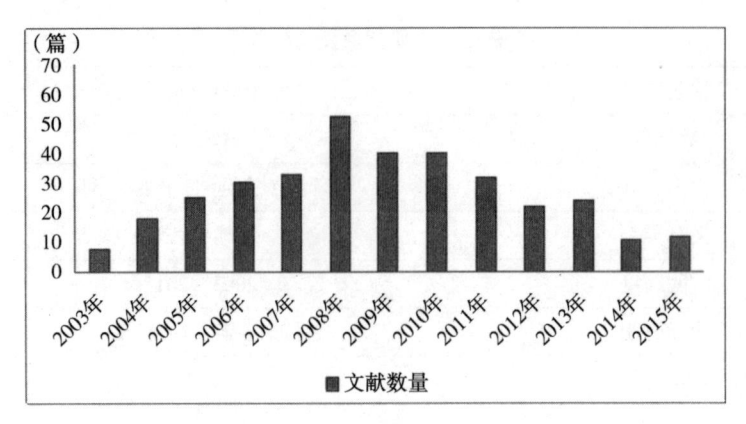

图 2-1　独立学院研究文献的时间分布

期刊分布根据 CSSCI 的收录情况，从表 2-2 可以看出，《教育发展研究》《中国高等教育》作为开展独立学院相关研究的主要期刊，所刊载的相关论文代表了该领域的研究前沿和热点。另外，《中国高教研究》《江苏高教》以及《高教探索》等杂志也刊载了众多独立学院代表性的研究成果。

表 2-2　独立学院研究发文量居前的期刊

序号	期刊名称	论文数	被引频次
1	教育发展研究	61	965
2	中国高等教育	50	1 003
3	中国高教研究	33	286
4	江苏高教	27	271
5	高教探索	18	161
6	高等工程教育研究	13	326
7	高等教育研究	12	185
8	中国大学教学	12	109
9	国家教育行政学院学报	10	41

同时，为更准确地了解独立学院研究领域的核心期刊，利用 CiteSpace Ⅲ 对样本数据进行共引期刊可视化分析。从图 2-2 可以看出，《教育发展研究》《中国高等教育》《中国高教研究》《高等教育研究》《中国教育报》作为共引期刊出现的频次很高。另外，在确定一个领域的核心期刊时，不仅需要关注发文数量，还需要关注中心性和共被引频次高的期刊。在中心度排名中，《教育

发展研究》稳居前列，可以看出，《教育发展研究》成为独立学院相关领域研究最重要的期刊。《教育研究》作为教育研究领域的顶级期刊以及北京大学出版社、《复旦教育论坛》等教育领域的重要出版社和期刊，刊载及出版的教育方面的内容比较广泛，由此可见，独立学院的理论研究受到诸多教育专家学者的关注。

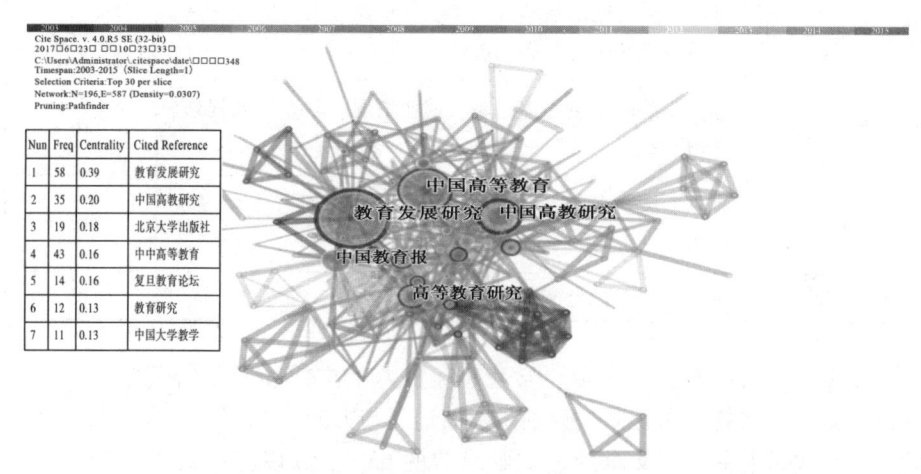

图 2-2　独立学院文献共引期刊分布网络图谱（2003—2015 年）

内容分布。为了深入分析这些文献资料，参照泰特在《高等教育研究进展与方法》一书中对于高等教育研究主题的分类方法，首先将样本文献的关键词全部提取并按顺序排列出来，整理出的关键词有 500 多个，其次将相似或相关的关键词进行合并，同时，对每篇文章进行阅读并概括所涉及的主题或主要的研究问题，并将相似主题的文章进行归类。通过以上两个步骤，最终整理出以下八个方面的主题和问题（详见表 2-3）。

表 2-3　按研究主题不同对 346 篇文献的分类

研究主题/问题	相关研究内容	文献数（篇）
发展道路与方向	独立学院的发展模式、面临的问题、道路选择、发展困境、发展定位	99
政策与制度环境	独立学院的宏观环境、国家政策、制度支撑、政策变迁	57
教与学	独立学院的人才培养模式、教学方法、教学活动，以及课程教材	70

续表

研究主题/问题	相关研究内容	文献数（篇）
质量工程	独立学院的质量保障体系、质量评价、评估、品牌、质量监控、核心竞争力、声誉	33
院校管理与文化	独立学院的内部治理机制、运行机制、人力资源管理、院校发展和历史、文化建设	46
学生发展与成长	独立学院的学生心理健康、就业情况、职业生涯规划、学习经验	16
队伍建设	独立学院的师资配置、教学团队、兼职队伍、辅导员队伍	12
图书馆研究	独立学院的信息文献资源、多样化服务、图书馆网站	13

从表2-3可以看出，在独立学院相关的八类主题和问题研究中，有三个主题的文献研究数量比较多，分别是发展道路与方向、教与学、政策与制度环境，针对这三个主题的文章约占文献总数的65%。除以上三类主导的问题之外，院校管理与文化、质量工程也比较受关注，分别占到文献总量的13%、10%。

同时，对一些主要期刊所讨论的独立学院主题和问题进行了分析，从表2-4可以看出，不同的期刊所谈论的主题存在很大的差异。关于"发展道路与方向"的研究在《教育发展研究》《中国高等教育》《中国高教研究》这三个期刊上占主导，分别占这一主题研究文献的32%、15%、15%。关于"教与学"这一主题的研究，《中国高等教育》（36%）、《江苏高教》（19%）、《中国大学教学》（13%）三个期刊占主导地位。

具体到每个期刊所关注的内容又存在很大的差异。从表2-4可以看出，《教育发展研究》主要关注独立学院转设政策制度环境、发展过程中面临的问题、发展模式等国家宏观政策及独立学院发展取向方面的研究。《中国高等教育》主要关注独立学院教与学、发展道路与方向、政策与制度环境等方面的研究。《中国大学教学》作为致力于研究大学文化素质教育、人才培养模式与教学模式、课程建设与改革以及教材建设的期刊，对于独立学院的研究主要侧重于人才培养模式与质量保障方面。

表 2-4　主要期刊讨论的独立学院主题和问题

期刊名	发展道路与方向	政策与制度环境	教与学	质量工程	院校管理与文化	学生发展与成长	队伍建设	图书馆研究
教育发展研究	25	13	3	4	11	1	4	—
中国高等教育	12	9	17	6	4	1	1	—
中国高教研究	12	10	3	—	7	—	1	—
江苏高教	8	1	9	6	1	2	—	—
高教探索	5	5	2	5	—	1	—	—
高等工程教育研究	5	—	4	1	—	1	—	—
高等教育研究	5	4	1	—	4	—	—	—
中国大学教学	—	—	6	5	1	—	—	—
国家教育行政学院学报	7	—	2	—	1	—	—	—
总计	79	42	47	27	29	6	6	—

三、独立学院发展研究的演进路径分析

　　CiteSpace 能够将一个研究领域的知识基础和前沿以时区视图的形式显示出来，借此掌握这一领域的关键成果和发展脉络。将时间区间设定为 2003—2015 年，网络节点选择关键词（keyword），采用路径搜索算法（pathfinder），显示方式为时区视图（timeline）模式。从图 2-3 的自动聚类标签可以看出，对于独立学院的研究早期主要集中于独立学院的体制机制、规范发展，随后研究主题逐渐多元化。为了更细致地追踪独立学院研究的轨迹及在各个阶段起重要作用的文献，将 2003 年至 2015 年分为三个阶段。

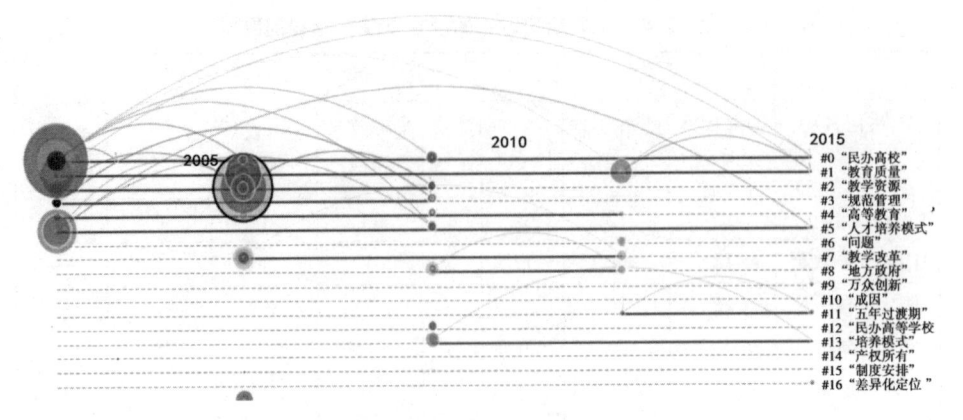

图 2-3　独立学院研究演化路径知识图谱（2003—2015 年）

1. 鼓励、支持与规范发展

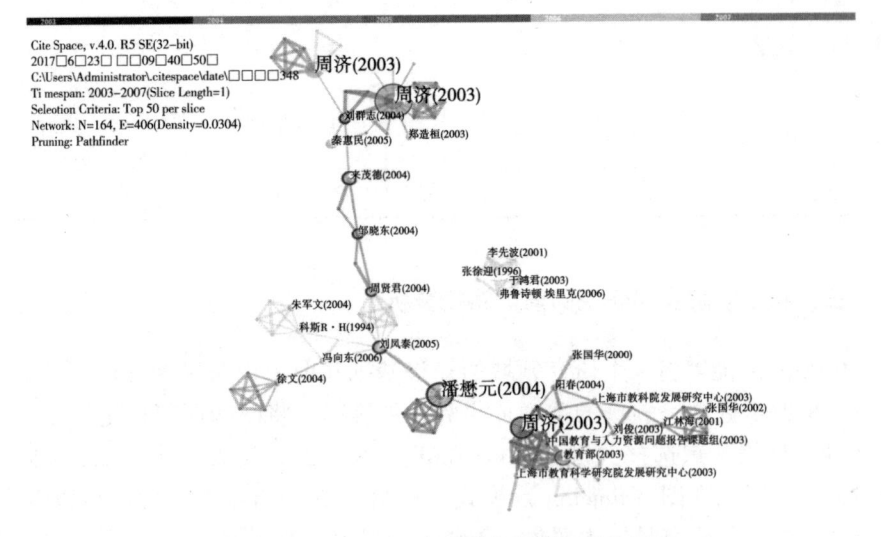

图 2-4　2003—2007 年文献共被引可视化图谱

2003 年 4 月，教育部印发了《关于规范并加强普通高校以新的机制和模式试办独立学院管理的若干意见》（简称教育部 8 号文），第一次提出了"独立学院"的概念。同年，时任教育部长的周济在《教育发展研究》上发表了《促进高校独立学院持续健康快速发展》一文，成为独立学院发展研究的重要文献。文章用"优""独""民"三个字对独立学院的积极发展、规范管理、改革创新进行了深刻解读，不仅指出了发展独立学院的重要性，还指明了独立学院的发展方向。

教育部 8 号文规范了独立学院的发展，2004 年独立学院的数量明显减少，一部分不符合条件的民办二级学院被关闭或回归母体高校。其实，独立学院自诞生之日起，关于它的争议就没有停止过，"对于二级学院到底是个集公办、民办优势于一体的两全其美的办学模式，还是一个有可能导致公办院校国有资产流失，同时又挤压一般民办院校成长的两败俱伤的产物，争论不断，难有统一的意见"①。潘懋元先生在《独立学院的兴起与前景探析》一文中，对独立学院存在的争议进行了深入分析。

虽然对独立学院的争议不断，但独立学院凭借其在运行机制上的优势，广泛吸纳非国家财政性经费，在短期内有效地扩大了高等教育规模，满足了人民群众对高等教育迅速增长的民生需求。同时，独立学院在拓展优质高等教育资源、提升民办高等教育办学质量、深化高等教育体制改革和人才培养模式改革等方面都发挥了积极的作用。正因为独立学院所显现的正面效应，独立学院于 2004 至 2007 年在数量上呈现出稳步增长的趋势，同时关于独立学院的相关研究也在持续增加，其内容也日益丰富。（图 2-4）

2. 规范、调整与转设发展

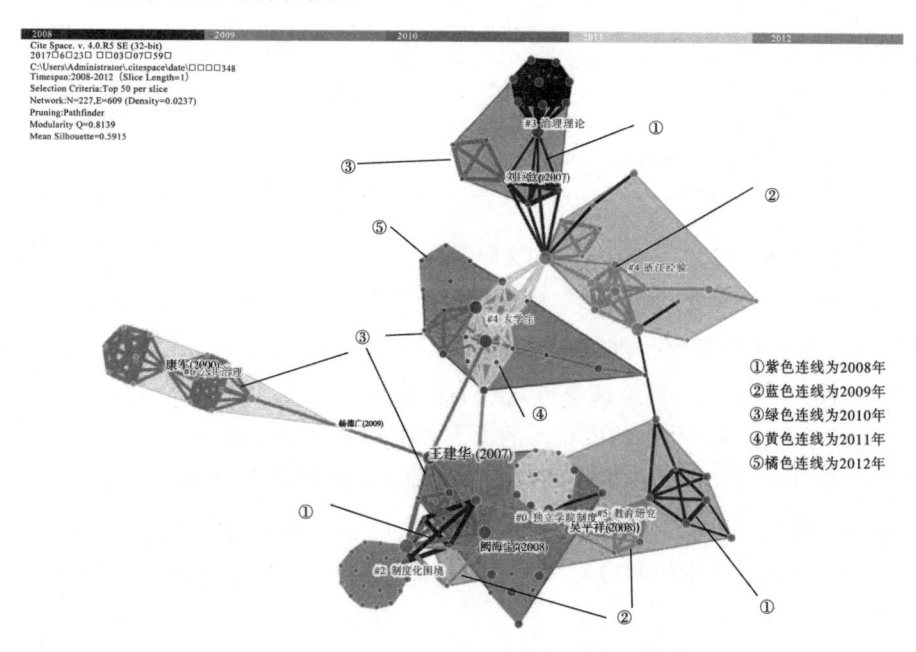

图 2-5　2008—2012 年文献共被引聚类图谱

---

①　潘懋元，吴玫. 独立学院的兴起及前景探析 [J]. 中国高等教育，2004（C2）：30-31.

从表 2-5 中的主要关键词可以看出 2008—2012 年独立学院研究的趋势。2008 年教育部颁布了《独立学院设置与管理办法》（简称教育部 26 号令），教育部 26 号令延续了教育部 8 号文对独立学院"积极支持、规范管理、改革创新"的基本精神，进一步明确了独立学院的办学性质、设置标准、管理与监督、变更与终止、法律责任等，并给予独立学院 5 年过渡期进行调整和规范。孙霄兵（2008）从立法背景、目的、指导思想、起草过程以及相关内容对教育部 26 号令进行了解读和分析，指出教育部 26 号令对于引导独立学院健康发展、深化高等教育改革的作用。[1]

表 2-5　2008—2012 年关键词列表

年份	主要关键词
2008 年	高等教育，治理理论，民办高校，办学机制，办学模式，制度安排
2009 年	浙江经验，母体高校，发展之路，办学改革，制度保障，内部治理，保障体系
2010 年	浙江模式，大学生，制度变迁，办学自主权，营利性
2011 年	公共性危机，人才培养质量，人才培养模式，产权明晰，产权制度，产权关系
2012 年	政策执行，师资队伍，宏观制度，多种制度逻辑，制度化困境，利益相关者，利益博弈，公地困境

从图 2-5 的 2008—2012 年的文献共引聚类图谱以及 2008 年的主要关键词提取都可以看到"治理理论"。治理理论产生于 20 世纪 90 年代，它要求人们"科学合理地界定政府、市场、社会组织与公民之间的关系，并通过合作、协商、伙伴关系等方式对公共事务进行有效管理。"[2] 全球治理委员会（1995）认为，"治理是各种公共的或私人的个人和机构管理其公共事务的诸多方式的总和，是使相互冲突的或不同的利益得以调和并采取联合行动的持续过程。"[3] 治理理论作为一种新的公共管理理论，之所以能够被应用到独立学院法人属性、产权结构、办学机制以及教育质量保障体系中，是因为其所蕴含的主体多

---

[1] 孙霄兵. 独立学院制度建设的新发展——《独立学院设置与管理办法》评析 [J]. 中国高教研究，2008（12）：11-15.

[2] 易臣何，刘巨钦. 基于治理理论的独立学院教育质量保障机制研究 [J]. 教育科学，2008（03）：65-69.

[3] 全球治理委员会. 我们的全球伙伴关系 [M]. 天津：天津大学出版社，1995：23.

元性、利益相关者关系及管理体制创新,为解决独立学院发展中的利益相关者关系问题提供了一个全新的视角。

2009年是独立学院产生的10周年,浙江省作为独立学院的发源地,对研究独立学院的产生和发展具有极其重要的意义,其发展趋势也吸引着众多目光。周光迅、周国平(2009)分析了浙江省独立学院产生的背景及发展过程,并通过对浙江独立学院10年办学实践的总结,梳理出具有浙江特色的基本经验,即坚持以"浙江精神"为办学指引,采用渐进式改革模式,确保地方政府与高等学校良性互动,推动高等学校与社会/市场优势互补,最终实现外延增长与内涵发展同步并举。[①]

2010年,独立学院的"发展模式"引起了理论界的广泛关注,其中被引频次比较高的是中国高等教育学会副会长杨德广所发表的《独立学院的发展模式及未来走向》一文,该文全面分析了独立学院存在的四种模式:民有民营、国有民营、公有民营和混有民营。不得不承认,独立学院确实存在这样或那样的问题,我们应该去寻找问题产生的根源,并解决它。正如徐军伟(2010)所说,"无论是'浙江模式'的内生型独立学院还是'广东模式'的外生型独立学院,都有其存在的现实合理性与办学的优势,也有各自的不足"[②]。衡量独立学院办学优劣不在于其办学体制与机制,而在于其人才培养的质量。[③] 利用独立学院多样化的现行办学体制机制,探索有中国特色的高等教育多样化发展之路,也是中国高等教育赋予独立学院的历史使命。

2011年,"人才培养"和"产权"同时成为突显的关键词。其实,独立学院的人才培养应该是独立学院研究中不可或缺的重要问题,由于独立学院依托母体高校的优质资源,可以说,在人才培养上具有先天的优势,但是,这个先天优势如果发挥不好,反而会成为制约独立学院人才培养目标进行合理定位的桎梏。胥秋(2011)认为,独立学院的学生与高职院校的学生相比有更宽的知识结构、更高的理论水平和综合素质,与研究型大学和一般本科院校的学生相比有更强的实践技能和动手能力。独立学院能否找到合适的人才培养定

---

① 周光迅,周国平.从独立学院办学实践看高等教育发展的"浙江经验"[J].高等教育研究,2009,30(11):57-64.
② 徐军伟.独立学院"浙江模式"的探索与思考[J].中国高教研究,2010(8):77-78.
③ 徐军伟.内生与外生:独立学院"浙江模式"与"广东模式"的比较与思考[J].教育发展研究,2010(2):108-111.

位,也成为独立学院能否创建自身品牌,走出制约生存和发展问题的关键。①产权问题也是独立学院健康发展迫切需要解决的重要问题。相比公办高校或纯民办高校,独立学院的产权关系更为复杂多样,其产权主体的属性既有公有,也有私有,亦有混合所有,且在产权主体的办学协议中对于产权关系的描述不够到位。针对独立学院产权主体多元化的现实,庄莉、贡文伟提出了"通过改造现有产权,优化产权功能,构建独立学院教育股份制"的一种较为理想的新模式。②

2012年是教育部26号令政策执行的最后一年,然而,由于独立学院办学实践的复杂性和多样性,加之"先发展后规范"的特殊性,致使教育部26号令在实际执行过程中面临着诸多问题。正是在这种背景下,引发了人们对独立学院发展政策执行、宏观制度、制度化困境、利益相关者、利益博弈、公地困境等相关问题的探讨。王富伟(2012)借助组织分析中的多种制度逻辑理论框架,通过对独立学院发展历程和多重制度逻辑变迁的分析,指出了独立学院制度化困境的根源。③ 唐果、徐军伟(2012)认为5年规范设置过渡期已到,大部分独立学院按兵不动的原因是政策执行者和目标群体追求自身利益、政策方案规划不科学以及政策环境的消极影响等梗阻了政策执行。④

3. 2013年至2015年的研究热点

为研究独立学院2013年至2015年的研究热点,采用"关键词共现"的研究方法,运用关键词共现绘制该领域的知识图谱。

由图2-6可以看出,应用技术大学、人才培养模式、改革创新、教育改革、规范设置、联邦制大学、五年过渡期等成为近几年独立学院研究突显的关键词。通过对关键词的分析可以看出,对于独立学院的研究主要集中在以下几个方面:规范设置、差异化发展、应用型转变、质量工程。

---

① 胥秋. 独立学院的人才培养定位及质量保证机制[J]. 黑龙江高教研究, 2011(09): 11-13.
② 庄莉, 贡文伟. 独立学院产权制度的构建与探索[J]. 江苏高教, 2011(02): 71-73.
③ 王富伟. 独立学院的制度化困境——多重逻辑下的政策变迁[J]. 北京大学教育评论, 2012, 10(02): 79-96.
④ 唐果, 徐军伟. 独立学院规范设置政策之执行梗阻探析——以《独立学院设置与管理办法》为例[J]. 高教探索, 2012(06): 130-133.

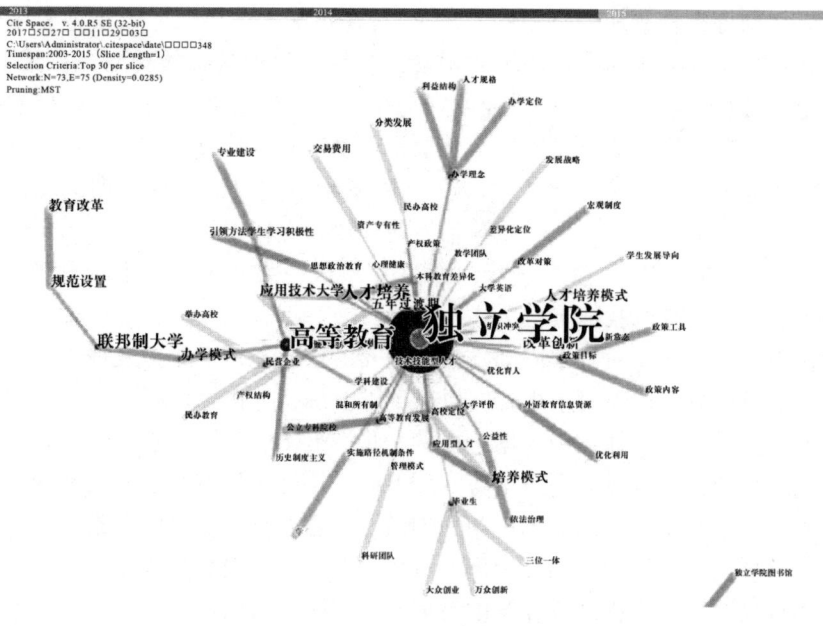

图 2-6　2013—2015 年关键词突显图谱

规范发展一直以来都是独立学院研究的重点，虽然五年过渡期已过，但是独立学院贯彻政策的困难、政策执行中存在的问题、独立学院的发展走向仍是人们热议的话题。阙海宝、罗昆（2013）认为，目前大部分独立学院对于转设仍处于观望状态的关键性因素在于当前产权制度不够完善，特别是资产过户政策，影响着独立学院转设政策的有效执行[①]。王建华（2013）认为，"五年来，独立学院的办学条件得到了充实，办学逐渐趋于规范，但独立学院的体制机制是否真的理顺，资产是否真过户，是否真的有了法人财产权，是否实现了法人治理，这些在短期内很难下最后的结论"[②]。确实，由于独立学院数量规模庞大，办学模式迥异，涉及利益主体众多，因此独立学院在贯彻政策过程中面临着重重困难。当然，由于学校发展和制度完善是一个长期的过程，一项政策并不能解决独立学院发展过程中的所有问题，因此，独立学院规范发展问题仍将是未来一段时期内的研究重点。

对于独立学院的应用型转变及应用型人才培养的关注，已成为近几年的研究热潮。2015 年 10 月，教育部、国家发展改革委、财政部三部门联合颁布了《关于引导部分地方普通本科高校向应用型转变的指导意见》，此次应用型转

[①] 阙海宝，罗昆. 独立学院转设的困境及其出路［J］. 教育发展研究，2015，35（05）：49-53.
[②] 王建华. 独立学院五年过渡期政策述评［J］. 教育发展研究，2013（05）：19-23.

变被称为"高等教育领域的革命性调整",旨在化解大学生就业难与企业用工荒的矛盾以及高等教育同质化严重的困境,当然,独立学院的转型必在其中。沈勇认为,"以服务区域经济和产业发展为导向,明确培养应用复合、技术技能型人才的办学定位,建设应用技术大学是独立学院转型过程中理性科学的选择"[①]。其实应用型转变是一个系统工程,除了学校自身的积极主动,还需要社会、企业事业单位、家长、学生等各界的理解和支持。

"打铁还须自身硬",独立学院面对进一步规范发展和改革创新的要求,必须做出明确的抉择,找准定位,注重内涵发展,把教学放在中心位置,把质量提升作为核心任务。只有牢固确立人才培养的核心地位,积极发挥体制机制灵活以及资源优势,以质量求生存,以改革求发展,才能适应时代发展,在多层次、多样化高等教育体系中占据重要的地位。[②] 只有创新人才培养模式,提高教育教学质量,探索具有自身优势的新方向,不囿于原有利益格局和固定的模式套路,敢于和善于推动体制机制的创新,充分发挥各类办学要素的最大效益,才能够进入自主发展、内涵发展的良性循环,将自身打造成不仅合格而且优秀的本科高等学校,推动独立学院发展迈向一个新台阶。

第二节　发展与成就

为深入了解独立学院的发展现状,笔者借助参与中国民办教育协会高等教育专业委员会开展独立学院发展研究课题的机会,一方面利用《教育统计年鉴》《中国教育事业发展统计简况》《全国教育事业发展简明统计分析》中有关独立学院的发展数据及相关文献资料;另一方面通过问卷调研、电话咨询、专题会议等形式,对我国独立学院的发展状况进行深入了解,从独立学院发展规模、师资队伍数量与结构、办学模式类型、办学基础条件等方面对独立学院进行较为系统的梳理和分析,以期对我国独立学院的发展现状有更清晰的把握,为独立学院的未来发展和科学决策提供一些依据。

---

① 沈勇. 应用技术大学:独立学院转型定位的战略选择和实施路径 [J]. 江苏高教, 2013 (06): 61-62.

② 邵进. 独立学院全面提高教学质量的路径探索 [J]. 江苏高教, 2013 (04): 78-80.

一、独立学院的数量及区域分布

教育部发展规划司的统计数据显示，截至 2014 年 6 月 18 日，全国共有独立学院 283 所，相比 2006 年独立学院数量最多时的 318 所，减少了 35 所（见图 2-7）。根据《独立学院设置与管理办法》的规定，自 2008 年 4 月 1 日起，独立学院要在 5 年内按规定进行调整，经教育部组织考察验收合格的继续发展转为普通本科高校。继 2008 年全国首批 4 所独立学院转设之后，截止 2014 年，有 44 所独立学院转设为独立设置的民办普通本科高校，这也是近几年独立学院数量持续下降的主要原因。

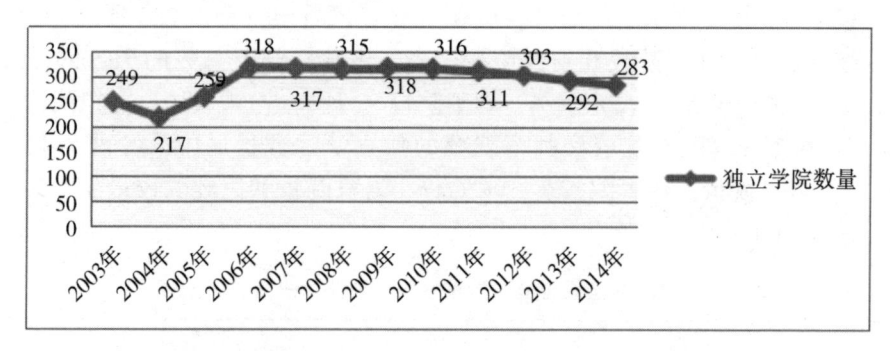

图 2-7　2003—2014 年全国独立学院的数量（单位：所）

数据来源：根据教育部公布的历年教育统计数据整理。

从省域分布情况来看。如图 2-8 所示，江苏、湖北两省的独立学院数量最多，各占全国独立学院总数的 9%、8%。从三大区域分布来看，东部地区最多，为 138 所，占全国独立学院总数的 49%，中部地区为 89 所，西部地区为 56 所，分别占 31%、20%。（见图 2-9）

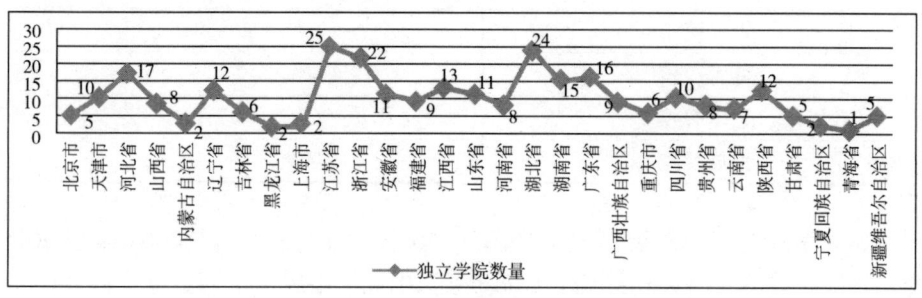

图 2-8　2014 年全国独立学院省域分布状况（单位：所）

数据来源：根据教育部官网上独立学院名单整理。

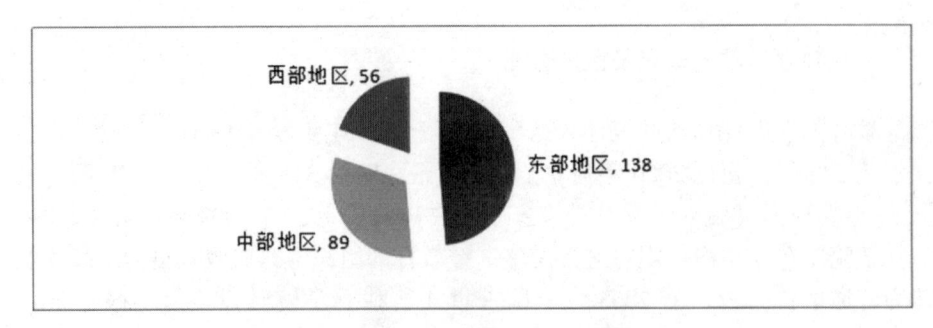

图 2-9　2014 年全国独立学院三大区域分布图（单位：所）

按照学校性质类别进行划分。从表 2-6 可以看出，全国 283 所独立学院中，综合院校、理工院校和财经院校最多，占独立学院总数的 78.09%，其中，综合院校 76 所，占 26.86%；理工院校 99 所，占 34.98%；财经院校 46 所，占 16.25%。医药院校和师范院校的独立学院数量居中，各占 8.48%、6.71%。农林院校、体育院校、艺术院校、语言院校和民族院校最少，共 19 所，占 6.71%。

表 2-6　2014 年全国独立学院按性质类别统计情况（单位：所）

类别	独立学院数量
综合院校	76
理工院校	99
农林院校	6
医药院校	24
师范院校	19
语文院校	7
财经院校	46
体育院校	2
艺术院校	3
民族院校	1

独立学院的规模发展情况。如图 2-10 和图 2-11 所示，2004 年至 2014 年，独立学院办学规模持续增长，截止到 2014 年年底，全国独立学院招生规模达到 65.1 万人，占全国普通高校招生总人数的 9%，其中本科招生 60.6 万人，占全国普通高校本科招生总人数的 15.8%。2014 年，独立学院在校生 269.1 万人，占全国普通高校在校生总人数的 10.6%，其中，本科在校生

255.4万人，占全国普通高校本科在校生总人数的 16.6%。2014 年独立学院招生人数是 2004 年招生人数的 2.1 倍。

2014 年，独立学院毕业生人数 62.6 万人。如果从 2003 年独立学院的第一届毕业生算起，截止 2014 年，独立学院已累计为社会各行各业培养和输送了近 500 万名高素质应用型人才。

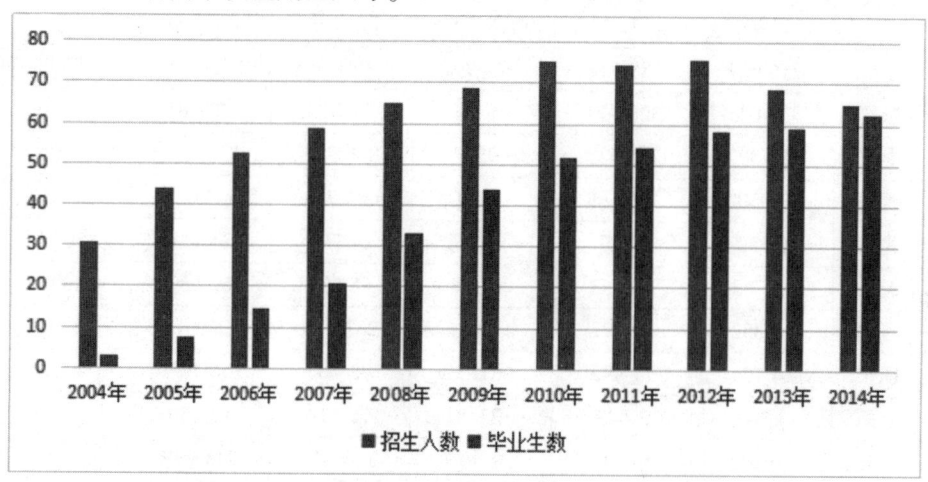

图 2-10　2004—2014 年全国独立学院毕业生人数和招生人数（单位：万人）

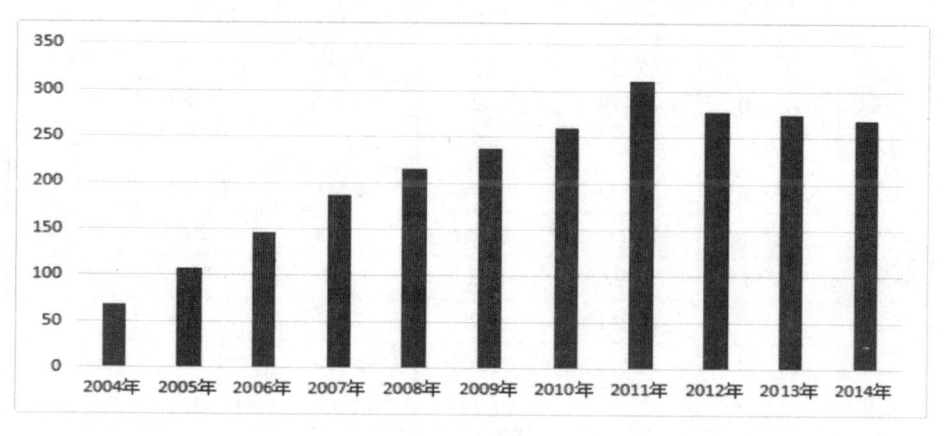

图 2-11　2004—2014 年全国独立学院在校生人数（单位：万人）

2012 年有 6 所独立学院转设为独立设置民办本科学校，2013 年又有 10 所独立学院转设，致使独立学院规模发展呈现明显的负增长。从三大区域独立学院招生情况来看，2013 年东部地区独立学院的招生人数比上年减少 20 922 人，中部地区比上年减少 20 755 人，西部地区比上年减少 26 333 人。从各省情况来看，独立学院招生规模减幅最大的省份依次是辽宁、重庆、上海、陕西、吉

林、四川和湖南，独立学院招生规模略有增加的省份分别是云南、内蒙古、河南、广东、福建省，但增幅都不大。（见表2-7）

表2-7　2012—2013年分地区独立学院规模发展情况（单位：人）

地区	招生 2012年	招生 2013年	增长（%）	在校生 2012年	在校生 2013年	增长（%）
合计	756 927	688 917	-8.99	2 783 983	2 758 465	-0.92
东部	329 035	308 113	-6.36	1 267 723	1 237 817	-2.36
中部	226 390	205 635	-9.17	830 512	827 617	-0.35
西部	201 502	175 169	-13.07	685 748	693 031	1.06
北京	6 528	6 027	-7.67	24 247	24 111	-0.56
天津	18 773	18 183	-3.14	65 602	69 859	6.49
河北	58 352	50 497	-13.46	232 418	213 018	-8.35
辽宁	24 129	11 492	-52.37	93 766	56 107	-40.16
上海	4 763	3 629	-23.81	16 518	13 656	-17.33
江苏	50 222	50 319	0.19	216 949	215 979	-0.45
浙江	45 330	43 318	-4.44	173 950	173 798	-0.09
福建	25 136	26 118	3.91	94 457	101 887	7.87
山东	23 452	22 811	-2.73	92 048	92 822	0.84
广东	72 350	75 719	4.66	257 768	276 580	7.30
海南	0	0	—	0	0	—
山西	22 298	20 573	-7.74	82 543	85 123	3.13
吉林	23 526	18 231	-22.51	82 628	66 205	-19.88
黑龙江	2 658	2 392	-10.01	9 157	9 772	6.51
安徽	19 750	18 211	-7.79	74 087	76 969	3.89
江西	24 944	21 529	-13.69	95 690	94 117	-1.64
河南	31 284	35 553	13.65	107 231	122 334	14.08
湖北	71 878	65 734	-8.55	256 542	257 906	0.53
湖南	30 052	23 412	-22.10	122 616	115 191	-6.06
内蒙古	3 036	3 543	16.70	10 941	12 224	11.73
广西	21 544	20 119	-6.61	73 821	78 716	6.63
重庆	28 249	20 941	-25.87	93 295	81 594	-12.54

续表

地区	招生			在校生		
	2012 年	2013 年	增长（%）	2012 年	2013 年	增长（%）
四川	60 849	47 358	-22.17	189 955	182 764	-3.79
贵州	15 123	15 513	2.58	58 279	63 925	9.69
云南	20 383	24 427	19.84	76.63	84 901	11.62
西藏	0	0	—	0	0	—
陕西	27 843	21 440	-23.00	96 023	98 197	2.26
甘肃	13 655	11 793	-13.64	50 489	51 281	1.57
青海	956	957	1.99	3 119	3 417	9.55
宁夏	4 514	4 263	-5.56	15 292	16 529	8.09
新疆	5 350	4 797	-10.34	18 471	19 483	5.48

数据来源：根据教育部发展规划司"2013 年全国教育事业发展发展统计简况"数据整理。

二、独立学院师资队伍结构和发展水平

教育部发展规划司统计数据资料显示，截止到 2014 年年底，全国 283 所独立学院，共有专任教师 13.6 万人，其中，具有副高级及以上职称的专任教师 50 822 人，占专任教师总数的 37.29%；具有硕士研究生以上学历的人数为 86 801 人，占专任教师总数的 63.68%。2013 年独立学院专任教师人数比 2007 年增加了 4.64 万人。由于部分独立学院转设，2014 年独立学院的专任教师人数比 2013 年有所下降，但总的来看，近几年独立学院的教职工人数和专任教师人数呈现出平稳增长态势。（见图 2-12 和图 2-13）

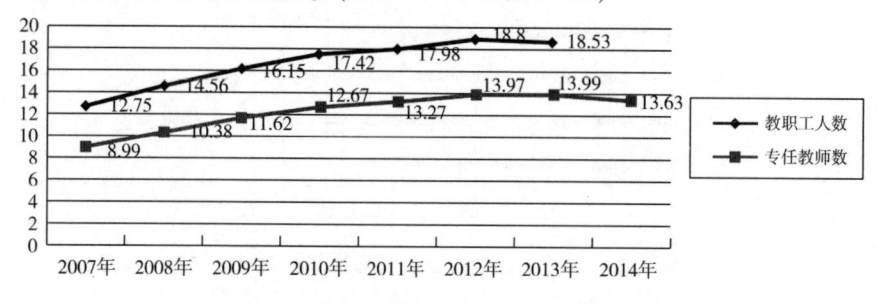

图 2-12　2007—2014 年全国独立学院教职工人数及专任教师人数（单位：万人）

数据来源：根据教育部发展规划司公布的历年教育统计数据整理。

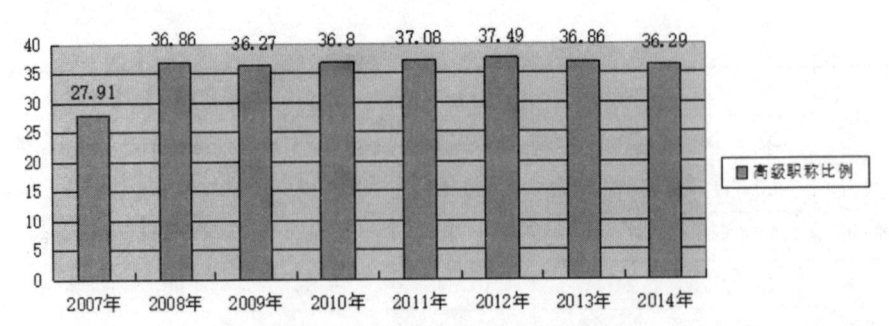

图 2-13 2007—2014 年全国独立学院专任教师中具有高级职称人数的比例（单位:%）

数据来源：根据教育部发展规划司"全国教育事业发展统计简况"公布的历年教育统计数据整理。

从职称结构看，由于 2014 年独立学院教师中级及以下职称情况无法获取，仅对 2013 年数据进行分析。如表 2-8 所示，2013 年全国独立学院专任教师中具有高级职称人数的比例是 36.86%，比同年全国普通高校专任教师高级职称比例的 41.01% 略低了 4.15 个百分点（见图 2-14）。2007—2012 年间，全国独立学院专任教师人数呈逐年递增趋势，具有副高级及以上职称的专任教师人数比例比较平稳。

表 2-8 2013 年全国独立学院专任教师职称结构（单位：人）

类型	正高级	副高级	中级	初级	无职称
独立学院	15146	36018	54629	23362	9660
比例（%）	10.91	25.95	39.35	16.83	6.96
全国普通高校	181501	432356	596954	203713	82341
比例（%）	12.13	28.88	39.88	13.61	5.5

数据来源：根据教育部发展规划司"2013 年全国教育事业发展统计简况"数据整理。

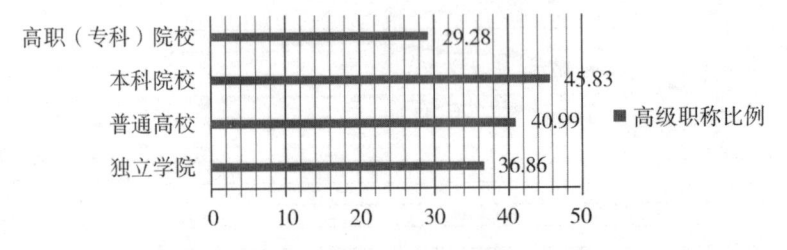

图 2-14 2013 年独立学院与其他高校高级职称教师比例对比情况（单位:%）

数据来源：根据教育部发展规划司"2013 年全国教育事业发展统计简况"数据整理。

从学历结构看，近几年许多独立学院都十分重视在职培养和引进硕士及以上学历的人才，独立学院高学历教师所占比例逐年提高。教育部发展规划司提供的数据显示，2014年独立学院专任教师中具有博士研究生学历的教师的比例为11.56%，具有硕士研究生学历的教师的比例为57.13%。（见图2-15）

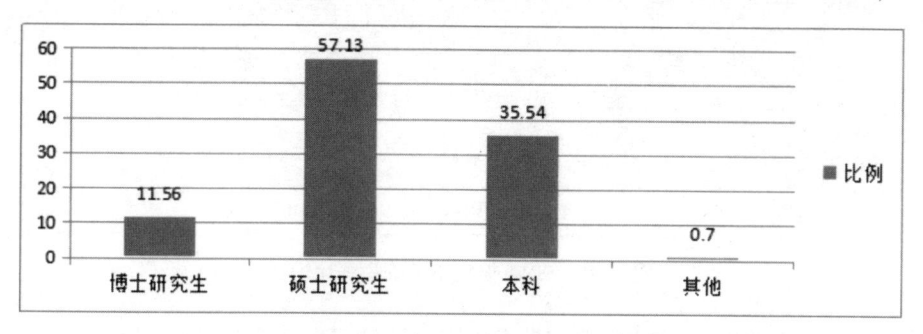

图2-15 2014年独立学院专任教师学历结构比例情况（单位:%）

从年龄结构看，2014年独立学院专任教师中，35岁以下教师所占比重为44.99%；50岁以上的教师所占比例为15.51%（见图2-16）。以上数据表明，独立学院中青年教师比例偏高，教师队伍呈现年轻化特点。

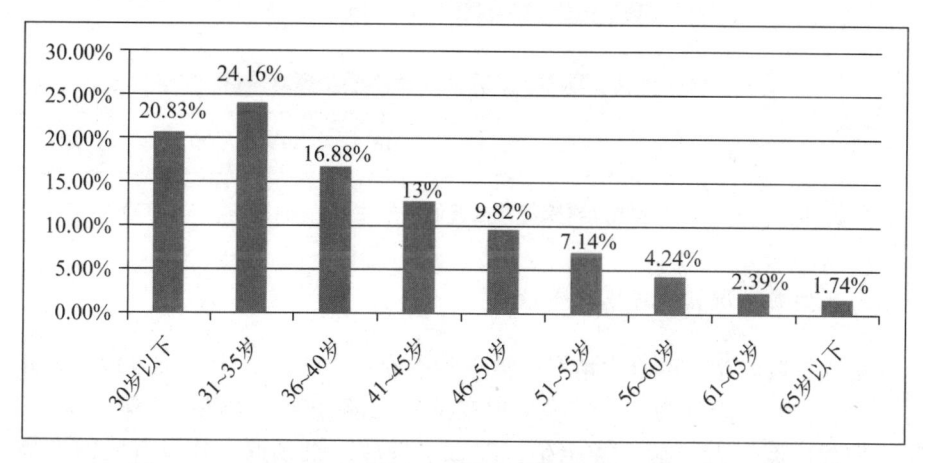

图2-16 2014年独立学院专任教师年龄结构比例情况（单位:%）

从师生比情况看，2014年独立学院的生师比为17.28∶1，其中生师比在18∶1以下的独立学院有207所（见图2-17），占独立学院总数的73.14%。2013年独立学院生师比为19.81∶1（见图2-18），2014年独立学院生师比低于2013年2.53个百分点。表明随着独立学院的不断发展和完善，师资队伍建设得到了加强，教师数量迅速提升。

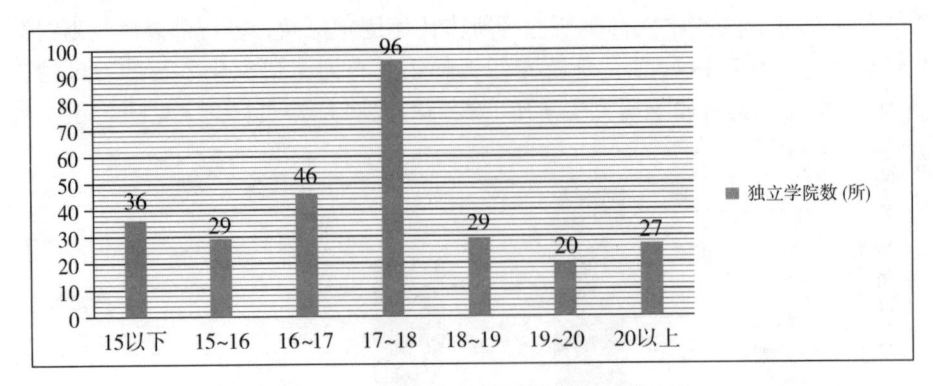

图 2-17　2014 年独立学院生师比情况

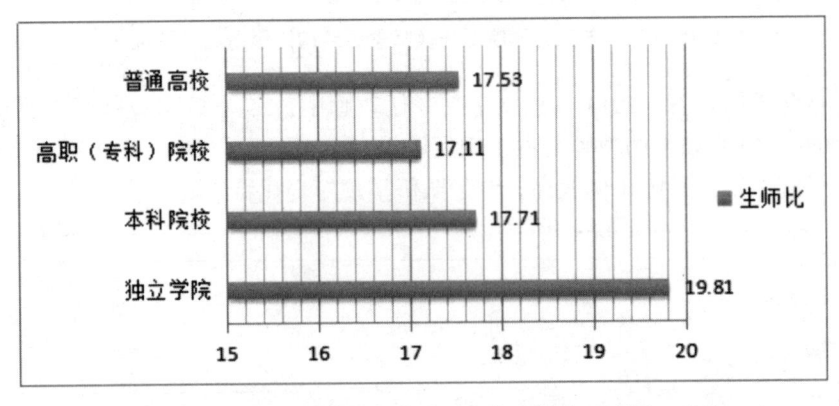

图 2-18　2013 年独立学院与其他普通高校生师比对比图（单位:%）

三、生源状况和人才培养质量

独立学院学生录取批次情况。独立学院在招生上属于第三批录取，因此，过去也将独立学院称为三本院校，现在虽然有部分独立学院改为第二批次录取，但往往被划为二本 C 类招生，即二本最后一批录取，并没有质的突破。从图 2-19 的调查数据来看，78.7% 的独立学院属于第三批次录取，16.4% 的独立学院属于第二批次录取，仅有 4.9% 的独立学院属于第一批次录取。由于录取批次的限制，导致独立学院的生源基础相对不如一本、二本的好。

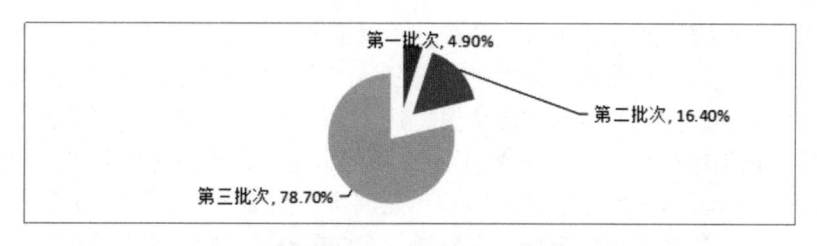

图 2-19　独立学院学生录取批次比例（单位：%）

注：其中有的独立学院既有第一批次又有第二批次录取。

独立学院本地生源比例情况。当前，我国独立学院本地生源比例相对较高。《大学第三力量——独立学院（广东）发展报告（2014）》统计显示，"广东独立学院平均本地生源比例为89%。其中，中山大学新华学院本地生源比例最高，为100%；华南农业大学珠江学院次之，达到99.9%；最低者为北京师范大学珠海分校，为57.2%。其他院校大多在90%以上，较低者也接近70%。"[①] 对独立学院的调查数据也印证了这一情况。如图2-20所示，在57所独立学院中，有7所独立学院的本地生源比在90%以上，本地生源比例在81%~90%之间的有13所；本地生源比例在71%~80%之间的有7所；本地生源比例在61%~70%之间的有17所；本地生源比例在51%~60%之间的有4所；本地生源比例在41%~50%之间的有2所；比例在21%~30%之间的有5所；本地生源比例在11%~20%之间的有2所。造成独立学院本地生源比例过高的原因有很多，比如：招生比例由全省统一规划，有些省份对独立学院在本省的招生比例有明确规定；由于独立学院的学费较高，外地生源报到率不高等原因。生源结构是大学评价的重要指标之一，由于本地生源比例过高，直接影响独立学院的教育质量和影响力，因此，独立学院应降低本地生源比例，进一步改善和优化生源质量和生源结构，扩大影响力，拓宽办学视野。

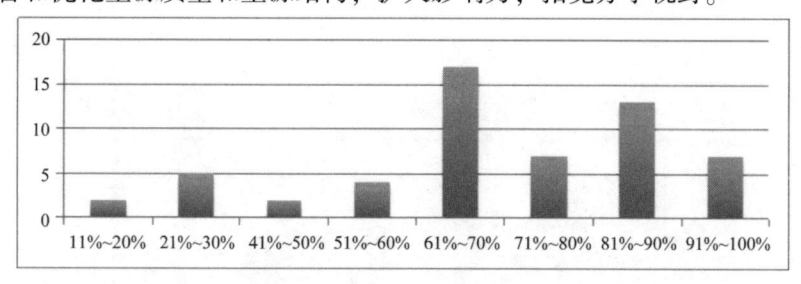

图 2-20　独立学院学生本地生源比例

① 广东独立学院本地生源最高比例达100%. http://gd.people.com.cn/n/2014/0628/c123932-21532467.html.

独立学院办学经费对生源的依存性，决定了生源是独立学院存在和发展的关键，没有生源学院就无法生存。随着公办高校办学规模的扩大，独立学院的生存空间将面临生源相对缩小的挑战。独立学院的办学声誉和教学质量，在一定程度上仍无法存在与历史悠久且有国家固定投入的公办高校公平竞争的实力。加之高等教育国际化思潮的影响，先期步入高等教育大众化的西方国家，正纷纷瞄准中国高等教育市场，它们通过在中国办学或吸引生源出国留学，对中国高校生源市场产生了一定的冲击。高等教育供需矛盾发生的重大转折，是独立学院面临的又一严峻挑战。

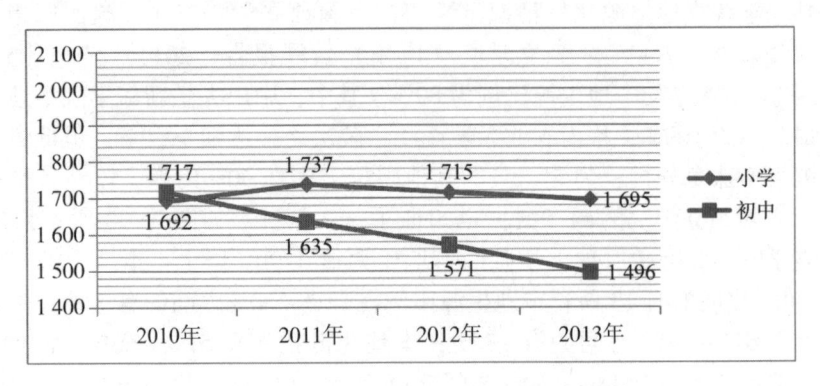

图 2-21　2010—2013 年义务教育招生规模

从全国范围来看，适龄入学儿童持续减少（见图 2-21），高考参加人数也不断减少（见图 2-22）。同时，近年来，高等教育发达国家和地区为吸引中国学生留学而大力拓展中国大陆市场，让子女出国留学正在成为一些富裕家庭的首选。因此，生源紧张使高校尤其是民办高校面临着生存考验。而破解生存危机就需要转变发展模式，从外延式建设转变为内涵式发展，提升教育质量和服务。

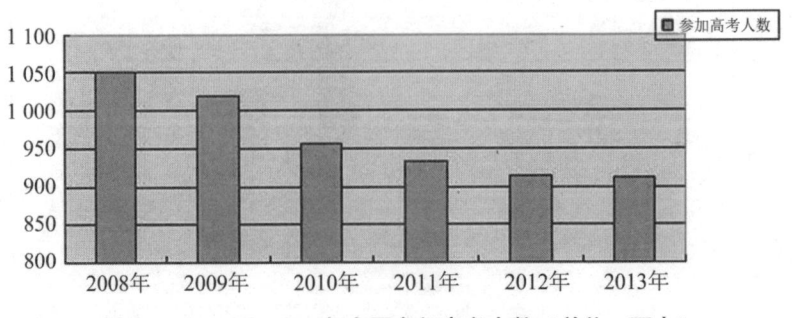

图 2-22　2008—2013 年全国参加高考人数（单位：万人）

经过多年的规模发展，我国高等教育毛入学率已超过了世界平均水平，加之高校的扩招，独立学院不再是高等教育大众化数量上的补充，必须在质量上突进，当前，中国教育发展的主要矛盾已经由过去的上学难转变为上好学校难，实质上是优质教育资源的激烈竞争，因此，独立学院必须提供优质教育。在公办高校多层次、多元化发展的背景下，独立学院作为民办教育，应找准定位，以提供选择性的教育为主。选择性教育首先是一种优质教育，其次应该是适合不同人群发展需求，适应社会对不同人才规格需要，适应市场变化之下就业形势，适应提升文化生活质量需要的教育，简而言之，就是满足需求的优质特色教育。

独立学院毕业生就业率。据教育经济研究所2013年6月份对21个省份的30所高校（"985"重点高校5所、"211"重点高校4所、一般本科院校9所、高职院校7所、民办高校2所、独立学院3所）的问卷调查，如图2-23所示，2013年，高校毕业生毕业时初次就业率为71.9%。从学历层次的比较来看，初次就业率呈现"两头高中间低"的特点，博士生和硕士生的初次就业率最高，均为86.2%；其次是专科生，为79.7%；本科生的初次就业率最低，为67.4%。从学校类型的比较来看，高职大专院校的初次就业率最高，为78.1%；其次是"985""211"重点大学，为75.5%；普通本科院校排第三，为75.4%；独立学院和民办高校的初次就业率最低，仅为44.3%。[①]（见图2-24）

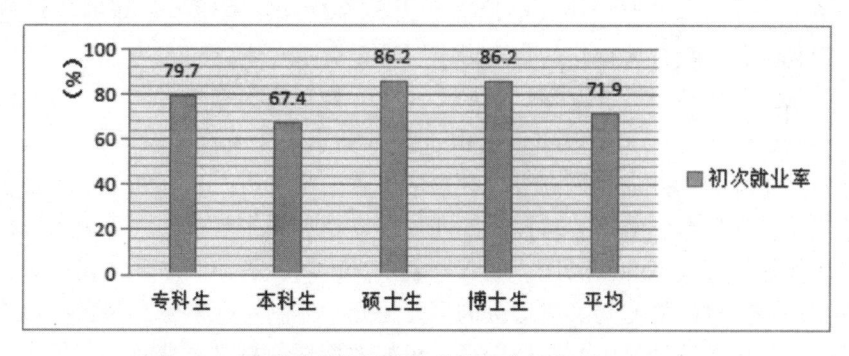

图2-23 高校分学历层次毕业生初次就业率（2013年）

[①] 杨东平．教育蓝皮书——中国教育发展报告（2014）［M］．北京：社会科学文献出版社，2014：18.

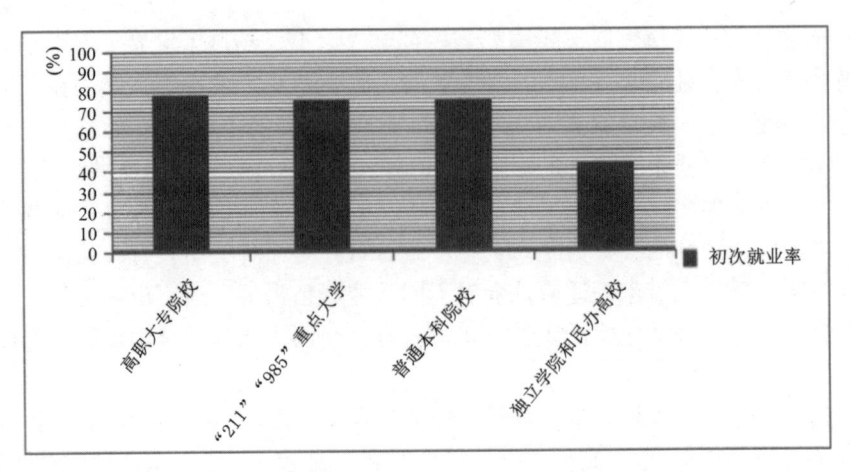

图 2-24　高校分学校类型毕业生初次就业率（2013 年）

三、独立学院的历史贡献

独立学院作为我国高等教育办学体制改革与创新的重要成果，在我国高等教育大众化、高等教育办学体制创新、高等教育结构优化以及优质高等教育资源整合、高级应用型人才培养等方面都做出了不可替代的贡献。独立学院的创办打破了公办高等教育大一统的局面，为高等教育领域注入了新的生机与活力，为我国高等教育大众化的实现做出了重要贡献。

促进了我国高等教育办学体制的多元化。与发达国家相比，我国高等教育办学体制以公办为主，比较单一。由于没有竞争对手，高等教育办学缺少活力。独立学院的创办为我国高等教育领域引入了竞争机制，有利于推动公立高校的改革，提高办学效率，从而使不同办学体制之间相互激励、互相促进，打造我国高等教育发展的新局面。随着社会主义市场经济体制的多元化，必然要求我国高等教育建立起与其相适应的多元化办学体制，探索公有制多种形式和多种所有制在高等教育中的实现途径。正如教育部前副部长张保庆所讲："多种经济所有制形式，必然会要求高等教育办学机制的多样化"，"有什么样的经济基础，就有什么样的高等教育，这是不以人的意志为转移的。"[①] 从这个意义上说，独立学院的创立是一种体制创新，是高等教育系统内部的一次思想解放运动，对尽快形成我国高等教育的多元化投入体制，进行了有效的实践探索，构建了一种新型的办学模式和运行机制，有力地推动了高等教育领域的改革。

---

① 张保庆. 树立科学发展观确保高等教育持续健康发展 [N]. 中国教育报, 2003-5-10.

挖掘了高校的办学潜力，优化了高等教育资源的配置。公办大学一定程度上垄断着高等教育的人力资源，使这些资源在体制的约束下没有得到充分的使用，而民办大学的学术资源和人力资源十分匮乏，严重地制约了自身的发展。同时，公办大学在调动社会物质资源上处于不利的地位，对民间资金的使用也受到种种限制。而独立学院所采用的是以市场为背景的办学机制，在运用社会物质资源上没有行政性限制，可以灵活地进行产业化经营。这样的办学形式，弥补了资源配置的缺陷，发掘了高校的办学潜力，实现了人力资源和物质资源的有效互补，促进了整个社会高等教育资源的均衡与优化，为高等教育的进一步改革与发展注入了活力，对于当前我国民办高等教育的推进乃至我国高等教育的未来发展都具有十分重要的意义。

多形式、多渠道地吸引社会资金注入高等教育。从世界高等教育发展的进程看，过分依赖公办高校、过分强调政府拨款的办学与经费投资，难以保障高校办学质量和水平的进一步提高。尤其是进入到大众化教育阶段，单纯依赖政府提供的高等教育，根本不能解决不断激化的高等教育供需矛盾。独立学院作为一种借助公办院校母体教育资源，吸引非财政性资金，采用民营机制发展的办学模式，解决了高等教育大众化进程中最为棘手的两大难题——质量和资金。创办独立学院，鼓励和支持民办教育，有利于调动各方面的高等教育办学积极性，扩大本科层次高等教育资源，进一步增强高等教育的办学活力，满足广大人民群众对高等教育的多样化需求。近几年来，不同渠道的几百亿非财政性资金以不同的形式投入高等教育，在相当程度上弥补了国家教育投入的不足。

将市场竞争机制全面引入了高等教育领域。随着社会主义市场经济体制的逐步完善，高等教育如何更好地满足社会需求与广大人民群众对教育的多样化需求，如何更好地贴近和适应社会经济的发展，是时代的两大挑战，也是体现高等教育竞争力的重要标志。独立学院以其优质的教育资源、市场化的运作方式、灵活的专业设置、独特的办学理念，主动服务于地方经济建设和社会发展，根据社会需求设置专业课程，高度重视办学质量，严把教学等内部管理体制，无疑对公办高等教育发出了挑战。独立学院和公办高等教育竞争之间的几近"势均力敌"，促进了高等教育竞争机制的形成和完善。按原教育部部长周济的话讲就是，"要通过全新的市场机制配置，实现公办高校品牌与社会资金资源的有机结合"，"独立学院是对高等教育办学机制的重大改革，势必对现行体制和制度产生强烈冲击，也会对相关利益主体造成剧烈的碰撞。"[①] 因此，

---

① 周济. 试办独立学院要积极发展 规范管理 改革创新［N］. 中国教育报，2003-6-19.

在公办高校的投入和资源有限，国家的财力也有限的现实情况下，当扩招的速度远远大于政府投入的速度时，就必须让社会力量投入办学。民办高校的崛起和发展，承担了大众化教育的任务。但我国民营企业家的实力有限，绝大多数只能办大专层次的院校。独立学院凭着老牌大学和名校的优势举办本科教育，顺应了社会经济发展的需求，为实现我国高等教育大众化打开了另一扇门。

加快了我国高等教育的大众化进程。独立学院将公办高校优质的教育资源与社会资金有机结合，为实现高等教育快速发展提供了强有力的支撑和保障，在相当大的程度上缓解了高等教育的供需矛盾，使得越来越多的适龄青年有机会进入大学学习，加快了我国高等教育从精英教育向大众化教育的转变，为我国产业结构的调整适时提供了层次化创新人才，在缓解社会就业压力、满足社会对优质高等教育的需求等方面做出了积极贡献，有效提高了我国高等教育的供给能力。同时对提高国民综合素质，促进我国建设人力资源强国做出了积极贡献。独立学院顺应我国的国情和高等教育的发展趋势，凭借高水平的师资队伍和科学严谨的管理模式，每年为社会输送大批高素质应用型人才，从一定程度上满足了我国建设社会主义事业需要多层次复合型人才的需求，实现了学生的高质量就业。总之，独立学院的举办是全面推进我国民办高等教育发展的重大举措，加快了我国高等教育大众化的进程，对进一步缓解我国高等教育发展与社会需求之间的供需矛盾，促进经济社会发展起到了积极的、重要的作用。

缓解了国家财政扩大高等教育资源的压力。独立学院多渠道、多方式吸收民间社会资金，举办和运营均不需国家财政拨款。在国家财政对高等教育投入不足的情况下，大量民间资本以不同形式投入高等教育，这种有效利用民间资本的新型办学模式，为国家节约了大量资金。与此同时，绝大部分独立学院每年还向母体学校缴纳10%~30%比例不等的资源占用费。据保守估计，如果每年每所独立学院向母体学校缴纳1000万~3000万元资源占用费，全国每年将有30亿元至80亿元资金流入公办大学。另外，通过社会资本的投入和十多年的办学积累，固定资产已成为国家高等教育一笔不小的财富。以每校固定资产6亿元至8亿元计算，截止到2014年，独立学院有超过2000亿元的固定资产积累。在国家没有对独立学院投资的情况下，独立学院为扩大高等教育资源做出了重要贡献。

独立学院的举办是对我国高等教育体制的创新。随着社会主义市场经济体制的逐步完善，高等教育如何更好地贴近和适应社会经济的发展，形成优胜劣汰、大浪淘沙的竞争机制，是高等教育面临的挑战。采用市场机制运作的独立学院，产生之初便表现出了相较于民办大学的竞争优势，随着其发展壮大，逐步在高等教育格局中形成了多种办学模式相互竞争的局面，实现了教育资源的有效配置。同时，由于独立学院是由普通本科高校按照新机制、新模式与社会力量合作举办的本科层次的大学，其实质是一种混合所有制形式。同时，举办独立学院是深化高校办学机制与模式改革的大胆尝试，它能够充分发挥不同高校的办学特色，有利于形成公办、民办高校相互竞争的新机制，有利于形成充满生机与活力的高等教育新格局。

第三节 问题与争议

一、独立学院基本办学条件存在的问题

《独立学院设置与管理办法》第九条指出："独立学院的设置标准参照普通本科高等学校的设置标准执行。"如果按照普通本科高校的设置标准，不少独立学院在师资队伍建设和基础设施方面都存在不足。

师资队伍总量和质量存在差距。根据普通本科高校的设置标准，生师比要达到18：1，这对于有些独立学院来说很难实现。目前，独立学院的专任教师基本上采用自主招聘、母体分流和兼职外聘三种方式获得，自主招聘的数量远远达不到国家规定的3/4的要求。由于教师事业编制问题，独立学院在教师福利待遇、职称评聘、科研项目申请等方面存在相对于公办高校的弱势。因此，尽管各独立学院都有从社会招聘优秀教师的计划，但由于教师身份问题，导致独立学院很难引进高水平的专职教师，即使引进了也留不住，严重影响了独立学院的教师队伍的建设，制约了独立学院的发展。

独立基本设施不够达标。受办学时间和办学经费的限制，许多独立学院在用地面积、人均教学用房、图书馆藏书量等一些关键性指标上存在先天缺陷，如果严格参照普通本科高等学校的设置标准来验收，一些独立学院难以通过，特别是校园占地面积。

——独立学院占地面积分析。根据数据统计，2014年，在283所独立学院中，如果不考虑产权问题，有60所独立学院的占地面积少于500亩（1亩≈667平方米），占独立学院总数的21.2%。（见图2-25）

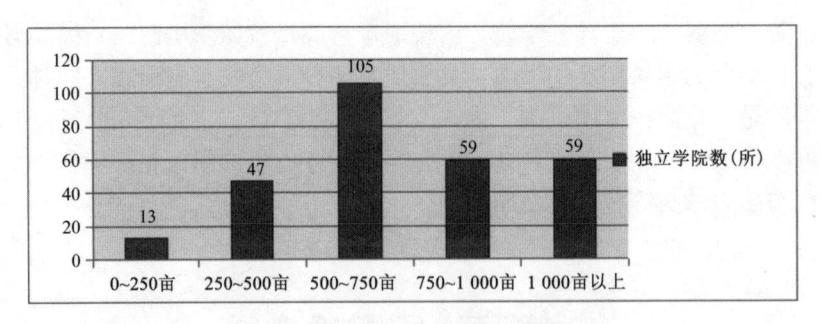

图 2-25　独立学院占地面积情况分析

学校产权占地面积。从独立学院产权占地面积来看（如图 2-26 所示），独立学院产权占地面积在 500 亩以下的有 163 所，占独立学院总数的 57.6%，其中有 78 所独立学院没有属于学校自己产权的土地。

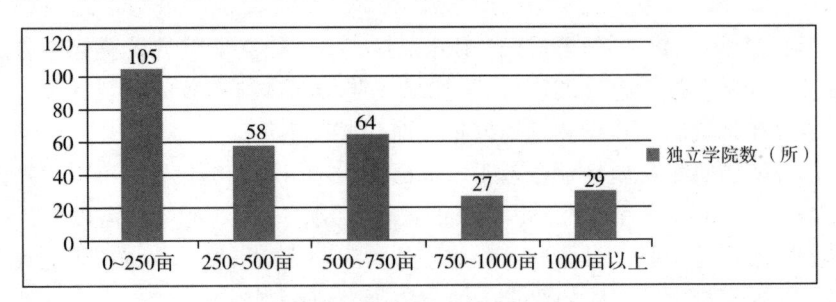

图 2-26　独立学院产权占地面积

独立学院使用的非产权占地面积。在 283 所独立学院中，203 所独立学院使用了非产权土地。非产权占地面积在 250 亩以下的有 142 所，非产权占地面积在 250 至 500 亩之间的有 63 所，非产权占地土地面积在 500 亩以上的有 78 所。（见图 2-27）

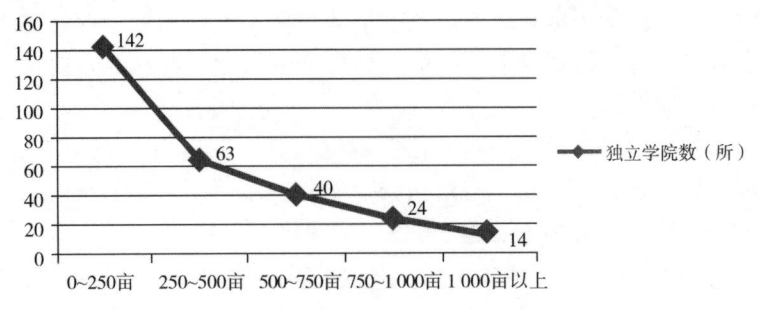

图 2-27　独立学院非产权占地面积

如果按照《普通本科学校设置暂行规定》的要求，学院建校初期的校园占地面积应达到 500 亩以上，从独立学院产权占地面积来看，有超过半数的独立学院不达标；如果不考虑产权与否，也有 1/5 的独立学院的占地面积不符合要求。

——独立学院校舍建筑面积。图 2-28 的数据显示，在 283 所独立学院中，有 62 所独立学院的校舍建筑面积（包含产权和非产权）在 15 万平方米以下，占独立学院总数的 21.9%，其中校舍建筑面积在 5 万平方米以下的有 4 所，5~10 万平方米之间的有 14 所，10~15 万平方米之间的有 44 所。

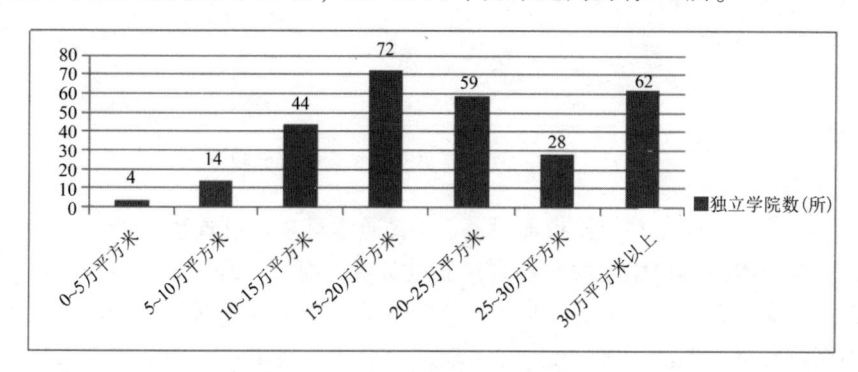

图 2-28 独立学院校舍建筑面积

独立学院产权校舍建筑面积。从图 2-29 可以看出，有 192 所独立学院的产权校舍建筑面积在 15 万平方米以下，其中产权校舍建筑面积在 5 万平方米以下的有 128 所，有 113 所独立学院没有属于自己产权的校舍建筑面积。

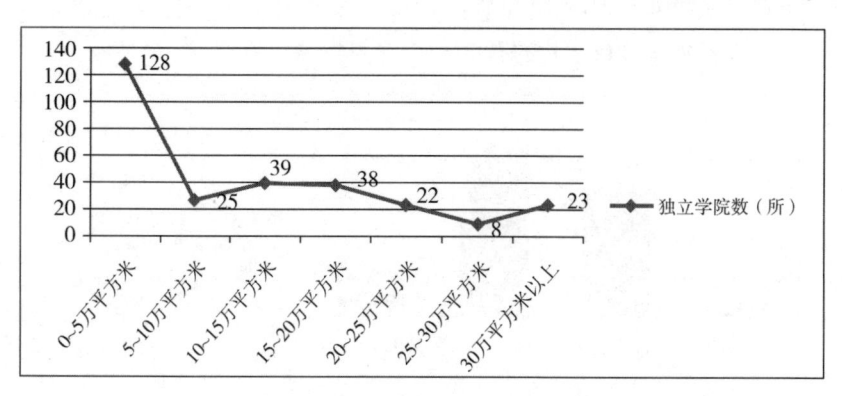

图 2-29 独立学院产权校舍建筑面积

独立学院非产权校舍建筑面积。从图 2-30 可以看到，在 283 所独立学院中，有 110 所独立学院的非产权校舍建筑面积在 15 万平方米以上，其中 25 所独立学院的非产权校舍建筑面积在 30 万平方米以上。有 101 所独立学院的非产权校舍建筑面积在 5 万平方米以下，其中 61 所独立学院没有非产权校舍建筑面积。

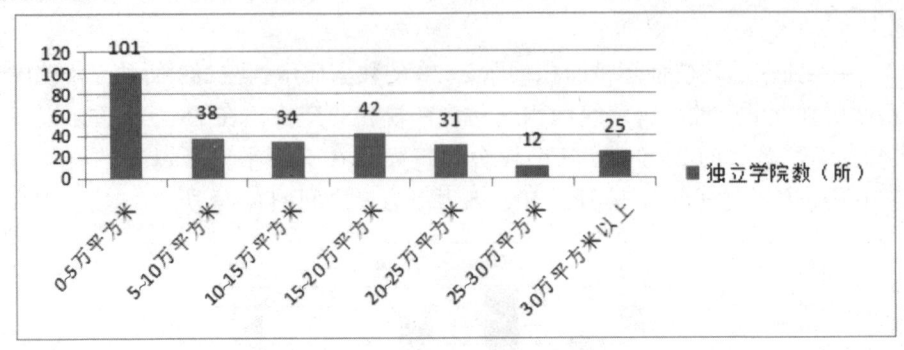

图 2-30　独立学院非产权校舍建筑面积

——独立学院生均科研仪器设备。《普通本科学校设置暂行规定》中明确规定，普通本科学校生均教学科研仪器设备值，财经、理工、农林、医药和师范类院校应不低于 5 000 元，人文、社会科学类院校应不低于 3 000 元，体育、艺术类院校应不低于 4 000 元。笔者按此分类，分析了目前独立学院的生均科研仪器设备情况。

财经、理工、农林、医药和师范类独立学院生均科研仪器设备情况。财经、理工、农林、医药和师范类独立学院共 194 所。从独立学院产权生均科研仪器设备情况来看，生均科研仪器设备低于 5 000 元的有 79 所，占这几类独立学院总数的 40.7%；从产权和非产权合计生均科研仪器设备情况来看，生均科研仪器设备低于 5 000 元的有 71 所。（见图 2-31）

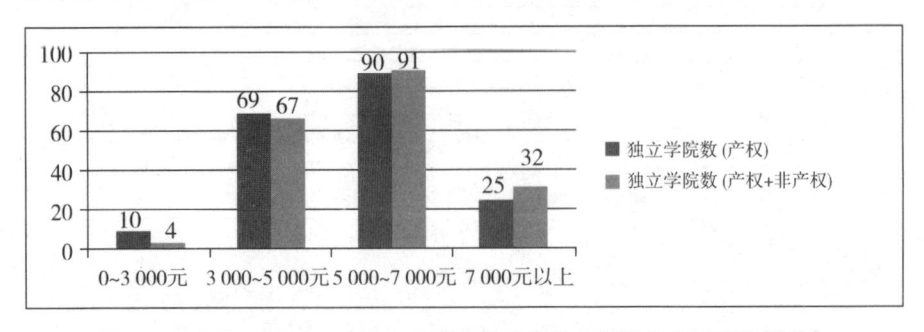

图 2-31　财经、理工、农林、医药和师范类独立学院生均科研仪器设备

综合、语言、民族类独立学院生均科研仪器设备情况。综合、语言、民族类独立学院共 84 所。从产权生均科研仪器设备来看，生均科研仪器设备低于

3 000元的独立学院有2所，生均科研仪器设备在3 000~5 000元的独立学院有25所，57所独立学院的生均科研仪器设备在5 000元以上。从产权和非产权合计生均科研仪器设备情况来看，生均科研仪器设备低于3 000元的仅1所。（见图2-32）

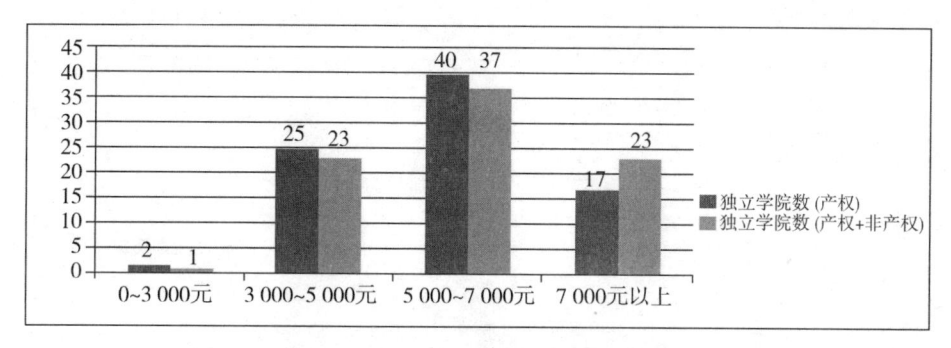

图2-32　综合、语言、民族类独立学院生均科研仪器设备

体育、艺术类独立学院生均科研仪器设备情况。体育、艺术类独立学院共5所。5所独立学院的生均科研仪器设备均为学校产权。其中生均科研仪器设备低于4 000元的仅1所，生均科研仪器设备在4 000~5 000元的独立学院有2所，另外2所独立学院的生均科研仪器设备在5 000元以上。

——独立学院生均适用图书。根据相关数据，在283所独立学院中，仅有7所独立学院具有非产权图书，因此，对独立学院非产权图书情况不再分析，下面的分析数据为产权和非产权整合后的生均图书情况。

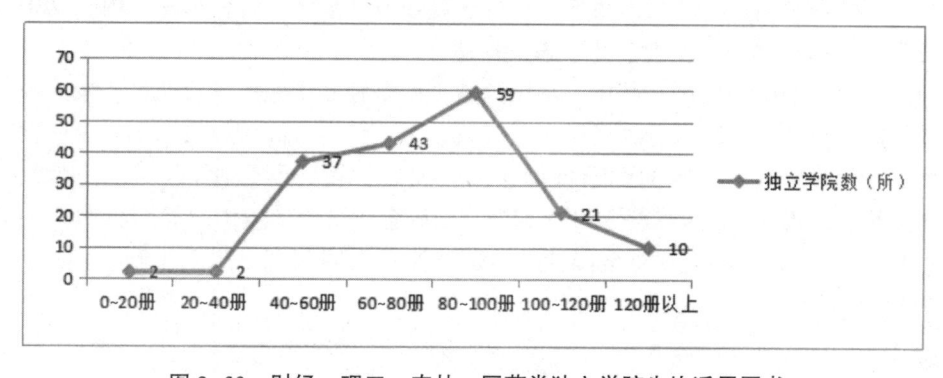

财经、理工、农林、医药类独立学院生均适用图书。目前财经、理工、农林、医药类独立学院共175所，多数独立学院的生均适用图书在40~100册之间，其中生均适用图书低于80册的有85所，占48.6%。（见图2-33）

图2-33　财经、理工、农林、医药类独立学院生均适用图书

民族、综合、语文和师范类独立学院生均适用图书。民族、综合、语文和师范类独立学院共103所,从图2-34可以看出,有40所独立学院的生均适用图书在50~75册之间,24所独立学院的生均适用图书在75~100册之间,32所独立学院的生均适用图书在100~125册之间,7所独立学院的生均适用图书在125册以上。

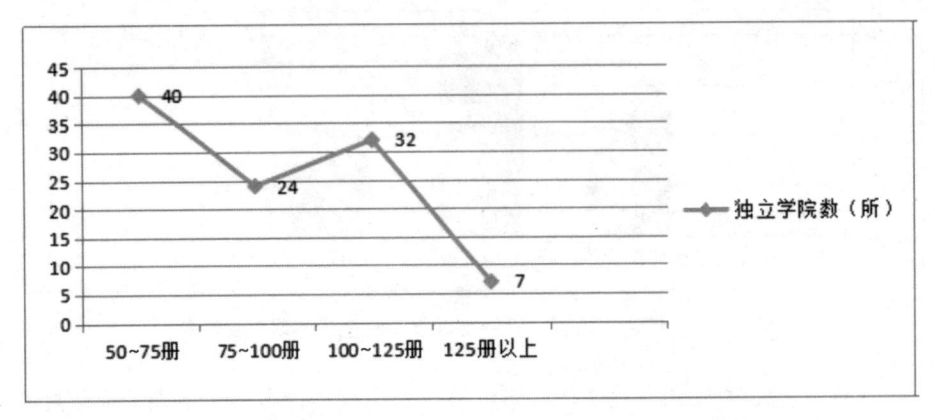

图2-34 民族、综合、语文和师范类独立学院生均适用图书

体育和艺术类独立学院生均适用图书。体育、艺术类独立学院共5所。有1所独立学院的生均适用图书为80册,1所独立学院的生均适用图书为72册,2所独立学院的生均适用图书分别为63、64册,1所独立学院的生均适用图书28册。

二、独立学院治理结构存在的问题

投资类型和办学模式的复杂多样。虽然独立学院在办学类型和模式上有诸多共同特征,但是办学性质决定了独立学院在投资主体、合作形式、内在结构及管理体制机制上呈现出多种形态,各具特征。

在发放的调查表中,其中一项统计数据就是独立学院的投资类型。按照独立学院的举办方不同,分为民营企业投资、个人投资、高校投资、国有企业投资、合伙投资等。回收的调查数据显示,独立学院民营企业投资的占40%、个人投资的占3%、高校投资的占34%、国有企业投资的占16%,合伙投资的占7%。这一数据与上述对全国独立学院投资背景的调查结果基本吻合。(见图2-35)

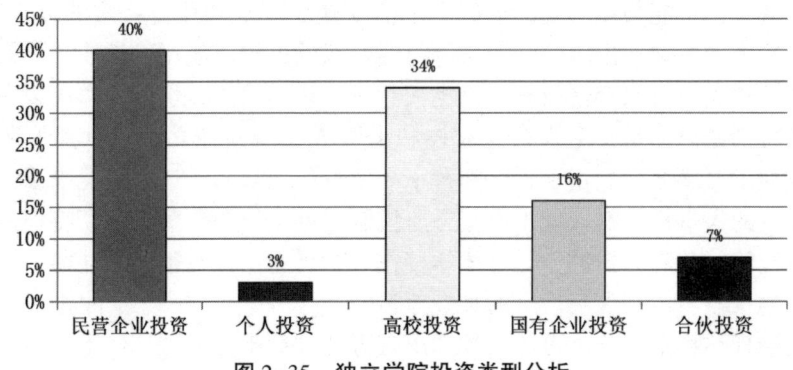

图 2-35　独立学院投资类型分析

根据办学的主体不同对独立学院的办学模式进行划分，主要包括校政模式、校企模式、校校模式、校中校模式和依附模式五种模式。从表 2-9 可以看出，我国独立学院的办学模式丰富多样，不同办学模式存在着显著差异。

表 2-9　独立学院的办学模式及特点

模式	特点
校政模式	公立高等学校与地方政府共建独立学院的办学模式
校企模式	由普通本科高校与企业共同投资创办模式。一般由企业提供资金，负责办学所需硬件建设，高校提供软件建设
校校模式	由两家或几家办学实力较强的高校根据自身的办学条件和资源以不同的方式合作办学，利用合作高校之间的资源优势进行资源整合来创办独立学院
校中校模式	由普通高等学校在校内举办独立学院
依附模式	公办高校与民办高校联合举办独立学院，通常是民办学校提供办学场所，负责融资、校园建设等，公办高校负责招生、专业设置等事项

法人治理结构不够完善。为了进一步规范独立学院的办学机制，教育部在 8 号文件中明确规定独立学院应采取董事会领导下的院长负责制；在 26 号令中针对独立学院董事会的设置、决策方式、权力范围做出了详尽规定，以规范独立学院董事会的运作。但是部分独立学院的董事会制度仍然存在着不容忽视的问题。比如，有的未依法建立董事会；有的董事会结构不合理，董事长和院长职责权限不清晰，出现"越位""错位"或"缺位"现象；部分独立学院缺乏监督机构及真正有效的制衡机制；独立学院董事会运行程序不规范，不健全，随意性大，法人治理流于形式等。此外，还有部分独立学院内部没有设立学术委员会和监事会、教职工代表大会、工会，或设立而未发挥作用。学术委

员会的缺失，可能会使学院的科研学术活动缺少规范和监督；监事会的缺失，可能会造成董事会、出资人、院长等行使职权的失控或滥用；教职工代表大会和工会的缺失，可能会使教职工民主权利无法切实保障，造成民主决策失序。

需特别指出的是，尽管公办高校和出资方在申办独立学院时都签署了协议，成立了董事会，制定了学院和董事会章程，但从实际运行情况来看，部分独立学院的人事权、财权等由出资方所控制，办学行为受到干预，特别是有的出资方纯粹以营利为目的，与母体学校在办学理念上存在很大的冲突，致使独立学院的权益得不到保障。有的独立学院尽管基本符合26号令的要求，但由于法人治理结构不完善，母体高校和出资方的冲突十分激烈，严重影响了正常办学。

法人性质不够明确。独立学院的法人性质在理论和实践中都有不同的争论。根据《中华人民共和国民法通则》，法人分为企业法人和非企业法人两大类。学校一般都被列入非企业法人这一类中，属于"事业单位法人"，但独立学院并不属于事业单位范畴。

按照现行的法律和独立学院的实际情况来看，独立学院既不是按所有制划分的企业法人，也不是按《中华人民共和国民法通则》规定的非企业法人——事业单位，同时，也不全然是《中华人民共和国民办教育促进法》中的纯民办高校。法律上对独立学院法人性质规定的不明确造成独立学院设置的不规范，既有事业单位法人，更多的是民办非企业单位法人，部分独立学院实际上是变相的"双轨制"或"校中校"，从根源上给独立学院的发展埋下了隐患。

三、独立学院外部政策支持的缺失

与公办学校的同等待遇尚未完全依法落实。《中华人民共和国民办教育促进法》明确规定：民办教育事业属于公益性事业，是社会主义教育事业的组成部分，民办学校与公办学校具有同等的法律地位；民办学校教职工在业务培训、职务聘任、教龄和工龄计算、表彰奖励、社会活动等方面依法享有与公办学校教职工同等权利；民办学校的受教育者在升学、就业、社会优待以及参加先进评选等方面享有与同级同类公办学校的受教育者同等权利；等等。但在现实中，独立学院与公办高校存在不平等的情况，如就业政策、人事政策、税收政策、评奖评优政策、科研项目申报等。基于独立学院的办学属性，独立学院教师平等待遇问题一直未能解决。独立学院教师实行聘用合同制，教师被排斥在现行高等学校事业编制的体制之外。政府不提供财政性补贴或专项经费，也没有提供与普通高等学校同样的保障性政策与措施，教师长期服务学院的组织承诺度不高。这直接影响了独立学院的教师队伍的稳定性，进而影响到独立学院教育教学质量的可持续提高。有一些教师宁可选择到待遇较差的公办学校任教，也不愿在个人待遇很好的独立学院长期工作，造成了独立学院优秀教师资源的流失。

招生和专业限制较多，自主权未能完全下放。《中华人民共和国民办教育促进法实施条例》第二十二条规定：可以按照办学宗旨和培养目标，自行设置专业，开设课程，自主选用教材。同时，应当将其所设置的专业、开设的课程、选用的教材报审批机关备案。说明国家对本科专业设置已经放权，但是一些省级教育部门对民办高校开设专业控制较严，学校对目录内的专业设置受限较多，对目录外的专业更是没有自主设置权，这也是导致民办高校专业设置雷同现象严重，无法彰显办学特色的主要原因。同时，《中华人民共和国民办教育促进法实施条例》第二十七条规定：民办学校享有与同级同类公办学校同等的招生权，可以自主确定招生的范围、标准和方式。但目前，不少省份对独立学院的录取批次人为控制，录取批次一般为第三批次，外界也因此而将独立学院称为"三本院校"，录取批次也直接影响了独立学院的生源质量。

财政投入未能惠及独立学院。包括独立学院在内的民办高等教育已被法律确定为社会主义教育事业的组成部分，但是至今尚未被依法纳入各级国民经济社会发展规划和公共财政预算。有关部门甚至误认为独立学院属于非国家财政性经费举办，因而不能享有国家财政性经费的资助和奖励，这有悖于国际通则中有关对私立教育认识和界定的先进理念。目前公办大学的学费约4 000元/学年左右，生均财政拨款均在12 000~14 000元/学年，而独立学院的学费则全部由学生负担，独立学院学生的父母作为纳税人，他们却没有享受到公共资源的惠泽，不仅从法律上来说是不公正的，也是国民待遇不公正的具体表现。

相关扶持和优惠政策未能完全落实。目前，国家对独立学院发展的相关扶持政策相对缺乏。独立学院的优惠政策涉及财政、税务、人事、社保、土地、金融、收费等多个政策领域，多部法律法规和多个政府部门，并且与独立学院法人属性认定、营利与非营利界定等问题直接相关。政府对公办高校和独立学院的政策囿于姓"公"还是姓"民"的狭隘观念，政策引导差别过大，独立学院得不到与公办高校同等的待遇。同时，由于认识问题、法人属性问题、公共财政政策问题还没有统一的政策措施，已有的政策也没有真正落实。

四、独立学院发展过程中的争议

自独立学院产生之日起，在高等教育理论界和实践界，对于独立学院的存在就有两种截然不同的观点：赞成的一方认为，独立学院集合了公办高校的优质教育资源和民办的体制机制，是在高起点上发展起来的本科院校，具有公办和民办高校双重优势。反对者认为，独立学院的出现占用了公办高校的资源，影响了公办高校的发展，同时对于民办高校的发展造成了严重的挤压，本身是一个怪胎。两种观点伴随着独立学院的出现和发展，一直争论不休。

对民办高校生源的挤压。不少民办高校对"独立学院"的迅猛发展提出了意见，认为其对民办高校造成了不公平竞争——戴着公办大学的"帽子"，尤其是在招生上天生自带光环。其实，我们从民办高等教育的发展历史可以看出，不是独立学院的发展挤占了民办高校的发展空间，而是民办高校发展的不充分给独立学院的出现留出了空间。

1992年之前，我国民办高等教育主要以非学历教育为主体。随着《中华人民共和国民办教育促进法》《面向21世纪教育振兴行动计划》等法律和政策的颁布，激发了民办学校举办者的办学积极性，民办高等教育发展速度进一步加快。在这个时期，一些办学质量好、办学条件完善的民办高校开始提升办学层次。2000年，黄河科技大学升格为本科院校，上海杉达学院和南京三江学院于2002年升本，浙江树人大学等5所民办高校于2003年升本，大量民办高校突破了原有的发展空间。[①] 但由于长期形成的对民办高校的偏见，导致社会、用人单位、学生、家长对待民办高校的态度仍然没有完全改观，民办高校的发展任重而道远。虽然有部分民办高校突破重围，建立了自己的品牌，拥有了自己的一席之地，但20世纪末期，民办高校的整体发展水平还不是很高，特色还不够明显，没能分担起高等教育大众化的责任，这与民办高校自身有很大关系，当然，也与国家政策制度及社会对其认同有一定关系。同时，《独立学院设置与管理办法》规定，参与举办独立学院的普通高等学校须具有较高的教学水平和管理水平，较好的办学条件，一般应具有博士学位授予权。与一般的民办高校相比，独立学院拥有普通高校的优质教育资源以及充足的社会资金，体现出优质高等教育资源与社会力量的"双重叠加"优势。因此，独立学院一出现，就显示出了强大的生命力和优越性。

对国有资源流失的忧虑。独立学院兼有"公办"与"民办"性质，产权主体包括公办高等学校在内的两个或两个以上，由于独立学院是一种新的尝试，没有现成的经验可以借鉴，确实有部分独立学院在产权关系上不是很明确。目前独立学院的财产关系基本上都是在合作办学协议中约定的，而这种约定既不全面也不规范。杨应慧认为，"从全国独立学院运行情况看，一般都约

[①] 王真，王华. 改革开放40年我国民办高等教育发展回顾与展望 [J]. 高教探索，2019（03）：103-109.

定合作办学期满后，全部财产归独立学院申请者（即母体高校）所有或由独立学院申请者与合作者按出资比例分配，有的合作办学协议只规定合作办学期间的利润分配，而对合作办学期满后独立学院财产归属只字不提。因此，全国各地的独立学院都不同程度地存在着产权归属不清晰、权责不明确、保护不利和留转不畅的现象。"[1] 因此，有学者担心会导致国有资产的流失，认为其流失的主要途径有：低估国有名校无形资产或使其贬值，过度损耗国有高校办学资源，无偿占用或非法获得国有土地收益权，个人或集体私吞、挥霍、转移国有资产，国有高校为独立学院提供信贷担保等[2]。但也有学者认为，如果仅仅因为独立学院使用了国有资产并采用民办运行机制就担心国有资产流失，是没有道理的。事实上，独立学院的民办机制并不表明其所有权属性，不同模式的独立学院，其所有权结构存在较大的差别。独立学院本身并不是导致国有资产流失的原因，导致国有资产流失的，主要还在于法律缺失和管理不善，并认为国有资产流失的问题在公办高校同样存在，非独立学院所特有。[3]

对公办高校资源的占用。根据教育部《关于规范并加强普通高校以新的机制和模式试办独立学院管理的若干意见》，申请者（母体高校）要对独立学院的教学和管理负责，并保证办学质量。申请者要充分发挥校本部的智力、人才资源优势，切实加强独立学院的教师队伍和管理队伍建设，建立并不断完善独立学院教学水平的监测、评估体系。同时，《独立学院设置与管理办法》也规定，普通高等学校主要利用学校名称、知识产权、管理资源、教育教学资源等参与办学。利用公办高校的优质办学资源这是独立学院的特点，也是独立学院之所以能够快速发展起来的原因。而且，独立学院每年从收取的学费中支出20%~30%的比例作为母体高校的管理费，所以，从一定意义上说，独立学院对于公办高校资源的占用，从公办高校自身来说，并没有任何损失，而且支持了公办高校的发展。

当然，独立学院作为一种新的办学模式，在无任何经验可以借鉴的情况下，其成长过程中确实存在诸多问题，比如初创期颁发母体高校的文凭，在社会上引起很大的争议，尤其是校中校模式的独立学院，无论是依据教育部8号文还是26号令，都不符合政策要求，但其确实一直存在，并占据了一定的数量和规模，对于这部分独立学院一直有很大的争议。

---

[1] 杨应慧，鄢涛. 关于独立学院若干问题的探讨[J]. 黑龙江高教研究，2004（05）：34-36.
[2] 董孟怀. 防止独立学院国有资产流失对策研究[J]. 国家教育行政学院学报，2005（05）：71-76.
[3] 许为民，林伟连，楼锡锦，等. 独立学院的发展与运行研究[M]. 杭州：浙江大学出版社，2008：33.

第二部分　规范与转设

第三章　规范发展的持续推进

伴随着独立学院的发展和探索，并针对独立学院发展过程中的问题，国家出台了若干加强独立学院规范发展的政策制度。从 2003 年教育部颁布的《关于规范并加强普通高校以新的机制和模式试办独立学院管理的若干意见》，到 2008 年颁布的《独立学院设置与管理办法》，独立学院的规范发展一直在推进。本章对独立学院规范发展的政策制度设计与推进过程进行了梳理，同时，结合相关数据，重点对 2008 年至 2018 年独立学院的转设情况进行了分析。

第一节　国家政策制度的设计

通过梳理独立学院发展的相关政策文本可以发现，专门针对独立学院的政策条文并不多，具有标志性的政策应该是教育部 8 号文和教育部 26 号令，如果以此两个政策为分界点，国家对独立学院的政策制度设计主要分为三个阶段，与这三个阶段相对应的，独立学院的发展也经历了三个不同的时期。

一、探索发展与监管的缺失

独立学院作为一种自下而上办学模式，在创办初期，教育部采取了一种观望的态度，并未及时制定有关独立学院成立和发展的法律法规，政策制定的滞后也使得独立学院的发展在探索中前进。这一时期的独立学院最典型的特征就是对母体高校的高度依附，包括校园设施、教学资源、师资管理队伍、学科专业设置，以及学历、学位证书的发放等等，所以也有人将这一时期的独立学院称为"公办民助二级学院"，算不上真正意义的独立学院。

由于独立学院的创办没有任何的先例可循，完全是一种新型的办学形式，国内外高等教育界也没有可以借鉴的办学形式，因此独立学院的发展只能在摸索的过程中总结积累办学经验。最早设立的独立学院一般作为二级学院的形式存在，办学资质的审查流于形式，政府与教育主管部门对独立学院的监管不到位、相关法律法规不健全、管理体制单一的问题客观存在。① 早期的独立学院一般都被当成高校下设的二级学院，有些要报到省级教育行政部门审批，一般申报后都会得到批准。有些则直接在母体高校下设一个二级学院，根本不用办任何手续，母体高校直接出台一个成立学院的文件就可以。教育主管部门不去严格考察申办高校的办学资质和条件，也不严格考察合作办学方是不是民营机构，因为在当时根本还没有明确的法律法规依据可以遵循。再者，这些早期的二级学院一般都没有获得国家的办学资格认证。也就是说，它们的办学并没有得到国家教育行政部门的批准，因此，这些二级学院在最初的探索和办学时都处于国家层次监管的真空期。②

由于独立学院对母体高校的依附性，它们大都不具备独立的办学资格，同时也不具有独立颁发学历文凭的资格。在创办初期，各个独立学院文凭的发放也比较混乱，不少独立学院发放的是母体高校的学历、学位证书。不具备办学资质的独立学院在学历证书的发放上造成教育初期的不公平现象产生，学生在没有资质的独立学院学习，分数不够却在独立学院毕业后颁发母体高校的学历、学位证书，引发了不少母体高校学生的抗议，并且造成教育市场对学历筛选的混乱。③ 因此，这一时期，政府管理的真空加上不少独立学院在缺乏相关条件和资质的情况下强行办学，必然会出现很多的问题和矛盾，并在社会上造成一定程度的不良影响，对于加强独立学院规范发展的呼声不断。

二、初步发展与逐步规范

独立学院的创办是为了解决我国高等教育资源短缺与社会对人才需求的矛盾，并推动我国高等教育大众化的实现，是基于我国国情的高等教育办学体制的创新。可以说，独立学院结合了公办大学和社会力量两方面的资源优势，既可以满足高等教育的发展需要，又能推动民办高校的多样化发展，但其所存在的问题也必须进行解决。正如潘懋元老先生在《七方民办教育丛书序》中所指出的："目前对于二级学院的看法，分歧很大，似不忙于做简单结论。但对于认真办学为高等教育大众化做出贡献的应当鼓励与支持，由于不公平竞争而影响民办高校生源的应当协调解决，利用国有品牌而名实不符或导致国有资产

---

① 严毛新. 独立学院：一种过渡样态的高等教育办学模式 [J]. 浙江社会科学，2011（03）：135-140.
② 王泉. 独立学院转设的政策执行情况分析 [D]. 成都：四川师范大学，2013.
③ 冯梦然. 我国政府规范和促进独立学院发展的政策研究 [D]. 成都：电子科技大学，2018.

流失的应当有所控制。"① 教育部在对民办二级学院进行了几年的观望后，于2003年4月23日印发了《关于规范并加强普通高校以新的机制和模式试办独立学院管理的若干意见》，这一政策文件对独立学院的规范和健康发展有着重要的影响。

教育部在8号文件中第一次提出了"独立学院"的概念，并在其第一条就非常明确地指出："独立学院是专门指由普通本科高校按新机制、新模式举办的本科层次的二级学院。普通本科高校按公办机制和模式建立的二级学院、或其它类似的二级办学机构不属此范畴。"② 那么从教育部8号文的表述可以看到独立学院首先是要实行新的办学机制，所谓新机制就是指独立学院的投资方必须是民办企业也就是所谓的社会力量办学，从本质上就确立了独立学院的民办属性。其次是要求实行新的办学模式，即独立学院在办学上要达到文件中规定的应具有独立的校园和基本办学设施，实施相对独立的教学组织和管理，独立进行招生，独立颁发学历证书，独立进行财务核算，应具有独立法人资格，能独立承担民事责任等七项"独立"要求。再者是实行新的管理体制，独立学院的管理体制是董事会领导下的院长负责制，董事会的组成及人员的选定由举办者共同商量确定，学院的院长则由母体高校推荐，经校董会选举产生。独立学院的管理制度由举办方共同商定，母体高校和投资方的责任、权限、利益关系通过签订具有法律效力的协议来规范和体现。

教育部8号文颁布之后，随后召开了普通本科高校试办独立学院视频工作会议，肯定了独立学院是我国高等教育改革与发展的一项重大探索。同时，为了配合教育部8号文的实施，教育部又先后出台了《关于对各地批准试办的独立学院进行检查清理和重新批报工作的通知》（教发函〔2003〕247号）、《关于做好独立学院本科专业清理备案工作的通知》（教高厅〔2004〕22号）、《关于对独立学院办学条件和教学工作开展专项检查的通知》（教高函〔2004〕21号）、《关于加强独立学院招生管理工作的通知》（教学〔2005〕3号）等相关文件。2003年下半年，教育部组织力量对已办的360多所独立学院进行了审查和备案，对不规范的独立学院进行初步清理和整顿，最终确认了249所独立学院，有100多所独立学院被取消。国家关于独立学院政策的强力执行，体现了国家意志的制度化变迁，同时给予社会办学力量充分的信心，促使一批新的独立学院应运而生，2005年就新增了46所，2006年教育部再次对独立学

---

① 黄藤，王冠．关于发展独立学院的政策思考［J］．陕西师范大学学报（哲学社会科学版），2004（S1）：200-202.

② http：//www.moe.gov.cn/s78/A03/s7050/201206/t20120628_138410.html

院进行了规范验收，随后发展速度逐渐放缓。

三、稳定发展与转设的推动

梳理国家关于独立学院规范发展的政策文本可以发现，其实，早在2006年教育部《关于"十一五"期间普通高等学校设置工作的意见》中关于独立学院的"转设"一词已经出现，针对独立学院的发展只有一条，即"独立学院视需要和条件按普通高等学校设置程序可以逐步转设为独立建制的民办普通本科高校"。

教育部经过认真研究，充分调研、反复征求意见，根据《中华人民共和国高等教育法》《中华人民共和国民办教育促进法》及其实施条例和国家有关规定，2008年3月6日，教育部出台了《独立学院设置与管理办法》，标志着独立学院发展进入法制化轨道。教育部26号令对独立学院的设立、组织与活动、管理与监督、变更和终止、法律责任等都有明确的规定和要求。按照教育部26号令，独立学院开始进入五年"过渡期"，五年内，考察验收合格的核发"办学许可证"。26号令施行前设立的独立学院，按照教育部26号令的规定进行调整，充实办学条件，完成有关工作。26号令施行之日起五年内，基本符合本办法要求的，由独立学院提出考察验收申请，经省级教育行政部门审核后报教育部组织考察验收，考察验收合格的，核发办学许可证。按照教育部26号令，省级教育行政部门行使对独立学院办学许可证的管理权。

其中在《关于〈独立学院设置与管理办法〉的工作说明》中指出，"考虑到独立学院的复杂性和实际情况，国家对已设独立学院给予五年的过渡期，并明确了相关政策：基本符合教育部26号令要求的，由省级教育行政部门向教育部提出考察验收申请，教育部组织考察验收，并对考察验收合格的独立学院核发办学许可证。符合普通本科高等学校设置标准的，可申请转设民办高等学校，颁发民办教育办学许可证。既不申请考察验收，也不申请转设民办高等学校的，可继续教育教学活动，但必须按照教育部26号令的要求，规范体制机制，充实办学条件，在保证教育质量的前提下，有序地做好报请验收或申请转设工作，过渡期结束后，严格按照教育部26号令的要求办理。"根据这一要求，独立学院的发展道路是继续举办，或者转设民办，但前提条件是要符合普通本科高等学校设置标准，没有达到要求的要不断完善条件达到标准。

教育部办公厅2009年2月下发了《关于编报省级独立学院五年过渡期方案的通知》，要求各省级教育行政部门要从大局出发，加强对《独立学院五年过渡期工作方案》编制工作的领导，把规范管理独立学院，促进其健康发展，作为当前一项重要工作抓紧抓好。要摸清本地区独立学院的总体情况，逐校分析现状和存在的问题，按照《独立学院设置与管理办法》的规定，提出每所独立学院具体的工作意见和进度。确保独立学院五年过渡期的和谐与稳定。同时，给出了继续举办、转设民办、终止办学、回归母体、数校合并五条独立学院发展道路。五年过渡期满后教育部将按照普通本科高等学校设置标准进行考核验收。国家政策导向已经明朗，对于民营机制的独立学院来说，转设为民办普通高校才是大多数学校的最好归属。根据国家政策的导向与安排，一部分符合转设的独立学院向教育部提出申请，教育部将按照《普通本科学校设置暂行规定》（教发〔2006〕18号）的基本标准进行考察验收，经教育部批准，重新核发办学许可证，转设为独立设置的民办普通本科学校。

根据教育部2011年《关于"十二五"期间普通高等学校设置工作的意见》要求，对于布局合理，条件具备，办学行为规范，并列入省级人民政府"十二五"高等学校设置规划的独立学院，可以按照普通高等学校设置程序，申请转设为独立建制的民办本科学校。并表示独立学院不受"一年西部、一年中东部、一年民办"节奏的影响，2014年以前每年均可按照高等学校设置工作要求开展独立学院转设的审批工作。从国家政策导向不难看出，教育主管部门积极支持符合条件的独立学院转设。2015年，教育部《关于"十三五"时期高等学校设置工作的意见》（教发〔2017〕3号）提出，对布局合理，条件具备，办学行为规范的独立学院，鼓励按照普通高等学校设置程序，申请转设为独立设置的本科学校。与之前的政策相比，不同之处在于，鼓励独立学院转设为独立设置的本科学校，而不单是民办本科。

中国职业技术教育学会会长、教育部原副部长鲁昕在全国独立学院第九次峰会讲话中指出，根据教育部26号令的要求，教育部对独立学院的规范发展提出了六条路径，并要求各地组织独立学院研究确定符合当地以及自身实际情况的规范目标。一是可以继续举办独立学院，教育部26号令对于独立学院的发展方向是给予肯定的，独立学院作为重要的办学模式将继续存在，而且是体制规范、条件更好、水平更高的独立学院；二是转设为独立设立的民办本科高校，转设坚持合作双方同意自愿的原则；三是可以并入母体公办学校；四是可以与政府合作转为公办学校。五是可以和其他的公办、民办学校合并；六是调整为其他层次的学校或者撤销。其实不止六条路，可以多元地进行选择。虽然教育部给出了多条路径，但从目前情况来看，大部分学校选择了转设和继续办独立学院，其中以转设为民办高校的居多。

2016年11月，第十二届全国人民代表大会常务委员会第二十四次会议审议通过了《关于修改〈中华人民共和国民办教育促进法〉的决定》，尤其是随着《国务院关于鼓励社会力量兴办教育 促进民办教育健康发展的若干意见》

（以下简称《若干意见》）及相关配套文件的颁布实施，必将加快独立学院规范发展的进程。教育部办公厅在《关于做好2018年度高等学校设置工作的通知》（教发厅函〔2018〕215号）中第一条指出，鼓励支持独立学院转设。坚持把独立学院转设摆在高校设置工作的首要位置，各地要逐一梳理、系统分析本地区每所独立学院的办学实际情况，坚持分类施策，制定独立学院转设的时间表和路线图，积极推动独立学院能转快转、能转尽转。列入"十三五"高校设置规划的独立学院转设优先申报；未列入规划的，中期调整配置，本着平稳有序的原则对高校异地办学逐步进行清理规范。在教育部等十三部门印发的《民办教育工作部际联席会议2018年工作要点》中，其中重要的一条就是制定独立学院规范发展的举措，修订《独立学院设置与管理办法》，研究制定独立学院发展的路径和政策。同年5月份，教育部办公厅在全国独立学院范围内开展了基本情况问卷调查工作，调查的主题是"全面梳理独立学院发展的基本情况、面临的重大问题和突出困难，了解举办者、教职工、学生、社会相关方面对独立学院发展的意见建议，找准制约发展的体制机制问题，提出未来发展的路径政策，指导独立学院健康发展。"调查内容包括"学校基本情况、举办者情况、规范发展考虑、法人治理结构、经费使用情况、师生权益保障情况、政策建议。"调查工作旨在摸清目前独立学院的现状，挖掘存在的问题，了解未来发展路径选择。这将为独立学院下一步的政策制度修订提供依据，可以预见，独立学院的发展也必将迎来一个新的转折。

第二节　独立学院转设情况分析

教育部2018年公示拟批准设置的40所高等学校名单显示，有3所独立学院转设为独立设置民办普通本科学校。同时，浙江大学城市学院、浙江大学宁波理工学院分别宣布，所有新生将按公费标准收学费，可以预见，这两所独立学院将转设为公办普通本科学校。自2008年教育部颁布《独立学院设置与管理办法》，要求独立学院按独立设置的普通本科高校标准进行规范，并给予五年过渡期以来，独立学院的转设进程虽然缓慢，但仍有一批独立学院已经脱离了母体高校，走上独立设置的民办或公办普通高校。

一、独立学院转设数量情况

2008年，教育部同意东北地区4所独立学院转设为普通民办本科高校，从此拉开了我国独立学院转设的序幕。从 2008 年到 2018 年，教育部先后审批了 64 所独立学院转设为 63 所民办本科院校（沈阳理工大学应用技术学院与沈阳农业大学科学技术学院两所独立学院联合转设为沈阳工学院）。如图 3-1 所示，2008 年哈尔滨商业大学德强商务学院等 4 所转设，2009 年东北大学大连艺术学院 1 所独立学院转设，2011 年华中师范大学汉口分校等 14 所独立学院转设，2012 年哈尔滨理工大学远东学院等 6 所独立学院转设，2013 年复旦大学上海视觉艺术学院等 11 所独立学院转设，2014 年中国地质大学江城学院等 8 所独立学院转设，2015 年华中科技大学武昌分校等 8 所独立学院转设，2016 年武汉大学珞珈学院等 6 所独立学院转设，2018 年福建师范大学闽南科技学院等 5 所独立学院转设。

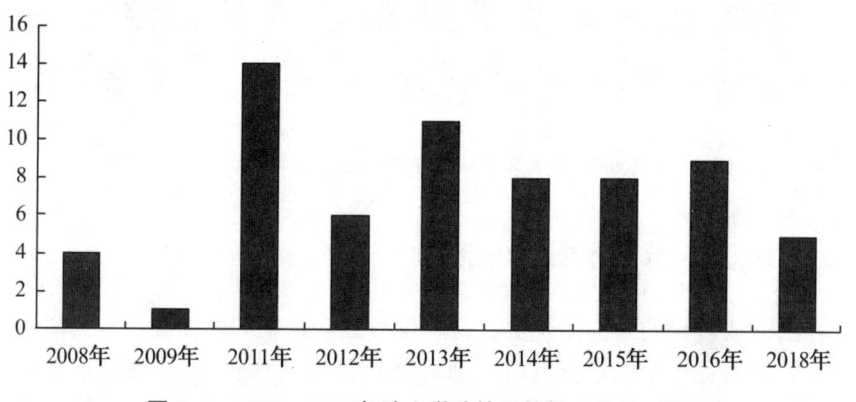

图 3-1　2008—2018 年独立学院转设数量（单位：所）

《独立学院设置与管理办法》五年过渡期的设置，一度让独立学院彷徨、观望，2008 年至 2010 年的三年间，仅有 5 所独立学院转设，从 2011 年开始，每年都有一批独立学院成功转设为民办设置的普通高校。

二、转设独立学院的地域分布

从已转设独立学院的地区分布情况来看，存在很大差异。湖北省是全国独立学院数量最多的省份，共有 31 所，有 14 所转设，数量居全国第一。东北地区最早开始了独立学院转设工作，2008 年转设的 4 所独立学院均在东北地区，同时，也是近十年来转设最多的地区，其中，辽宁省有 12 所转设，黑龙江省有 8 所转设，吉林省有 5 所转设。另外，河南省有 6 所转设，四川省有 4 所转设，福建省有 3 所转设；河北省、安徽省、山东省各有 2 所转设。同时，广东、上海、重庆、江苏、海南各有 1 所独立学院转设。值得关注的是，作为独立学院大省，浙江省22所独立学院中仅有1所转设，江苏省26所独立学院也仅有1所转设。另外，山西、贵州、云南、天津、甘肃、北京、湖南、江西、陕西、新疆、宁夏、广西、内蒙古、青海14个省（市、自治区）均无独立学院转设。（见图3-2）

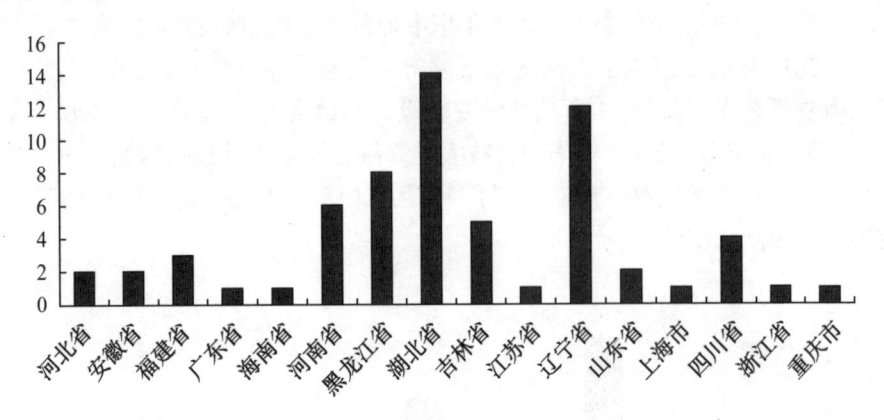

图3-2　2008—2018年各省份独立学院转设情况（单位：所）

三、转设独立学院办学属性选择分析

在已完成转设的独立学院中，均转设为独立建制的民办普通本科高校。同时，从转设后各学校的章程可以看到，目前已转设的63所学校中，要求取得合理回报的有8所，不要求取得合理回报的有55所。也就是说，独立学院转设为独立设置的民办本科高校后，大部分不要求合理回报，也就是非营利性。但随着新的民办教育促进法及分类管理的实施，包括已转设及未转设的独立学院在内，都面临着重新选择和登记。

四、转设独立学院举办者分析

依据教育部官方公布的信息，对独立学院转设前后的举办者进行对比分析发现，转设后绝大部分母体高校选择退出，仅有1所除外，就是复旦大学上海视觉艺术学院，转设后母体高校继续与国有企业合作，转设后的举办者仍为复旦大学和上海文化广播影视集团、文汇新民联合报业集团等5家国有企事业单位，其中复旦大学以管理等无形资产作价12 000万元。同时，从独立学院转设后的举办者可以看到，在转设后的独立学院中，绝大多数举办者是单一企业事业单位或个人，也就是说，大部分独立学院直接脱离原母体高校，由原参与举办独立学院的投资方直接举办。（表3-1）

表 3-1 独立学院转设后的举办者分析

单一举办者	单一企事业单位举办	以吉林艺术学院动画学院为代表的 50 所
	单一个人举办	以沈阳师范大学渤海学院为代表的 4 所
多元举办者	两个及以上企事业单位或个人等合作举办	以东北大学东软信息学院为代表的 4 所
	高校和国有企事业单位合作举办	复旦大学上海视觉艺术学院 1 所

注：另有 4 所举办者尚未得到查证。

从已经成功转设的独立学院来看，有以下共同特点：一是独立学院能否成功转设，与其基本的办学条件是否达标有很大的关系。目前，独立学院转设依据的标准仍然是《普通本科学校设置暂行规定》。二是独立学院能否成功转设与独立学院是否是真正的社会力量投资，以及投资方是否支持转设有很大的关系。正如一位管理者所说："目前学院转不转设，关键在于投资方。"三是独立学院转设情况与地方政府的支持力度有很大关系，独立学院转设数量与该省对独立学院转设的政策支持力度成正比，凡地方政府给予大力支持的省份，往往转设数量较多。

第三节 独立学院转设的必然

一、顺应国家政策制度设计的需要

独立学院转设为独立设置的普通本科学校，既是国家的政策导向，也是深化高等教育体制改革、促进独立学院持续健康发展的基本要求。独立学院转设为独立设置的普通本科学校，顺应了我国独立学院转设的大趋势，符合教育部《独立学院设置与管理办法》的规定，是落实《教育部关于"十三五"时期高等学校设置工作的意见》中"对布局合理，条件具备，办学行为规范的独立学院，鼓励按照普通高等学校设置程序，申请转设为独立设置的本科学校"的要求，有利于促进独立学院规范发展，在新的平台上办出水平、办出特色，打造自己的独立品牌。

从独立学院制度变迁的历程可以看出，独立学院转设是各方利益主体互相角力与博弈的结果，也顺应了政府所倡导的发展导向，满足社会需求，即激活民间资本扩充教育资源总量的政策设计初衷。独立学院转设后，将脱离母体高校，成为具有完全独立法人的实体。因此，转设后的独立学院纳入民办普通高等学校的系列，按照民营机制运行，逐渐形成与公办高校良性竞争的新格局，在竞争中进一步挖掘潜质，不断提高教育教学质量，探索和创新学校新的发展模式。这样的模式和格局一旦形成，必将推动我国高等教育在竞争中谋求发展，国家通过制度的设计来引导和鼓励独立学院进行转设也是大势所趋。尤其是随着《中华人民共和国民办教育促进法》的颁布和分类管理的持续推进，民办学校的法人属性和产权归属将得到清晰的界定，营利性和非营利性相关的优惠和支持政策将逐步出台，这些都将进一步增强独立学院转设的动力。

政府主管部门积极支持符合条件的独立学院转设，虽然在政策执行过程中，实施情况与政策目标之间存在着明显的不相一致的现象，或者说政策细化不够，这主要体现了国家对独立学院复杂办学模式的考虑，将通过渐进式的制度完善，避免产生大的震荡或反复，当然，这也造成不少独立学院一直处于观望状态。

二、服务区域经济社会发展的需要

当前我国正处于经济转型的重要窗口期、攻坚期，经济基础决定上层建筑，作为上层建筑范畴内的高等教育，其制度安排的动因来自经济发展，经济建设迫切需要一大批应用型、创新型人才，地方经济的发展也离不开实用型人才的支撑，在重要的历史关口，独立学院有序转设为普通高等学校，拥有自主的办学权，才能更好地为地方经济建设培养应用型人才，发挥服务于区域经济社会发展的重要作用，为地方发展提供智力支撑和人才保障。[1] 经济社会的转型发展客观上也要求独立学院能跟上经济转型发展的步伐，对办学模式进行整体创新与调整升级，以进一步提升办学水平与质量。以山西省为例，当前，山西省委省政府以建设"资源型经济转型发展示范区"，打造"能源革命排头兵"，构建"内陆地区对外开放新高地"三大目标为引领，坚定不移地走高质量发展之路。省委决定从学校布局结构、学科学院建设、专业设置三个层次对高校进行调整优化，促进全省高等教育办学效益和办学质量双提升。独立学院如果能够全部成功转设为普通本科学校，将更加主动适应山西省转型发展对人才的需求，不断创新人才培养模式，优化调整学科专业，加大实践教学改革力度，深挖"政产学研用"合作潜能，强化科研质量与社会服务能力，能够站在新起点、新高度，强力助推教育资源优势集聚，有利于山西省高等教育在新

---

[1] 王晓春. 制度变迁视角下的独立学院转设研究 [J]. 煤炭高等教育, 2015, 33 (02): 26-32.

时代提质增效、提档升级,提高服务区域经济发展的能力,为山西省经济建设提供高水平的人才和智力支持。

三、实现独立学院自身更好发展的需要

多年来,由于独立学院的公、民属性身份的问题,导致独立学院在相关政策和待遇上处于"两不靠"的局面。独立学院既无法享受到地方政府对公办高校的经费支持,也无法享受到民办高等教育发展带来的政策红利。近年来,独立学院在招生计划、政策支持以及其他相关待遇方面,无论是国家层面还是省级层面,对独立学院的政策逐渐收紧,独立学院的地位已落后于纯民办本科院校和一些高职院校。

近年来,随着独立学院向应用技术型大学转型的不断深入,在实验设备、人才引进、教学改革等方面势必投入更大。同时,由于独立学院的办学经费基本来自学费,学费收入部分要以品牌使用费、资源占用费或管理费等形式上交母体高校。据了解,上交母体高校的费用一般占独立学院学费收入的15%~30%。独立学院只有摆脱母体高校而获得自主命名权,通过"转设"进一步厘清与母体高校的利益关系,与母体高校的"无形资产"做好清算,让全部经费用到学生的培养和建设发展上,才能获得更多的发展空间。① 尤其是随着办学成本的增加,独立学院又无法靠持续增长学费来增加办学投入,这也是独立学院发展后劲不足的重要原因。同时,有些独立学院的机构设置、办学定位、学科专业、培养目标都与母体高校趋同,缺乏自身的特色,转设后,独立学院将褪去母体高校的光环,成为一个真正意义上的独立办学主体,必然要重新思考自身的定位和发展问题。

当然,也有不少独立学院经过多年的建设和发展,教学科研质量和管理水平稳步提高,综合实力不断提升,具备了在新的历史起点实现自身更好发展的基础和条件。转设为独立设置的普通本科学校,将全力助推独立学院发展进入快车道,有利于独立学院在学科专业优化调整、高层次人才引进、研究生培养资格、教学科研立项等诸多方面实现重大突破。同时,也为独立学院持续加大办学投入、推进独立学院治理体系与治理能力现代化建设起到促进作用,为独立学院进一步彰显核心竞争力、提升品质影响力、优化积淀创新模式、支撑服务高教强国战略提供有力保障。

---

① 郑雅萍,周婷,陶佳苹. 独立学院转设:必要性、困境及路径设计 [J]. 教育理论与实践,2019,39 (36):7-9.

第四节　独立学院转设中面临的问题与政策建议

为规范和促进独立学院发展，国家和国家教育主管部门颁布了一系列法规和政策，旨在促进独立学院规范办学、依法办学。特别是 2008 年颁布的《独立学院设置与管理办法》，对独立学院的办学性质和办学条件等方面做出了明确规定。然而，由于独立学院办学实践的复杂性和多样性，加之"先发展后规范"的特殊性，致使独立学院在政策制度执行过程中存在一些问题。

一、独立学院转设中面临的主要问题

部分独立学院的办学条件未能达标。教育部 26 号令第九条指出："独立学院的设置标准参照普通本科高等学校的设置标准执行。"按照普通本科学校的设置标准，有些独立学院的师资关和基础设施关难过。

——基础设施关。受办学时间和办学经费的限制，许多独立学院在用地面积、人均教学用房、图书馆藏书量等一些关键性指标上存在先天缺陷，如果严格参照普通本科高等学校的设置标准来验收，一些独立学院难以通过，特别是校园占地面积。

独立学院举办方投入的无形资产难以作价。教育部 26 号令第十三条规定"普通高等学校投入办学的无形资产，应当依法作价。无形资产的作价，应当委托具有资产评估资质的评估机构进行评估；无形资产占办学总投入的比例，由合作办学双方按照国家法律、行政法规的有关规定予以约定，并依法办理有关手续。"实际上，此"依法作价"的规定没有可行性，几乎没有独立学院按照此项规定进行操作。独立学院以举办者母体高校的校名和声誉作为投入办学最重要的无形资产，以每年向母体高校交纳"管理费"的方式取得使用权。尽管如此，在独立学院转设过程中，一些母体高校提出了巨额"分手费"，部分学院因为难以支付而导致转设失败。

独立学院投资方的资产难以过户。教育部 26 号令第十二条指出："独立学院举办者的出资须经依法验资，于筹设期内过户到独立学院名下。"虽然各级教育行政部门采取多种形式督促独立学院进行资产过户，但从实际情况来看，一些独立学院仍未完成资产过户工作。主要原因在于：

——对于普通高校使用校办企业或者基金会的名义举办的独立学院来说，利用母体高校老校区或者校园的一部分兴办独立学院，资产过户的困难比较

大，过户需要经国资委、教育部、财政部等同意。目前，很多独立学院使用的是非经营性教育用地，无法划拨到民办性质的独立学院名下。

——有的投资者尽管有属于其名下的土地和资产，但因国家税收政策要求缴纳一定数目的过户费，导致其过户积极性和主动性不高。按照有关政策文件的规定，独立学院资产过户需要缴纳不低于交易额9%的税费，据此计算，独立学院资产从出资方名下过户到独立学院名下，每所大概需要缴纳几千万甚至上亿的税费，出资方肯定不会从自己的腰包中掏出几千万元的税费。与此同时，资产过户对独立学院出资方来说，会丧失抵押贷款权，出资方需要从另外的渠道融资，加大投入。

同时，由于资产过户程序繁多，手续复杂，涉及方方面面，同时牵涉很多部门，省级部门对独立学院资产过户工作也没有做出程序性规定。

有些独立学院寻找符合规定的投资方存在困难。一些没有投资方或没有真正意义上投资方的独立学院，为通过规范验收，必须尽快找到合适的投资方，但有些独立学院难以找到合适的合作对象。教育部26号令第八条规定，参与举办独立学院的社会组织注册资金不低于5 000万元，总资产不少于3亿元，净资产不少于1.2亿元，资产负债率低于60%。这一规定在于保障独立学院的可持续发展，维护受教育者和独立学院的合法权益，但在实践中，有些独立学院很难找到符合上述条件的合作投资方，或者有些投资方虽然符合投资办学条件，但还必须得到师生和家长的认同。

"校中校"模式独立学院面临的特殊问题。从教育部依法行政的角度来说，"校中校"应按照教育部26号令的要求，或回归母体高校，或引入新出资者迁址实现规范发展，或停止办学。在这一政策的指导下，"校中校"模式的独立学院也在选择转设发展道路，主要面临着如下问题：第一条道路——回归母体。由于公办大学生均拨款的提升，加之对独立学院学生收费标准的限制，在考虑办学成本后，母体高校开始逐渐缩小独立学院的招生规模，增加校本部的招生数量，这条回归之路对少数独立学院可行，特别是那些办学规模较小、在教学资源、师资上对母体高校依附性比较大的独立学院，经过几年的发展能逐渐融入母体高校。但这些"校中校"在回归过程中也面临着诸多问题：财政支持问题、教师编制问题、学生安置问题、母体高校师生的接纳问题等，需要省级政府部门加大统筹和支持力度。第二条道路——独立出去。对于选择独立出去的"校中校"独立学院来说，主要面临投资方的引入问题、办学条件的完善问题、资产过户问题、师资队伍的配备问题等。这些问题的解决不仅需要政府部门的协调和相关政策的支持，还需要一定的时间去完善。第三条道路——终止办学。对于终止办学的独立学院，面临财务清算和债务清偿问题、未毕业学生的安置问题等。

二、推动独立学院规范发展的政策建议

2008年《独立学院设置与管理办法》正式实施，系统性地提出了独立学院的制度设计和具体要求，成为独立学院发展的重要里程碑。与《中华人民共和国民办教育促进法》等法律、法规不同，《独立学院设置与管理办法》强调的是独立学院的设置和管理，明确了设置标准、流程以及内部治理、管理规范。但从独立学院反映的情况来看，在贯彻教育部26号令过程中面临着这样或那样的困难。正是因为独立学院本身发展的多样性，现在要用一个模板去规范它，必然会出现这样或那样的问题。因此，多数独立学院认为，在规范独立学院发展上，不能搞一刀切，要实事求是，不然有可能破坏我国独立学院已经取得的办学成果，影响独立学院举办者的办学积极性，进而影响独立学院的可持续发展。基于上述问题和独立学院的发展实际，提出以下政策建议：

积极推进独立学院资产过户，确保独立学院平稳过渡。独立学院的资产过户工作涉及多个政府职能部门，建议政府有关部门尽快制定并落实相关的政策法规、办法和程序，使得各独立学院在办理过户手续的过程中，能够做到有据可依，确保学校的安全稳定。一是对在规定期限内土地资产不能过户、校舍面积等基本办学条件不达标、难以完成过渡的独立学院，尽快研究制定对策。二是落实对独立学院的税费优惠政策。出资方将自己名下的土地和校舍资产过户到独立学院名下，建议免除过户费用。

对办学条件的指标要求更加符合实际。《普通本科设置暂行规定》《普通高等学校基本办学条件指标（试行）》中部分条件指标要求，对于仅有十几年发展历史的独立学院来说，部分指标难以达到。如果结合国内独立学院的办学实际，尊重独立学院的发展历史，采取审核式评估，适当放宽办学条件的要求，重点关注其办学质量和社会影响，用社会、学生、家长和用人单位的标准来评判独立学院，将更有利于其健康发展。比如，对于确实难以征到500亩土地，但生均校舍面积达标的独立学院，酌情降低校园面积标准或控制学生规模。

出台指导独立学院转设分手费问题的意见。对26号令第十三条中的"普通高等学校投入办学的无形资产应当依法作价"，以及第四十三条中的"出资人可以从办学结余中取得合理回报"两项规定，能够出台进一步具有实际操作性的指导意见，以便各独立学院执行。能够明确为了支持民办教育发展，独立学院符合教育部《独立学院设置与管理办法》中要求的6个独立，母体学校没有资金和任何资产的投入，产权清晰，且不以营利为目的，每年已交管理

费的，母体学校不得再重复要求缴纳管理费、分手费，以利于独立学院顺利转设。

对于"校中校"模式的独立学院，教育部门应该根据独立学院的意愿进行分类规范，并给予相应的配套政策，对于独立学院回归或独立过程中出现的阻碍因素，教育主管部门应该积极协调解决；对于终止办学的独立学院，建议尽快对此类独立学院的资产处置、学生安置及申请学历和学位等问题制定相应政策，保证各方的权益。

总之，政府对独立学院应基于发展历史与现实条件相结合，进行整体考虑和科学的顶层设计，从而对独立学院的发展做出更清晰的指引，制定更便于操作的实施细则。在严格监管的同时，应给予独立学院更多的政策支持和办学自主权，进一步明确国家教育行政部门、省（市）教育行政主管部门、独立学院举办方以及独立学院自身的责任和相互关系，进一步明确独立学院的办学宗旨，从而推动独立学院尽快转设，在新的历史时期，继续为我国高等教育的发展和体制创新做出新的贡献。

第四章 分类管理的影响

2016年年底,在教育领域尤其是在民办教育领域谈论最多的恐怕是民办学校的分类管理。新修订的《中华人民共和国民办教育促进法》及三个配套文件的发布,对于包括独立学院在内的民办高校发展来说将会产生哪些影响;独立学院的宏观政策环境及未来发展走向将会如何变化;随着民办教育新法新政的颁布和分类管理的实施,独立学院在新一轮高等教育利益格局变革中,能否迎来新的发展契机,这些问题将是本章关注的重点。

2016年11月7日,第十二届全国人民代表大会常务委员会第二十四次会议审议通过了《关于修改〈中华人民共和国民办教育促进法〉的决定》,根据这次修法的精神,同时,为切实保障《关于修改〈中华人民共和国民办教育促进法〉的决定》的落地实施,陆续出台了《国务院关于鼓励社会力量兴办教育促进民办教育健康发展的若干意见》(以下简称《若干意见》)及相关配套文件,教育部等有关部委联合印发了《民办学校分类登记实施细则》《营利性民办学校监督管理实施细则》等相关配套政策。(见表4-1)

表4-1 《关于修改〈中华人民共和国民办教育促进法〉的决定》相关配套政策

2016-12-29	《国务院关于鼓励社会力量兴办教育促进民办教育健康发展的若干意见》(国发〔2016〕81号)
2016-12-30	《民办学校分类登记实施细则》(教发〔2016〕19号)
2016-12-30	《营利性民办学校监督管理实施细则》(教发〔2016〕20号)
2017-7-7	《中央有关部门贯彻实施〈国务院关于鼓励社会力量兴办教育促进民办教育健康发展的若干意见〉任务分工方案》(教发函〔2017〕88号)
2017-8-31	《关于营利性民办学校名称登记管理有关工作的通知》(工商企业〔2017〕156号)
2018-4-20	《民办教育促进法实施条例(修订草案)(征求意见稿)》
2018-8-10	《民办教育促进法实施条例(修订草案)(送审稿)》

第一节　国家层面的分类管理及政策节点

《关于修改〈中华人民共和国民办教育促进法〉的决定》和相关配套文件的出台，立足当前我国经济社会发展大背景和民办教育所处的阶段性特征，系统谋划了新时期民办教育改革发展的政策制度框架，通过对民办学校分类管理的制度性安排，构建差别化的政策扶持制度体系，包括独立学院在内的民办教育政策环境将发生深刻变化。

长期以来我国民办教育发展面临着诸多瓶颈，法人属性存在争议、产权归属不够清晰、民办教育与公办教育地位不平等、办学自主权落实不到位、教师权益保障有待于加强、法人治理结构不够健全等，这些问题严重制约了民办教育健康顺利发展。尤其是在原有的法律制度框架下，登记为民办非企业单位法人的民办学校中有不要求剩余资产索取权也不要求合理回报的，也有要求剩余资产索取权但不要求合理回报的，还有要求剩余资产索取权同时也要求合理回报的，正是因为混杂了各种类型的民办学校，导致目前民办学校中营利性与非营利性难以区分，配套政策难以出台，民办学校既不能享受政府补贴、税费减免等政策支持，也不能合法合规地获得经济收益，不但制约了民办学校的发展，而且影响了民间资金投入教育的积极性。

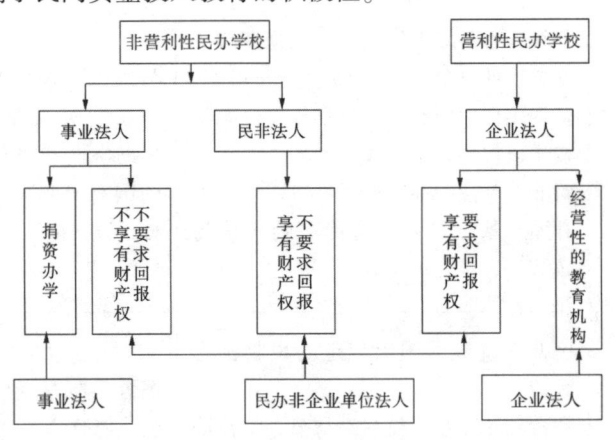

图 4-1　民办学校分类登记示意图

如图4-1所示，此次修改后的《关于修改〈中华人民共和国民办教育促进法〉的决定》最大的亮点是确定了"分类管理"的法律依据，规定"民办学校的举办者可以自主选择设立非营利性或者营利性民办学校。"新法新政的实施，明确了非营利性和营利性民办学校在财政、税收优惠、用地、收费等方面的差别化扶持政策。（详见表4-2）

表4-2 非营利性和营利性政策节点分析

要点	非营利性	营利性
准入	没有特别限制	不得实施义务教育
办学收益	举办者不得取得办学收益，学校的办学结余全部用于办学	举办者可以取得办学收益，学校的办学结余依照公司法等有关法律、行政法规的规定处理
收费	民办学校收取费用的项目和标准根据办学成本、市场需求等因素确定，向社会公示，并接受有关主管部门的监督 非营利性民办学校收费的具体办法，由省、自治区、直辖市人民政府制定	民办学校收取费用的项目和标准根据办学成本、市场需求等因素确定，向社会公示，并接受有关主管部门的监督 营利性民办学校的收费标准，实行市场调节，由学校自主决定
政府财政扶持政策	县级以上各级人民政府可以采取购买服务、助学贷款、奖助学金和出租、转让闲置的国有资产等措施对民办学校予以扶持 对非营利性民办学校还可以采取政府补贴、基金奖励、捐资激励等扶持政策	县级以上各级人民政府可以采取购买服务、助学贷款、奖助学金和出租、转让闲置的国有资产等措施对民办学校予以扶持
税收优惠	民办学校享受国家规定的税收优惠政策 非营利性民办学校享受与公办学校同等的税收优惠政策	民办学校享受国家规定的税收优惠政策

续表

要点	非营利性	营利性
土地政策	新建、扩建非营利性民办学校，人民政府应当按照与公办学校同等原则，以划拨等方式给予用地优惠 教育用地不得用于其他用途	新建、扩建营利性民办学校，人民政府应当按照国家规定供给土地 教育用地不得用于其他用途
清算程序	非营利性民办学校清偿债务后的剩余财产继续用于其他非营利性学校办学	营利性民办学校清偿债务后的剩余财产，依照公司法的有关规定处理
登记要求	《关于修改〈中华人民共和国民办教育促进法〉的决定》公布前设立的民办学校，选择登记为非营利性民办学校的，依照《关于修改〈中华人民共和国民办教育促进法〉的决定》修改后的学校章程继续办学，终止时，民办学校的财产依照本法规定进行清偿后有剩余的，根据出资者的申请，综合考虑在本决定实行前的出资、取得合理回报的情况以及办学效益等因素，给予出资者相应的补偿或者奖励，其余财产继续用于其他非营利性学校办学	《关于修改〈中华人民共和国民办教育促进法〉的决定》公布前设立的民办学校，选择登记为营利性民办学校的，应当进行财务清算，依法明确财产权属，并缴纳相关税费，重新登记，继续办学。具体办法由省、自治区、直辖市制定

中国教育学会会长、北京师范大学教授钟秉林认为营利性与非营利性民办学校两种法人类型，明确了公办、民办教育共同发展格局的法源基础，在法律层面充分体现了完善民办教育治理体系的根本要求。实行分类管理，既能有针对性地制定政府扶持政策（如财政补助、税费减免等），避免"搭便车"现象，最大限度地保障非营利性民办学校的发展，又能从法律层面明确营利性民办学校的法律地位，完善相应的办法，依法保障和规范获取合理回报的行为，同时还能使潜在的捐赠者和出资者打消顾虑，激发他们为教育捐资和投资的积极性。[1]

---

[1] 钟秉林.民办学校分类管理正当其时［N］.光明日报，2016-11-15（014）.

修订后的《中华人民共和国民办教育促进法》规定："民办学校的举办者可以自主选择设立非营利性或者营利性民办学校。""县级以上各级人民政府可以采取购买服务、助学贷款、奖助学金和出租、转让闲置的国有资产等措施对民办学校予以扶持；对非营利性民办学校还可以采取政府补贴、基金奖励、捐资激励等扶持措施。"同时，《若干意见》提出，民办学校"实行非营利性和营利性分类管理，实施差别化扶持政策。""各级人民政府要完善制度政策，在政府补贴、政府购买服务、基金奖励、捐资激励、土地划拨、税费减免等方面对非营利性民办学校给予扶持，通过政府购买服务及税收优惠等方式对营利性民办学校给予支持。"（见图4-2）

图4-2 《若干意见》中对民办学校的相关扶持政策

近年来，全国各地也逐渐加大了对包括独立学院在内的民办高校的扶持力度。目前，全国已有27个省市设立了民办教育发展专项资金，或拨付经费扶持民办教育发展。有些地区按照公办高校生均拨款水平的一定比例给予民办高校财政支持，如重庆、温州分别按照20%，内蒙古按照10%的比例。有些地区采取奖励、项目建设的方式拨付扶持资金，比如上海市、吉林省开展非营利性民办高校建设试点，陕西省开展高水平民办高校建设项目。

从《关于修改〈中华人民共和国民办教育促进法〉的决定》及其配套文件可以看出，无论是独立学院还是独立设置的民办高校，对于坚持非营利性办学，致力于提高水平、办出特色的学校，国家和地方的扶持力度会越来越大。民办教育新法新政明确提出了对民办学校实施分类管理制度，将民办学校区分为"营利性"和"非营利性"两类。同时，对于营利性和非营利性的适用范围和配套措施做出了初步规定，一时间成为民办教育界的"最强音"。民办教育新法新政的颁布和实施将有利于破解制约民办教育发展的制度瓶颈，落实对民办教育的鼓励扶持政策，拓展民办教育事业的发展空间，进一步吸引民间对教育的投资，鼓励地方民办教育政策创新。我们不能指望通过一次修法、一次会议就解决民办教育的所有问题，因为不仅有体制机制的问题，还有根深蒂固的文化、观念等深层次问题。但我们相信，这次修法将是民办教育发展史上的里程碑，必将给民办教育发展带来一个公平竞争的环境，为包括独立学院在内的民办高校发展开拓出一片新天地。

第二节　不同省份实施意见的政策文本对比

随着《关于修改〈中华人民共和国民办教育促进法〉的决定》和《若干意见》的颁布，各省份也根据本省实际，制定出台了实施意见，多个地区同步推出了民办学校分类登记办法。《关于修改〈中华人民共和国民办教育促进法〉的决定》没有设置统一的分类过渡期，为各地制定具体办法留出了充分的时间，保证了分类管理改革平稳有序推进。从目前各省的政策来看，分类管理的过渡期从3年到10年不等，大部分省份设置的是5年，山西省也要求在5年之内完成重新登记。与此同时，由于各方面思想认识不够一致，加上实施分类管理是一项极其复杂的系统工程，各地已出台的配套文件普遍缺少可操作性，由于政策的不明朗，多数独立学院的举办者对营利性和非营利性的选择也处于等待和观望状态。

为了尽快落实国务院及教育部等部门关于民办教育的意见和规定，目前，全国各地正在贯彻落实民办教育新法新政，依据《关于修改〈中华人民共和国民办教育促进法〉的决定》、《若干意见》和相关配套措施，积极制定加快民办教育发展的实施方案，推进民办教育分类管理。在地方立法层面，目前大部分省市都出台了促进民办教育的实施意见，鼓励社会力量兴办民办教育。河南、陕西、湖北、四川、江苏、上海、河北等部分地区还出台了民办学校或培训机构实施办法及标准，以规范民办教育的发展。2018年7月15日，山西省政府出台了《山西省人民政府办公厅关于支持和规范社会力量兴办教育促进民办教育健康有序发展的若干意见》，要求在5年之内完成营利性和非营利性的登记工作。同年，7月18日，山西省发改委、教育厅、人力资源和社会保障厅起草发布了《民办教育收费管理暂行办法》（征求意见稿），根据意见稿，营利性民办学校实行市场调节价，由民办学校自主确定；非营利性民办学校通过市场化改革试点，逐步实行市场调节价，其中，非营利性的独立学院收费实行政府定价。下面，结合河北省、吉林省、辽宁省、湖南省四个省份的实施意见，进行政策要点的对比分析。（详见表4-3）

表4-3 四省份实施意见中的政策要点对比

项目	省份	政策要点
分类登记	河北	选择非营利民办学校的，依据《事业单位登记管理暂行条例》到事业单位登记机关登记为事业单位；选择为营利性民办学校的，按照企业法人到工商行政管理部门进行登记
	吉林	经批准设立的非营利性民办学校，并具有财政资金投入形成的国有资产，符合《事业单位登记管理暂行条例》等事业单位登记管理有关规定的，到编制管理部门登记为事业单位法人；符合《民办非企业单位登记管理暂行条例》或其他类型非营利性法人登记管理有关规定的，到民政部门登记为民办非企业单位或其他类型的非营利性法人。经批准设立的营利性民办学校，依据有关规定到工商行政管理部门登记为企业法人
	辽宁	符合《民办非企业单位登记管理暂行条例》等民办非企业单位登记管理有关规定的到民政部门登记为民办非企业单位，符合《事业单位登记管理暂行条例》等事业单位登记管理有关规定的到事业单位登记管理机关登记为事业单位。正式批准设立的营利性民办学校，依据法律法规规定的管辖权限到工商行政管理部门办理登记为企业法人
过渡期	河北	过渡期限为5年，到2022年9月1日前，全部实现分类管理
	吉林	现有民办学校可在3年内完成过渡
	湖南	根据具体情况可设立10年以上的过渡期

续表

项目	省份	政策要点
退出机制	河北	2017年9月1日后的举办者投入和新增办学积累不再作为补偿和奖励的依据。2016年11月7日后设立的民办学校终止时,其财产处置按照国家有关法律法规规定和学校章程处理
	吉林	2016年11月7日前设立的民办学校,选择登记为非营利的,对取得合理回报的,补偿不高于办学出资;对未取得合理回报的,补偿不高于办学出资额,同时给予不高于剩余财产总额的20%作为奖励。2016年11月7日后设立的非营利性民办学校终止时,给予出资者不高于办学出资额的补偿和不高于剩余财产总额20%的奖励
	湖南	允许2016年11月7日前举办的民办学校选择退出或转型,由政府购买或股权置换方式实现。对于选择登记为非营利学校的,在清算终止时,对出资人给予不低于开办资金补偿。同时明确要求取得合理回报的非营利性民办学校,办学结余提取以其投资总额为限,不要求取得合理回报的非营利性民办学校,办学结余全部用于办学
	辽宁	综合考虑在2016年11月7日前出资、取得合理回报的情况以及办学效益等因素,给予出资者相应的补偿或者奖励,其余财产继续用于其他非营利性学校办学;选择登记为营利性民办学校的,终止时,民办学校的财产依法清偿后有剩余的,依照《中华人民共和国公司法》有关规定处理。2016年11月7日后设立的民办学校终止时,财产处置按照有关规定和学校章程处理
财政扶持	河北	从2018年起,省级财政每年设立2亿元专项资金,重点支持一批高水平非营利民办学校发展。各市、县人民政府也要设立民办教育发展专项资金
	辽宁	对非营利性民办学校,县级以上各级人民政府可以采取购买服务、助学贷款、奖助学金和出租、转让闲置的国有资产,以及政府补贴、基金奖励、捐资激励等扶持措施;对营利性民办学校,县级以上各级人民政府只能采取购买服务、助学贷款、奖助学金和出租、转让闲置的国有资产等扶持措施
	吉林	设立民办教育发展专项资金;建立相应的政府补贴体系,加大对民办学校的补助力度;成立民办教育发展基金会

续表

项目	省份	政策要点
税收优惠	河北	非营利性民办学校与公办学校享受同等待遇，按照税法规定进行免税资格认定后，免征非营利性收入的企业所得税。对企业支持教育事业的公益性捐赠支出，按照税法有关规定，在年度利润总额12%以内的部分，准予在计算应纳税所得额时扣除。对个人支持教育事业的公益性捐赠支出，按照税收法律法规及政策的相关规定，在个人所得税前予以扣除
	吉林	对企业支持教育事业的公益性捐赠支出，按照税法有关规定，在年度利润总额12%以内的部分，准予在计算应纳税所得额时扣除 举办者将土地、房屋、设备等过户到学校名下并用于教育教学，符合条件的，免征增值税等税费 非营利性民办学校一律免征有关行政事业性收费，营利性民办学校一律减半征收行政事业性收费
	辽宁	民办学校按照国家有关规定享受相关税收优惠政策。用于支持教育事业的公益性捐赠支出，在年度利润总额12%以内的部分，准予在计算企业所得税应纳税所得额时扣除；超过年度利润总额12%的部分，准予结转以后三年内在计算企业所得税应纳税所得额时扣除
收费管理	河北	非营利性民办学校和营利性民办学校收费实行市场调节价。其中，营利性民办学校具体收费标准由民办学校自主确定
	湖南	营利性民办学校收费实行市场调节价；非营利性民办学校逐步实行市场调节价，收费需保持在当地上年度生均教育事业费3倍内的水平
	吉林	非营利性民办学校对受教育者收取费用的项目和标准，由学校自主确定，向社会公示，公示期不少于15个工作日，公示结束后30个工作日内报价格主管部门备案。营利性民办学校具体收费项目和标准由学校自主确定，向社会公示30天后执行。民办学校应按学年收费，收费项目和标准确定后，在一个学年内不得增加收费项目或提高收费标准
	辽宁	非营利性民办学校，除中小学学历教育收费实行政府定价外，其他收费实行自主定价，并严格执行收费公示制度。营利性民办学校收费实行市场调节价，具体收费标准由民办学校自主确定

续表

项目	省份	政策要点
用地政策	河北	非营利性民办学校与公办学校享受同等政策；营利性民办学校以出让方式供给土地。新建扩建基础设施，其城市配套费、建设费等相关费用享受规定的优惠政策
	湖南	对选择转为营利性民办学校的，在不改变教育用地性质的前提下，按账面原值过户的校园用地及校舍，暂缓征收土地增值税和契税。对新建和扩建的民办学校，享受公益事业用地及建设的相关优惠政策
	吉林	非营利性民办学校享受与公办学校同等政策；营利性学校一律采用有偿使用方式供地，原以行政划拨方式供地的，依法办理土地出让手续，经评估后补缴土地出让金
	辽宁	非营利性民办学校享受与公办学校同等政策，按划拨等方式供应土地；营利性民办学校按国家相应的政策供给土地，只有一个意向用地者的，可按协议方式供地

从上述四省实施意见的对比可以看出，总体内容与《若干意见》差异不大，但各省也结合本省民办学校的发展情况，制定了具体的落实政策。

分类登记。大部分省份将非营利性学校根据法人属性分为事业单位和民办非企业单位两类，营利性学校到工商行政管理部门登记为企业法人。

河北省对于选择非营利性民办学校的，均登记为事业单位，同时规定选择为非营利性民办学校的，不得再转为营利性民办学校；选择为营利性民办学校的，可以转为非营利性民办学校。

中国教育政策研究院办学体制改革研究中心副主任阙明坤认为，对非营利性学校而言，享受了国家和社会大量的税收优惠政策甚至财政扶持，如果选择营利性需要补交税费和土地出让金等等，操作难度较大，因此会有部分省份规定非营利性不能再转为营利性。[①]

过渡期设置。《关于修改〈中华人民共和国民办教育促进法〉的决定》不设置统一的过渡期，为各地制定具体办法留出较为充分的时间，保证分类管理改革平稳有序推进，也有利于各地依据法律，从实际出发解决相关问题。

---

① 张韦韦. "民办教育实施征求意见稿"发布，利益博弈仍在进行［EB/OL］. http://www.takungpao.com/life/238150/2017/0707/173673.html, 2017-07-07.

河北省规定过渡期限为 5 年，到 2022 年 9 月 1 日前，全部实现分类管理。吉林省设置了 3 年过渡期，湖南省规定根据各自具体情况可设立 10 年以上的过渡期，辽宁省在实施意见中没有明确规定过渡期。

退出机制。根据非营利性民办学校的性质，其举办者不能取得办学收益，办学结余全部用于办学。对于部分非营利性民办学校，可利用办学结余对学校出资人进行奖励；营利性民办学校按企业机制获取利润。从目前公布的征求意见来看，民办学校终止时，允许出资者拿走原始投资和追加投资，并对原始投资和追加投资给予补偿，同时对办学有成果，投入了大量人力、物力的民办学校，政府会适当给予奖励。

对比四省的实施意见，湖南省在此项上的设置较细：

一是要求取得合理补偿的非营利性民办学校，学校举办者可以取得不超过其投资总额的办学结余，剩余的办学结余全部用于办学；不要求取得合理补偿的非营利性民办学校，对学校举办者应参照捐赠法、慈善法给予相应权利和待遇，举办者不得取得办学收益，学校的办学结余全部用于办学。

二是对办学规范、社会信誉好且专任教师比例不低于 80% 的非营利性民办学校，在扣除办学成本等费用后，可利用办学结余对出资人给予奖励。奖励办法可分为三种：A. 参照银行同期利率两倍的标准；B. 参照办学结余 15%~20% 的标准；C. 参照办学总收益 3% 的标准。

采取对现有的民办学校选择登记为非营利性民办学校终止办学时给予补偿和奖励，对原始投资和人力资本投入予以认可和保护，并没有强行逼迫捐赠所有投入的资产，是尊重中国国情，尊重修法前的法律允许民办学校取得合理回报的这一现实。

收费管理办法。国务院印发的《若干意见》规定，营利性民办学校实行市场调节价，非营利性民办学校的具体收费办法由省级人民政府制定。各个省份在民办学校的收费管理办法上，遵循了《若干意见》中的要求，实行分类收费政策。

辽宁省规定，非营利性民办学校，除中小学学历教育收费实行政府定价外，其他收费实行自主定价，并严格执行收费公示制度。营利性民办学校收费实行市场调节价，具体收费标准由民办学校自主确定。

湖南省提出，营利性民办学校收费实行市场调节价；非营利性民办学校逐步实行市场调节价，收费需保持在当地上年度生均教育事业费 3 倍内的水平。

河北省规定，非营利性民办学校和营利性民办学校收费实行市场调节价。其中，营利性民办学校具体收费标准由民办学校自主确定。

财政扶持举措。河北省提出加大对非营利性学校的扶持力度，明确政府补贴的项目、对象、标准、用途，从 2018 年起每年设立 2 亿专项资金重点扶持高水平非营利性学校。实行差别化扶持政策，规定县级以上各级人民政府要区别营利性和非营利性民办学校不同情况，在财政扶持、税收优惠、用地政策等方面实行差别化的扶持政策。其中，还特别指出，除两类学校共同享有的扶持政策以外，对非营利性民办学校，要加大政策支持力度，完善相关制度，落实国家和省规定的相关优惠政策。

辽宁省规定，要完善扶持制度，加大财政投入力度，创新财政扶持方式，提出"建立健全政府补贴制度，完善政府购买服务的标准和程序。探索建立差额补助、定额补助、项目补助、奖励性补助等多元化的公共财政扶持体系"。

据了解，当前上海市对民办高校按照生均 500~2000 元的标准给予生均拨款，2015 年的财政扶持资金达到 7 亿元；重庆市的财政扶持力度在全国是最大的，2016 年的扶持资金达到了 18 亿元，重庆对民办的幼儿园、中小学、中职、高中、专科、本科都进行了生均拨款。

税收优惠政策。对比来看，各省总体上都对民办学校教育用地免征房产税、城镇土地使用税，对于公益性捐赠，在企业年度利润总额 12% 以内的部分，准予扣除。非营利性学校在免税资格认定后，免征非营利性收入的企业所得税；营利性民办学校，对其取得的教育劳务收入免征增值税，企业所得税率参照高新技术企业税收优惠政策 15% 收取。其中，吉林省发布的《关于鼓励社会力量兴办教育促进民办教育健康发展的实施意见》中提及：境外向中国境内的非营利性民办学校进行的捐赠，减征或免征进口关税和增值税；举办者将土地、房屋、设备等过户到学校名下并用于教育教学，符合条件的，免征增值税等税费。

第三节 分类管理后利益格局的变化及思考

获得权利的同时意味着有更多的义务要履行，无论是营利性学校还是非营利性学校，在获得政策支持后，都将面临多种的义务与法律限制，如何权衡两者成为民办学校关注的重点。目前大多数民办高校对营利性和非营利的选择举棋不定、左右为难，对于民办高校来说，严格分类意味着既有"得"也有"失"。它们需要理性权衡得失，做出分类选择。如表 4-4 所示，对于非营利性高校来说，严格分类使它们的注册身份从民办非企业变为类似事业单位，从而更容易获得社会信任，而且政府的财政支持和招生政策也会更向它们倾斜，这些将更有利于非营利性高校的招生和运营，显然是"得"。与此同时，营利性高校的身份变化则为它们的招生带来更多风险，它们不仅不能得到财政支持，还必须像企业一样交税，所以，这些方面显然属于"失"。但严格分类后，非营利性高校举办者不再享受"合理回报"，而且必须采纳更加严格的现代大学治理模式，承担更多的社会责任，并且比营利性高校接受更多来自政府和纳税人的监督。所以，对于非营利性高校的举办者来说，相当于为了得到更好的办学声誉、政策支持和可持续发展而牺牲了赚钱和财富分配的机会。对于营利性高校举办者来说，严格分类后可能会经历更多招生的风险，但得到的却是利润最大化的机会，是对于办学剩余的自由支配权和学校财产的处置权，而且治理模式将更加灵活，管理自主权也将进一步增加。

表4-4 分类后非营利性与营利性民办高校利益格局的变化

	非营利性	营利性
得	注册为民办非企业或事业单位 "公益性"有利于获得更多的社会信任，从而有利于招生 财政支持区别于营利性高校，甚至有所提高 招生（计划）不同于营利性高校，并有望得到改善 享受公办高校的税收、土地、融资政策	办学剩余可以分配 融资渠道得以拓宽（可以上市） 利润最大化（潜在机会） 治理和经营模式更具灵活性 政府干预减少，管理自主权增加
失	举办者不再享有"合理回报" 须更严格采纳现代大学治理模式 承担与财政支持相匹配的更多社会责任	缴税高于非营利性高校 不享受财政直接补贴 招生风险上升（营利性高校的普遍问题）
无变化	办学剩余用于高校 学费基于成本变化 融资主要通过银行贷款	拥有未来产权归属 学费基于成本和市场需求

当然，目前不论是对营利性民办学校还是非营利性民办学校，在教师社保、财政扶持、税收优惠、办学自主权方面，都还缺少相应可行的具体政策措施和实施细则，这也是导致目前举办者无所适从，多数仍处于观望状态的原因。谈及修法后民办教育的未来走向，中国民办教育协会秘书长王文源表示，由于民办学校实行分类管理、差别化扶持的政策体系，短期内民办教育会经历

一段时间阵痛、迷茫现象，但是总体上，一定是向着更规范、更好的方向发展。①

随着新法新政的实施，独立学院同其他民办高校一样，不能再处于混沌状态之中，要在营利性与非营利性之间做出选择。但相比其他纯民办高校，独立学院在选择营利性或非营利性道路上面临着更多的障碍。除了"校中校"类型的独立学院外，现阶段许多独立学院都拥有多个投资主体，投资来源主要包括地方政府、企事业单位、举办者个人、股份制融资、外企或合资企业等，也就是说独立学院中既有国有资本，又有集体资本，还有民营资本、国外资本，办学模式多种多样。独立学院登记为非营利性，那么混合所有制中的民营经济主体将不能取得办学收益；登记为营利性，举办者可以取得办学收益，但是有的独立学院有公办高校投入，有的还有国有资本投入，要登记为营利性亦非易事。

不仅如此，无论是依据《关于修改〈中华人民共和国民办教育促进法〉的决定》，还是《独立学院设置与管理办法》，目前独立学院的设置标准仍然是参照同级同类公办学校的设置标准执行。如果按照普通本科标准验收，将有超过4成的独立学院无法通过验收。为了尽快推动新法新政的实施，独立学院的验收标准可能会适当放宽，但在正式的法律文本出台之前，独立学院的验收工作仍是按照教育部26号令的设置标准执行。这对于部分独立学院来说，仍然是分类登记及相关政策享受之前绕不过的一个坎。

新法新政的颁布对包括独立学院在内的民办高等教育提供了一个难得的历史机遇，此次民办教育分类管理的实施，不仅是对民办高校内部利益相关者利益格局的分配和调整，也是对整个高等教育政策体系的重构和利益格局的调整。因此，面对外部政策环境的变化，作为具有优质教育资源和灵活市场机制优势的独立学院，首先，要抛弃消极等待和停滞观望的心态，积极改善办学条件，做好规范工作。其次，要积极转变教育方式，科学确定办学定位，坚定不移地走以质量提升为核心的内涵式发展道路，提高教育教学质量。最后，要优化结构，强化特色，注重创新，通过提供差异化、选择性、特色化的高等教育服务，探索具有自身特色和优势的发展新方向、新模式，增强自身在高等教育体系中的竞争力，只有这样，才能在新一轮高等教育利益格局的变革中脱颖而出。

---

① 王文源. 四省民办教育实施征求意见稿 [EB/OL]. https：//www.sohu.com/a/155890397_99938903，2017-07-10.

第四节　独立学院在分类管理背景下的发展选择

值得注意的是，《中华人民共和国民办教育促进法实施条例》的修订工作即将完成，其中直接涉及独立学院的，除了分类管理和登记外，还有公办高校将无法参与举办营利性独立学院；公办高校不得以品牌输出方式获得收益；独立学院要做到几个独立；国有资产参与举办独立学院的出资额评估等问题，这些都直接影响到独立学院的发展走向，独立学院也应该尽早明确道路选择，并为分类登记做好积极准备。

一、从制度设计角度：转设为主，多元发展的政策推进

从教育部 8 号文到 26 号令，国家政策的侧重点在于规范独立学院的发展，但随着政策的推进，教育部"对独立学院的未来发展从顶层设计上来讲，要么选择民办本科，要么是公办本科"[1]。尤其是以教育部 26 号令为核心的政策出台，"对独立学院办学模式进行规范的同时，打开了独立学院转设的合法性闸门，为独立学院的不确定未来提供了一个发展方向"[2]。尽管转设并不是独立学院的唯一出路，但政策却明显起到了引导和推动作用，并在很大程度上引导和加速了独立学院转设的进程，使"转设"成为独立学院未来发展道路考虑的首要选择。

对举办高校而言，近年来，政府对普通学生的生均拨款数额大幅提高，招收独立学院学生与招收普通本科生的经济优势不复存在。加之在政府对高校化债政策的努力下，高校负债降低，经济压力减小，独立学院作为创收组织的价值大大降低。对投资方而言，最大的转设动力来自转设成民办本科院校后可以大幅减少或者免于上缴挂靠母体高校的品牌资源使用费。同时，母体高校无形资产的价值，随着时间延长其对独立学院的光环作用逐渐变弱，母体高校的谈判影响力随之变小，这些因素都增加了投资方选择终止合作的可能性。从目前已成功转设的独立学院来看，多数是由民营企业或个人等真正社会力量投资举办的独立学院，而由母体高校与地方政府、校办企业、国有企业、基金会等合

---

[1] 阙海宝，罗昆. 独立学院转设的困境及其出路 [J]. 教育发展研究，2015（5）：49-53.
[2] 于光辉. 独立学院转设倾向的新制度经济学分析——基于三个案例的调查研究 [J]. 教育发展研究，2015（5）：41-48.

作举办的独立学院的转设意愿比较小。随着《关于修改〈中华人民共和国民办教育促进法〉的决定》颁布和分类管理的持续推进，民办学校的法人属性和产权归属将得到清晰的界定，营利性和非营利性相关的优惠和支持政策将逐步出台，这些都将进一步增强独立学院转设的动力。

二、从举办者角度：明确道路，积极做好分类管理准备

随着新法新政的实施，独立学院同其他民办高校一样，不能再处于混沌状态之中，要在营利性与非营利性之间做出选择。但相比其他纯民办高校，独立学院在选择营利性或非营利性的道路上面临着更多的障碍。除了"校中校"型独立学院以外，现阶段许多独立学院都拥有多个投资主体，投资来源主要包括举办者个人、企事业单位、股份制融资、外企或合资企业、贷款等。从混合所有制的视角来看，此类独立学院中既有国有资本，又有集体资本，还有民营资本、国外资本，办学模式多种多样。如果独立学院登记为非营利性，那么投资主体中的民营经济主体将不能取得办学收益；登记为营利性，举办者可以取得办学收益，但是有的独立学院有公办高校投入，有的还有政府国有资本投入，无法登记为营利性。根据2018年8月10日司法部发布的《中华人民共和国民办教育促进法实施条例（修订草案）（送审稿）》（以下简称"《修订草案》"）第七条规定，"公办学校不得举办或者参与举办营利性民办学校。公办学校举办或者参与举办非营利性民办学校的，应当经主管部门批准，并不得利用国家财政性经费，不得影响公办学校教学活动，不得以品牌输出方式获得收益"。这就是说，如果独立学院要选择营利性，作为举办者之一的公办高校必须退出。

实施民办高校分类管理改革，本质上是一次民办高等教育政策体系的重构，意味着民办高校利益相关者现有利益格局的分配和调整。其中，影响最大者莫过于举办者。对现有民办高校举办者而言，是选择营利性还是非营利性，直接关涉切身利益，是一次办学道路上的战略性抉择。《关于修改〈中华人民共和国民办教育促进法〉的决定》提出"民办学校的举办者可以自主选择设立非营利性或者营利性民办学校。但是，不得设立实施义务教育的营利性民办学校"。"非营利性民办学校的举办者不得取得办学收益，学校的办学结余全部用于办学。""营利性民办学校的举办者可以取得办学收益，学校的办学结余依照公司法等有关法律、行政法规的规定处理。"但对于现有民办学校，"选择登记为非营利性的，终止时，进行清偿后有剩余的，根据出资者的申请，综合考虑在本决定施行前的出资、取得合理回报的情况以及办学效益等因素，给予出资者相应的补偿或者奖励，其余财产继续用于其他非营利性学校办学。"当然，对于具体办法，仍由各省、自治区、直辖市制定，从目前各省颁布的实施意见来看，上海市、湖南省对登记为非营利性举办者的补偿和奖励办法比较具体，多数省份并不明确。同时，现有民办高校选择登记为营利性或者非营利性后，举办者对学校享有何种权利也不明确。因此，对于民办高校的举办者来说，在严格分类后相关配套政策并不明朗的情况，需要理性权衡"得"与"失"，根据学校自身发展状况，做出分类选择。

三、从独立学院角度：增强内功，不断提升办学水平

虽然此次《关于修改〈中华人民共和国民办教育促进法〉的决定》及配套文件，明确了对包括独立学院在内的民办高校政策扶持，但另一方面，独立学院只有依法办学、规范办学，才能获得健康发展。无论是依据《独立学院设置与管理办法》，还是《关于修改〈中华人民共和国民办教育促进法〉的决定》，目前独立学院的设置标准仍然是参照同级同类公办学校的设置标准执行。独立学院作为我国高等教育改革和发展过程中出现的一种新的办学模式，是利用市场机制实现优质高等教育资源与社会资本有效整合的一种新形式，是一种自下而上自主探索发展起来的办学模式，发展形态各异、合作模式多样、办学水平不一、历史背景不尽相同。由于独立学院办学实践的复杂性和多样性，加之"先发展后规范"的特殊性，按照普通本科学校设置标准，有些独立学院难过师资关和办学条件关。在历次全国独立学院峰会上，许多独立学院的董事长和院长表示，对于独立学院不能按教育部26号令的标准"一刀切"，要实事求是。

《若干意见》指出："鼓励支持高水平有特色民办学校培育优质学科、专业、课程、师资、管理，整体提升教育教学质量，着力打造一批具有国际影响力和竞争力的民办教育品牌。"其实，此次民办学校分类管理的核心和目的，除了要破解民办教育发展瓶颈，使民办学校的法人属性、产权归属等方面存在的问题和矛盾，在法律层面得以澄清和解决之外，更为主要的是按照民办学校的法人属性，分类落实财政、税收、土地等方面的扶持政策，拓展民办教育发展空间，尤其是让非营利性民办学校可以获得政府更多的扶持，提高办学质量，培育一批高水平的民办学校。

因此，展望未来，随着系列政策和细则的相继落地和实施，相信包括独立学院在内的民办高校在国家进一步重视民办教育发展的大环境下，将迎来新的发展契机，独立学院更加需要树立质量意识、品牌意识、特色意识。随着外部政策环境的不断优化和人民群众多元化需求的快速增长，包括独立学院在内的民办高校将在改善民生、补齐短板、满足个性需要等方面发挥更加重要的作用。在国家利好政策环境下，独立学院只有率先探索，才能赢得先机。

第三部分　内涵与转型

第五章　内涵建设与应用型转变的开启

党的十九大报告提出，建设教育强国是中华民族伟大复兴的基础工程，必须把教育事业放在优先位置，加快教育现代化，办好人民满意的教育。作为促进经济社会发展的第一动力和民族复兴基础工程的重要结合点，高等院校必将进入内涵式发展的新阶段，在办好人民满意的教育中做出更好的表率，成为实现高等教育强国的强大动力。立足当前新的时代背景，独立学院也应把握好发展态势，明确自身的发展方向，以迎接新的任务和要求。

第一节　实现内涵式发展的必要性

党的十九大以来，我国高等教育事业取得了令人瞩目的成就，为实现中华民族伟大复兴，培养了大批优秀人才，在引领支撑国家创新驱动发展战略实施、改革开放和社会主义现代化建设、先进文化建设和经济建设等方面都发挥了重要作用，对国家发展的贡献度不断提高，国际影响力不断增强。同时，也必须看到，我国高等教育还存在一些突出问题和矛盾。面对新的发展形势和背景，高等院校应明确发展方向，转变发展方式，以质量提升、特色发展、机制创新和需求导向为重点，不断满足新时代对高等教育的新要求。

一、高等教育事业发展成就显著

当前，我国高等教育无论是规模总量还是普及水平都已跃居世界前列。从教育部历年统计年鉴获取的数据资料显示，自1999年以来，我国高等教育规模得到了空前的发展。1998年，我国普通高校的招生人数为108.4万人，高等教育毛入学率仅为9.8%。2002年，我国高等教育的毛入学率首次达到15%，进入国际公认的"大众化"阶段。（见图5-1和图5-2）

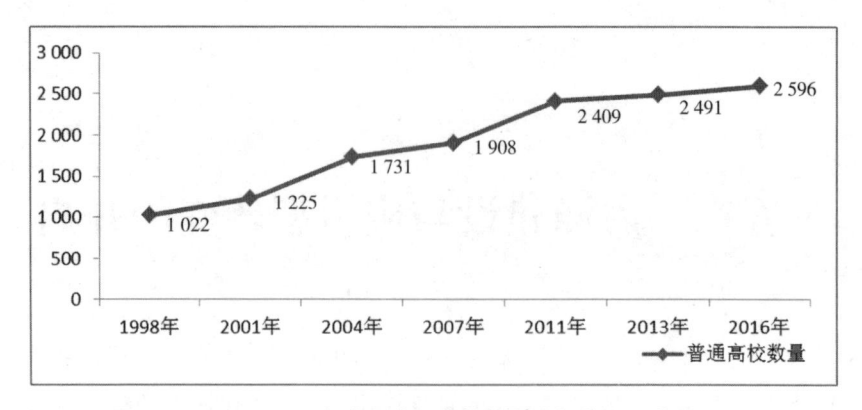

图 5-1　1998—2016 年我国普通高校数量增长情况（单位：所）

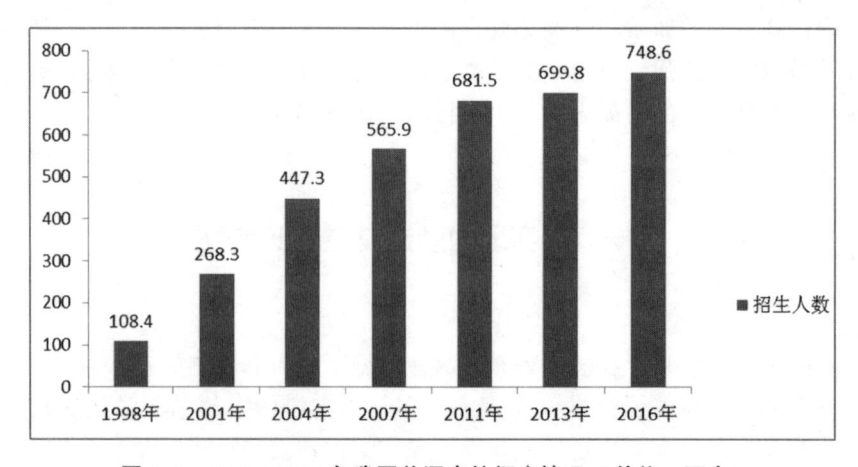

图 5-2　1998—2016 年我国普通高校招生情况（单位：万人）

　　截至 2016 年，全国共有高等学校 2 880 所，比 2012 年增加 90 所，其中普通高校 2 596 所。2016 年，普通高校招生人数达 748.6 万人，高等教育在学总规模达 3 699 万人，比 2012 年增加 373.8 万人，增长 11.2%，占世界高等教育总规模的比例达到 1/5，成为世界高等教育第一大国（见图 5-3）。高等教育毛入学率达到 42.7%，比 2012 年提高 12.7 个百分点，提前实现《国家中长期教育改革和发展规划纲要》确定的 40% 目标，正在向国际公认的高等教育普及化阶段迈进。2016 年，高等教育共为社会输送 1 193 万毕业生，五年来，共有 3 400 万普通高校大学毕业生，为现代化建设提供了有力的人才支撑。可以看出，当前我国高等教育改革发展迅速，正在从高等教育大国向高等教育强国迈进。

比2012年增长11.2%

占世界高等教育总规模的1/5

2016年高等教育在学总规模3699万人

成为世界高等教育第一大国

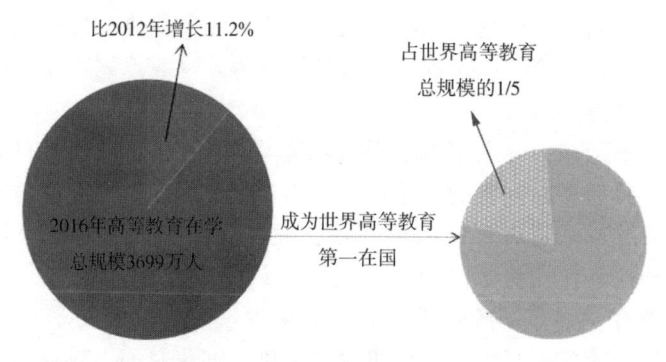

图5-3 我国高等教育在学规模情况（2012—2016年）

二、高等教育主要矛盾的转化

党的十九大报告提出，中国特色社会主义进入新时代，我国社会主要矛盾已经转化为人民日益增长的美好生活需要和不平衡不充分的发展之间的矛盾。社会主要矛盾发生了深刻的变化，这对于高等教育来说意味着什么呢？有学者指出，"大学要始终与国家发展和民族振兴同向而行，这是高等教育的基本规律，也是世界一流大学发展的重要经验"[1]。因此，大学必须对新时代的新矛盾给予回应，教育部长陈宝生说，下一步任务就是要研究教育领域的不平衡不充分的表现形式，抓主要矛盾，主动回应人民群众对教育的新期盼。[2] 从"能上学"到"上好学"，人民群众的期望值在不断提高。高等教育要不断提升质量，不仅满足人民群众对"好"的教育诉求，还要能够提供多样化的教育，满足人民群众多类型、个性化和特色化的教育诉求。这既是高等教育发展中心的阶段性转移，也是目前我国高等教育砥砺前行的新起点。

其实，不仅高等教育要回应社会主要矛盾的变化和人民群众需求的变化，高等教育本身也面临着一场改革，这场改革将打破过去传统的教育模式，不仅关注数量多少的问题，更重要的是质量问题。随着经济社会发展和高等教育普及程度的提高，优质高等教育资源短缺已经成为现阶段高等教育发展的主要矛盾，并由此引发了高等教育公平、人才培养质量、大学生就业等一系列社会广泛关注的热点、难点问题。主要体现在，高校教师的教学方法还比较传统，教学内容与实际联系不够紧密；学生内在学习驱动力不足，创新创业教育还缺乏

---

[1] 张士乔. 以特色办学推进大学高质量发展 [N]. 中国科学报, 2019-11-06 (004).
[2] 陈宝生. 下一步的任务是研究教育领域不平衡不充分的表现形式 [EB/OL]. http://news.youth.cn/gn/201710/t20171022_ 10903254.htm, 2017-10-22.

长效机制；人才培养相对封闭，缺乏拔尖学生成长的制度环境；高等教育外部质量保障统筹不足，内部质量保障有效性不够等。这一系列问题的解决，都需要高校转变发展方式。

习近平总书记在十九大报告中提出要建设教育强国，高等教育无疑在教育强国的实现中具有最为重要的战略地位。当今世界的综合国力竞争，说到底是人才竞争，人才越来越成为推动经济社会发展的重要资源，高等教育的先导性、全局性地位和作用更加凸显。有人用"硬实力"和"软实力"这两个词来理解高等教育"强"国的时代内涵，如果说硬实力代表的是教育的保障条件，是一个国家为学生提供的教育机会和条件，如普及率、教育结构、办学条件、经费保障水平，那么软实力则代表教育的质量水平，即教育能不能实现育人功能、促进人的全面发展、满足人民群众的需求、促进经济发展。其实，现代化强国强不强，不是看体量多大、人口多少，更多的是看核心竞争力，对于高等教育来说也是一样，不能只看教育的硬件和规模总量，还要看教育质量和人才培养素质的高低。

三、转变发展方式，找准内涵式发展的着力点

随着人民群众对优质高等教育资源的选择性需求越来越旺盛，经济结构调整和转型升级对高层次人才的需求越来越多样，以及日趋激烈的国际竞争对提升高等教育质量的要求越来越迫切，高等教育必须尽快转变发展方式，以内涵发展和特色发展回应"质"的诉求。结合当前独立学院应用型转型发展，提出以下思路：

坚守应用型人才目标，树立为区域经济社会发展服务的理念。当前，我国正处在加快转变经济发展方式、推动产业转型升级的关键时期。制造业的转型升级、战略性新兴产业的振兴、现代服务业的发展、全球资本和金融竞争、对外贸易方式的转变，创新是最核心的动力，人才是最核心的资源。为经济转型升级提供高层次人才和高水平科研的支撑，是大学最重要的历史使命和战略任务。培养应用型人才是地方院校的根本任务，地方院校应该彰显"地方性"这一特征，想地方之所急，做地方之所需，融入地方经济发展的需要，实现地方院校的可持续发展。经济社会的发展需要大量高素质的专门人才，培养大量高素质的技能型人才，是实现经济转型升级最重要的基础，也是解决就业总量矛盾、缓解就业结构性矛盾最有效的手段。独立学院的办学必须突破同质化的怪圈和泥潭，要坚持以服务为宗旨，以就业为导向，走校企结合、产教融合、突出实战和应用的办学路子，力求建设成适应并促进社会发展的应用型大学，以保证自身的可持续发展并实现高等教育的多样化。

加强师资队伍建设,打造结构合理的优质教师团队。毋庸置疑,未来学校之间的竞争,是办学质量的比拼,更是师资力量的较量。教育质量,教师是关键。高校实现办学特色也好,培养优质人才也好,都需要首先在教师队伍建设上下功夫。2014年,习近平总书记在同北京师范大学师生座谈时指出:"教师重要,就在于教师的工作是塑造灵魂、塑造生命、塑造人的工作。一个人遇到好老师是人生的幸运,一个民族源源不断涌现出一批又一批好老师则是民族的希望。国家繁荣、民族振兴、教育发展,需要我们大力培养造就一支师德高尚、业务精湛、结构合理、充满活力的高素质专业化教师队伍。"[1] 对于以应用型人才为培养目标的独立学院来说,更应该统筹师资队伍长远建设,在优化教师学历职称结构的同时,更加注重教师的综合素质提升,根据办学条件、专业集群、发展现状、办学规划,考虑学校所处的地区经济社会发展,制定务实、可行的师资队伍整体建设方案。本着"用好现有人才,稳住关键人才,吸引急需人才,储备未来人才"的方针,针对各层次人才和各类型教师的发展需求,实施教师能力提升行动,着力提升教育的整体水平,建立一支高素质的师资队伍,推动应用型转变的实现。

优化学科专业结构布局,集中建设好优势特色学科专业群。差异化办学策略是独立学院良性发展的必然选择,战略性的定位调整是当前和未来高校必须思考的问题。合理选择自身的发展方向已成为各高校无法回避的问题。民办教育渐趋成熟的教育体系和其内部较大的资源差异性,决定了无论是高等教育本身,还是独立学院个体都存在着科学定位问题,这既是高等教育发展格局的客观要求,也是有限资源合理、有效使用的必然结果,更是独立学院良性发展的前提。调整优化学科专业结构,要坚持适应社会需求的导向,以特色构筑核心实力。学科专业作为大学的基本元素,是大学核心竞争力的集中体现。设置学科专业不在多、不在全,而在特、在强。学科专业建设不只是"人无我有",更重要的是"人有我优"或"人优我新"。独立学院要围绕办学定位和市场需求,制定学科专业建设与调整规划,构建与办学定位和办学特色相匹配的学科专业体系和人才培养结构,聚焦重点和优势,压缩"平原",多建"高峰",集中建设好优势特色学科专业群,打造并不断增强集群优势。

创新人才培养机制,强化以学生实践能力为主线的教育综合改革。当前,创新高校人才培养机制的基本思路,就是要在科学的人才培养理念指引下,通过深化教育教学改革,激发高校人才培养的潜力和活力,特别是通过创新应用型、复合型、技能型人才的培养机制,着力突破实践能力这个薄弱环节,同时

---

[1] http://www.chinanews.com/gn/2014/09-10/6575002.shtml.

要处理好人才培养系统的内外部关系，合理配置资源，健全人才培养质量的保障机制。独立学院不能关门办学，要利用民办体制优势，开放办学，充分利用各种社会资源，把社会资源转化为育人资源。要集聚各种资源投入人才培养，创立独立学院与有关部门、科研院所、行业企业联合培养人才的新机制，实现强强联合、优势互补。着力推动教学内容的改革，建立教学内容充分反映学科专业研究新进展、相关实践新经验、人的全面发展新需要的长效机制。要着力推动教学方法的改革，鼓励更多地采用参与式、讨论式、交互式的教学方法，同时加强现代信息技术在教学过程中的应用，引导学生自主学习，促进教师丰富教学手段、提高教学效果。

第二节　独立学院应用型转变的热点分析

　　虽然各方对独立学院应用型转变工作已经达成了基本共识，但独立学院自身不仅面临着转什么、转到哪、怎么转等诸多困惑，也面临着观念、师资、资金、实验条件、体制机制等方面的挑战。破解以上难题，不仅需要政府、独立学院和学界共同努力，还需要学生家长、企业以及社会各界的共同参与和支持。目前，转型的试点工作已经开启，本节试图利用绘制知识图谱的方法来分析独立学院转型工作的热点，梳理和挖掘当前独立学院转型发展的关键和热点，剖析转型之困。

　　从2010年7月29日《国家中长期教育改革和发展规划纲要（2010—2020年）》正式发布，并明确提出"适应国家和区域经济社会发展需要，建立动态调整机制，不断优化高等教育结构，重点扩大应用型、复合型、技能型人才培养规模。"到2014年5月2日国务院出台《关于加快发展现代职业教育的决定》（以下简称《决定》），提出"采取试点推动、示范引领等方式，引导一批普通本科高等学校向应用技术类型高等学校转型，重点举办本科职业教育。"再到2015年10月23日，教育部、国家发展改革委、财政部《关于引导部分地方普通本科高校向应用型转变的指导意见》（教发〔2015〕7号）的颁布，地方本科高校向应用型大学转型被一步步地推进，独立学院的转型必在其中。

一、数据选取与研究方法

　　数据选取。借助CNKI数据库，以"独立学院"和"转型"为主题词，时间段限制在 2011—2016 年，检索得到 452 篇文献，截止时间为 2016 年 9 月 12 日，通过筛选和剔除不相关文献，最后得到 177 篇文献。

研究方法。本书借助 CiteSpace III 软件对独立学院转型发展进行知识图谱分析。知识图谱是将一定时期内某一研究领域的研究热点、演进历程和发展趋势以可视化的形式呈现出来的一种计量学分析方法，它主要是以某一领域一段时间范围内的研究文献为研究样本，因此应用该方法能够形象地反映独立学院应用型研究领域的研究全貌和发展趋势。

二、独立学院转型研究的演进路径分析

通过图 5-4 可以看出独立学院应用型发展研究的关键点，这些凸显的关键词代表了独立学院转型发展研究的演进过程。同时，我们将近几年突显出的关键词列出。

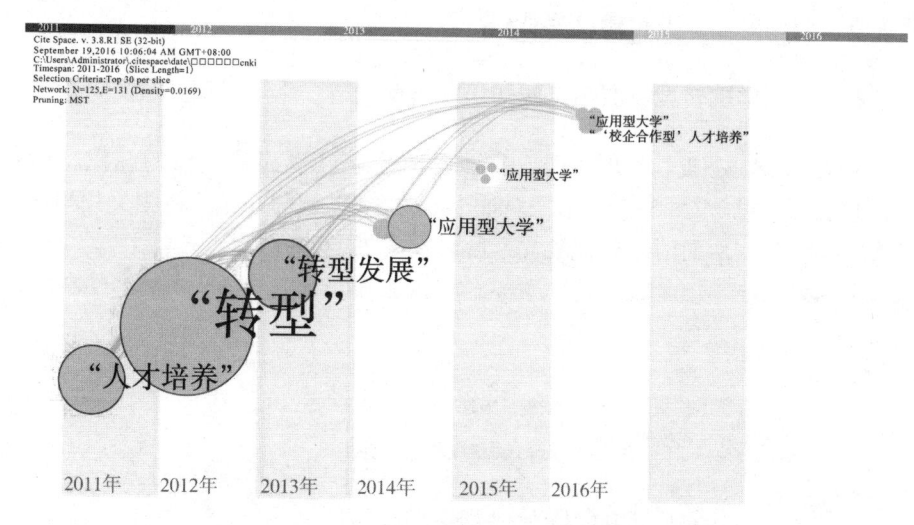

图 5-4 独立学院转型发展研究演化路径知识图谱

2011 年："人才培养""应用型人才""人才培养模式""教学改革""专业结构""战略定位""教育转型""普通本科高校""功能结构分析""双师型教师""定位思考""定位问题""教育体制改革""经济转型"。

2012 年："转型""高等教育""对策""转型期""德国""办学思路""现代职业教育体系""高等教育体系""高等职业教育"。

2013 年："转型发展""专业设置""应用技术大学""独立学院转型""政府""东方科技学院""办学体系""应用型专业""应用型教育""应用型高校""政策研究""教学质量"。

2014年:"应用技术型大学""职业教育""高校转型""应用技术""办学模式""实践教学""课程设计""内涵式发展""地方高校""专业实践能力""中层干部""制度创新""办学特色""高校分类发展"。

2015年:"应用技术型""师资队伍建设""应用型""评价体系""培养模式""创业型大学""应用技术型高校""创新创业能力""改革与实践"。

2016年:"应用型人才培养""应用型大学""校企合作""专业建设""人才培养方案""双师型""教师""专业能力""主体人格""人才培养目标""全人教育""关键支撑构建""创业""创意"。

从以上关键词我们可以看出近几年独立学院转型研究主题的变化,其研究热点逐步由转型背景、价值作用研究,转到应用型定位、特色发展,再到师资建设、专业设置、评价体系等研究。独立学院转型发展研究的演进路径可以概括为宏观层面的适应经济转型以及高等教育系统优化研究转变为微观层面的教师队伍、应用专业、课程建设等研究。

三、独立学院转型发展热点的知识图谱解读

利用 CiteSpace Ⅲ 软件的聚类功能,独立学院转型研究热点的知识图谱共生成14个聚类,如图5-5所示,对这14个聚类进行归并,并将相关或相近的问题加以整合,从而清晰展现独立学院转型发展的研究热点。

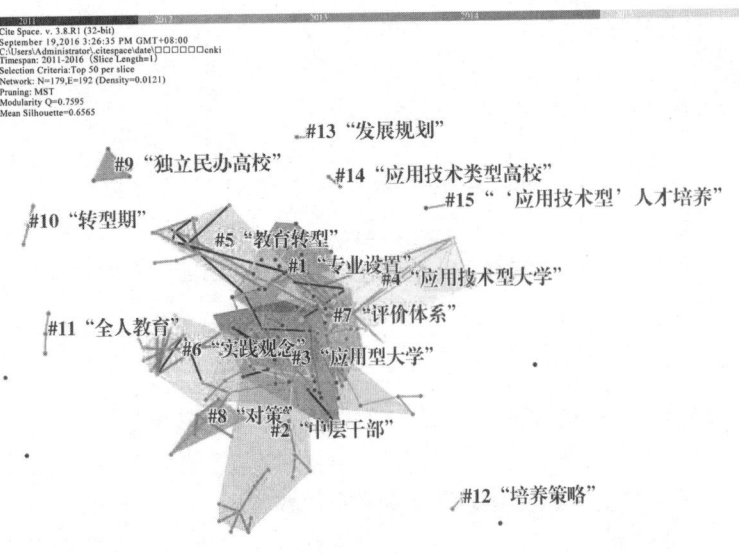

图 5-5 独立学院转型发展研究关键词聚类图谱

转型理念和定位方面的研究。这方面的研究主要围绕转型以及独立学院是否需要转型等一系列问题展开。此次转型被称为"高等教育领域的革命性调整",旨在化解"大学生就业难与企业用工荒的矛盾"以及"高等教育同质化严重"的困境,被寄予了厚望。由于"应用技术型"明显偏重职业教育体系的范畴,曾一度引发了学界和高校的激烈争议。潘懋元老先生认为"转型后要进入职业教育系统,思想阻力很大。……在传统思想影响下,好像把学校归类于职业教育体系就降低学校层次了。这种无形的阻力扎根于部分社会人士和办学者的思想深处。"[①] 对于"应用型"和"应用技术型"的区别,有学者认为"应用型大学"和"应用技术大学"在逻辑上是属种关系:"应用型大学"是上位概念,"应用技术大学"是下位概念。[②] 我们从颁布的文件中可以看到,现在统一的提法是"应用型","技术"两字已经不见,这种做法可能是对大家争议的一个折中。对于独立学院的转型,除了存在以上问题外,还存在是否需要转型的问题。独立学院的办学目标基本上都是培养应用型人才,所以不需要转型。我们也应该看到,虽然独立学院的定位是应用型,但实质上,独立学院在专业设置、课程、人才培养模式上一直追随母体高校,并没有真正实现其应用型人才培养目标。

独立学院转型实践领域的研究。这方面的研究主要集中在教师队伍、专业设置、人才培养模式、校企合作模式等转型的实务问题上。周洁认为:"发展应用技术类型高校的过程中,秉承师资队伍结构多元化的要求,构建一支稳定、精良、专业化、实践化的师资队伍对于探索服务管理模式、支撑起专业设置改革、人才培养改革与教学模式改革提供了人力保障,保障各因素共同支撑独立学院向应用技术类型高校的转型。"[③] 对于应用型高校的专业设置,潘济华这样认为:"应用型高校的专业设置与传统的学科型高校不同,其基本依据是社会职业分工,应与区域社会经济发展及产业结构相适应,对口一定的行业和职业领域,覆盖相应的岗位群,应当设置在企业的'兴奋点'和职业岗位的'紧缺口'上,以适应社会对各类适用人才的需求。"[④] 也有学者认为:"专业设置首先要具有开放性,要敢于创新,根据社会和行业需要,大胆地开

---

① 潘懋元. 独立学院的转型定位和发展 [J]. 西南交通大学学报(社会科学版), 2014, 15 (05): 1-6.
② 侯长林. 应用型大学不等于应用技术大学 [EB/OL]. http://www.rmzxb.com.cn/c/2015-08-13/553357.shtml, 2015-08-13.
③ 周洁. 独立学院转型背景下师资队伍建设的启示 [J]. 教育观察(上旬刊), 2014, 3 (02): 76-78.
④ 潘济华. 论新建本科院校应用型人才培养方案的构建——以"人生+专业+职业"课程模块为例 [J]. 学理论, 2016 (11): 185-186.

办新专业；专业设置要具有灵活性，研究当今经济社会发展需要，灵活多样地开办复合型专业，专业可以灵活组合，也可以重新整合。"①

国家政策体制方面的研究。在《关于引导部分地方普通本科高校向应用型转变的指导意见》的"配套政策和推进机制"中共有六条，涉及配套制度、政策支持、经费支持，主要包括考试招生、教师聘任聘用、教师职务（职称）评审、财务管理、专业设置等方面的自主权；建立高校分类体系，实行分类管理，制定应用型高校的设置标准；建立多元投入机制，加大对产业发展急需、技术性强、办学成本高和艰苦行业相关专业的支持力度。但就目前来看，转型试点工作已经开启，而相关的政策、资金和配套措施并没有真正落实。对于高校转型有些问题需要高校自身去解决，有些则需要政府以及相关部门出台相关政策措施。有学者指出"欧洲发达国家应用技术大学的建立，无一不是在政府主导、行业企业积极参与、学校主动转型发展中实现的"②。独立学院向应用技术型高校转型，国家层面需要加大政策支持，健全保障机制，引导和动员行业企业的积极参与。高校转型的成功与否离不开国家政策的支持，比如对于行业企业的参与，除了积极鼓励之外，国家还应该出台相关法律条文，明确行业企业在应用型人才培养中应尽的义务。

国外应用型大学经验借鉴的研究。虽然不同国家的文化、教育体制等各不相同，但国外应用型大学的教育观念、人才培养模式、教学模式、课程设置有很多值得我们借鉴的地方。德国的应用科学大学在应用科技型人才培养方面形成了鲜明的办学特色。首先，德国完备的法律法规体系以及企业、社会的鼎力支持，促使德国应用科学大学快速发展，并最终与传统老牌大学一起成为德国高等教育的两大支柱。尤其是德国独特的学校和企业共同培养的"双元制"人才培养模式，在这一模式下，德国应用科学大学以学生未来就业岗位的获取为导向组织实用型知识的传授，企事业单位则以其未来员工培养为目标安排相关岗位技能的培训，使得学生有序穿梭于学校与企业之间，使理论知识和工作实践得以有机融合。美国作为实用教育理念的代表，纵观其高等教育历史可以发现，美国的大学教育目标一直是以心智教育为主旨，并且是一个随着社会进程不断丰富与完善的发展历程。为了适应社会的发展需要，美国大学和技术学院一直在加强本科阶段的应用型人才培养，旨在培养具有更强操作能力的技术师。在最初两年的教学计划中，教师主要讲授自然科学（尤其是数学）、社会

---

① 刘智芳. 独立学院转型为应用型本科高校探析——以南京理工大学紫金学院为例 [J]. 北京城市学院学报，2015（01）：55-59.

② 孟庆国，曹晔. 地方高校转型发展：路径选择与内涵建设 [J]. 职业技术教育，2013，34（18）：68-71.

科学和通识教育。在后两年的教学计划中，教学以实验课程、应用课程和实习实践为主，以扩展学生专业知识面，强化学生对技术训练的理解，同时为学生提供更多的交流机会。

因此，对于应用型转变的实现，独立学院除了自身的积极主动外，还需要各界的理解和支持，需要行业企业的积极配合，以及国家的积极引导和政策支持。说到政府的支持，除了相关政策配套外，经费的投入也很重要。潘懋元先生说："拉一条现代生产线不一定比建一个实验室少花钱，可能花钱还更多"[1]，这句话在应用型人才和学术型人才培养上同样适用，但目前国家的教育经费投入仍然倾向于学术型人才培养方面。对于目前没有任何国家经费投入的独立学院应用型发展来说，政府的经费支持又应该在哪些方面体现？这个问题需要涉及其中的每个组织和个人深入思考。

第三节 应用型转变之专业布局与调整

因为专业的诸多价值，引起了世界各国高校的重视，它们通过对专业的不断调整、重新配置，优化了教育资源和人力资源。同时，高校也通过对专业布局的调整和优化，以建立品牌效应，增强人才培养的适应性，满足服务社会发展的需要。通过对相关数据和信息的研究与分析，我们对独立学院的专业设置与布局提出了一些建议，以期培养出更多适应区域经济社会发展需要的应用型人才。

专业作为高校里的一个重要因素，是划分一定领域的知识组织形式，是学科及其分类与社会职业需求的结合点或交叉点，其实质就是选取哪些领域的知识组成一定的知识体系从而培养人才的问题。随着高校逐渐成为经济社会发展的轴心和推动器，其再也无法回避社会对人才的需求。对于高校尤其是应用型高校来说，必须把握社会发展的脉搏，并通过合理的专业布局和调整，积极主动地适应社会经济建设的发展要求。由于人才培养的周期性和滞后性，专业设置必须具有前瞻性，因此，高校应充分了解和预测社会需求，获得权威信息和大数据支撑，并进行科学论证，避免专业设置上的盲目性。

一、从本科专业备案审批结果和毕业生就业情况看专业的增设与调整

2016年2月16日，教育部公布了2015年度普通高等学校本科专业备案和

---

[1] 潘懋元. 大学的沉思 [M]. 北京：商务印书馆，2017：284.

审批结果。根据公布的数据统计，共有 2 113 所高校新增备案本科专业 309 个，其中新增数量最多的 10 个专业依次是物联网工程、网络与新媒体、工程造价、金融工程、物流管理、商务英语、数字媒体艺术、软件工程、翻译和机械电子工程专业。从图 5-6 可以看出，2015 年高校新增备案专业中，最热门的仍然是物联网工程专业，并连续三年荣登榜首，截至 2015 年，全国开设物联网工程专业的高校已有 61 所。网络与新媒体专业的开设数量仅次于物联网工程专业，此次有 46 所高校开设了此专业。物联网工程、网络与新媒体专业之所以如此热门，这与新一代互联网等战略性新兴产业发展对人才需求缺口较大有很大关系。

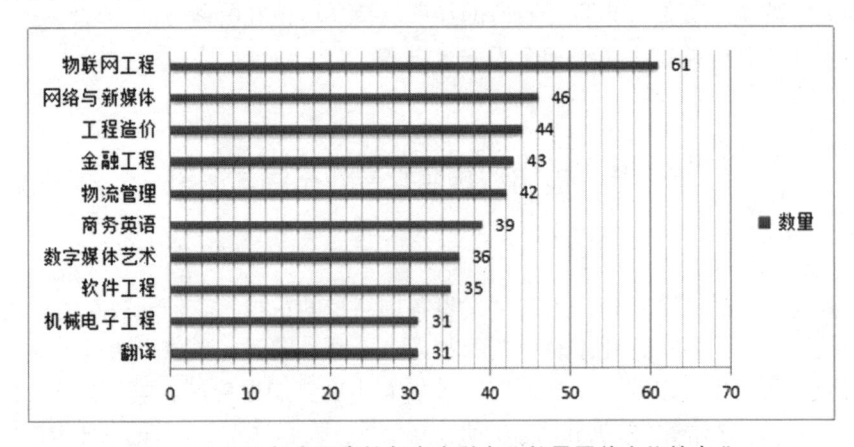

图 5-6　2015 年全国高校备案本科专业数量居前十位的专业

数据来源：根据教育部公布的 2015 年度普通高等学校本科专业备案和审批结果整理分析。

在 2015 年 11 月发布的《中共中央关于制定国民经济和社会发展第十三个五年规划的建议》中，提出要实施"互联网+"行动计划，发展物联网技术和应用，发展分享经济，促进互联网和经济社会融合发展。2015 年两会期间，李克强总理在政府工作报告中多次提及了要利用"互联网+"的力量来进一步深化改革，推动移动互联网、云计算、大数据、物联网等与现代制造业的结合，促进电子商务、工业互联网、互联网金融健康发展，引导互联网产业拓展国际市场。2016 年 5 月发布的《国务院关于深化制造业与互联网融合发展的指导意见》（国发〔2016〕28 号）中提出"支持高校设置'互联网+'等相关专业"。可见，未来仍是"互联网+"推动经济与社会深刻变革的战略机遇期。

为分析全国独立学院新增备案本科专业情况，我们将公布的所有独立学院增设的专业进行抽取并分析。从图 5-7 可以看出，独立学院新增备案数量最多的 10 个专业依次是工程造价、电子商务、物联网工程、商务英语、网络与新媒体、物流管理、金融工程、网络工程、财务管理、软件工程专业。与全国高校前十位的专业相比少了数字媒体艺术、翻译和机械电子工程专业，增加了电子商务、网络工程和财务管理专业。可以看出，在新增备案专业中，独立学院对社会发展需求比较多的人才更为敏感，尤其是信息和网络产业所需的专业得到了优先发展，可以较好地满足经济和社会发展对高技能应用型人才的需求，为经济社会发展提供有力的人力资源保障。

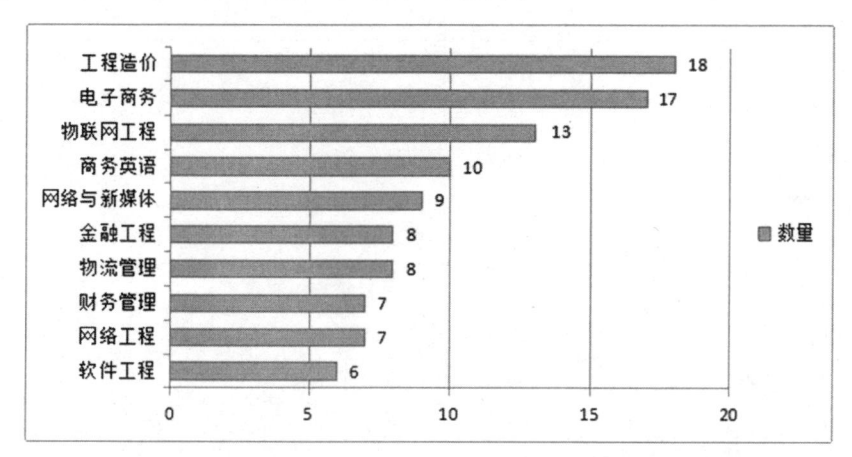

图 5-7　2015 年全国独立学院新增备案本科专业数量居前十位的专业
数据来源：根据教育部公布的 2015 年度普通高等学校本科专业备案和审批结果整理分析。

　　此次教育部公布的名单除了新增备案本科专业、新增审批本科、调整学位授予门类或修业年限专业外，还有 77 所大学撤销的 118 个本科专业。统计显示，此次撤销专业数量最多的是服装设计类专业，共有 11 所学校撤销了此专业，其次是工商管理、工业设计、物理学、舞蹈表演等专业。世界银行的调查显示，随着中国劳动力成本的上涨，全球服装品牌正在把目光投向别处，其他国家的工厂可以用较低的成本来生产服装，如越南和柬埔寨等，这必然影响到国内服装业的发展，进而影响到服装类专业毕业生的就业。随着经济全球化和世界经济一体化的趋势不断增强，高校在专业设置与布局上还必须具有国际化的战略和视野。

　　专业的布局与调整不仅与经济社会发展和产业结构变化及对人才的需要有一定的契合度，还与当前高校毕业生的就业形势有关。麦可思对全国高校毕业生就业情况的调查显示，2014 届本科生毕业半年后就业率排前 50 位的主要专业有护理学、建筑环境与设备工程、医学影像学、测绘工程、建筑学、医学检测、工程管理、安全工程、中医学、数字媒体艺术等。（见表 5-1）

表 5-1 2014 届本科生毕业半年后就业率排前 50 位的专业

本科就业率排前 50 位的专业名称	就业率（%）	本科就业率排前 50 位的专业名称	就业率（%）
护理学	97	软件工程	93.9
建筑环境与设备工程	96.8	交通工程	93.8
医学影像学	95.9	土木工程	93.8
测绘工程	95.6	材料成型及控制工程	93.8
建筑学	95.6	热能与动力工程	93.7
医学检测	95.5	信息工程	93.7
工程管理	95.3	地理信息系统	93.7
安全工程	95.1	人力资源管理	93.6
中医学	94.4	教育技术学	93.6
数字媒体艺术	94.4	过程装备与控制工程	93.6
车辆工程	94.4	学前教育	93.6
矿物加工工程	94.4	机械电子工程	93.5
电器工程及其自动化	94.4	制药工程	93.4
信息管理与信息系统	94.3	新闻学	93.4
小学教育	94.3	资源环境与城乡规划管理	93.4
市场营销	94.2	计算机科学与技术	93.4
电子商务	94.2	采矿工程	93.3
物流管理	94.1	财政学	93.3
食品科学与工程	94.1	金属材料工程	93.3
给水排水工程	94.1	广告学	93.3
旅游管理	94	会计学	93.2
交通运输	94	机械设计制造及其自动化	93.2
法语	94	财务管理	93
工业工程	93.9	电子信息科学与技术	93
教育学	93.9	网络工程	93
全国本科	92.6	全国本科	92.6

数据来源：麦可思研究院. 2015 年中国本科生就业报告 [M]. 北京：社会科学文献出版社，2015：50-51.

从表 5-2 可以看出，2015 年毕业生失业量较小，就业率、薪资和就业满意度综合较高的需求增长型专业包括建筑学、软件工程、网络工程、通信工程、建筑环境与设备工程、车辆工程、矿物加工工程。

表 5-2　2015 年本科"红黄绿牌"专业

红牌专业	黄牌专业	绿牌专业
生物工程	体育教育	建筑学
美术学	动画	软件工程
生物科学	英语	网络工程
应用物理学	工商管理	通信工程
应用心理学	汉语言文学	建筑环境与设备工程
法学		车辆工程
音乐表演		矿物加工工程

数据来源：麦可思研究院. 2015 年中国本科生就业报告［M］. 北京：社会科学文献出版社，2015：98.

从以上数据的分析和对比可以看出，麦可思的调查结果与教育部公布的新增备案专业和撤销专业数量比较多的专业有一定的吻合度。比如，软件工程和网络工程专业，它们既是 2015 年高校增加数量比较多的专业，也是就业形势比较好的绿牌专业。应用物理学、工商管理专业属于 2015 年高校撤销数量比较多的专业，也是麦可思认为就业率不高、各方面满意度比较低的红牌或黄牌专业。当然，高校的专业设置与建设有其内在的规律，它要求学校必须把专业设置与建设的稳定性与动态性相结合，把社会需求与自身办学特色、特长相结合。

三、关于山西大学商务学院专业布局与设置的几点思考

目前，山西大学商务学院已建成 8 个一级学科 43 个专业，其中，2012 年新增专业 2 个（商务英语、资产评估），2013 年新增专业 2 个（贸易经济、物联网工程），2015 年新增专业 2 个（商务经济、数字媒体艺术）；2012 年停招专业 1 个（信息管理与信息系统），2013 年停招专业 3 个（数学与应用数学、信息与计算科学、生物技术）；另外有 3 个专业从未招生，分别是化学专业、产品设计专业、服装与服饰设计专业，目前，实际招生专业 36 个。（详见表 5-3）

表 5-3 山西大学商务学院本科专业设置一览表

一级学科	序号	专业代码及名称	设置时间	所属院系	停止招生时间
经济学	1	020101 经济学	2010-07	经济系	
	2	020301K 金融学	2006-07	经济系	
	3	020401 国际经济与贸易	2002-07	经济系	
	4	020402 贸易经济	2013-07	经济系	
	5	020105T 商务经济	2015-07	经济系	
管理学	6	120102 信息管理与信息系统	2001-07	信息学院	2012-07 停招
	7	120201K 工商管理	2001-07	管理学院	
	8	120202 市场营销	2004-07	管理学院	
	9	120203K 会计学	2001-07	会计学院	
	10	120204 财务管理	2002-07	会计学院	
	11	120206 人力资源管理	2007-07	管理学院	
	12	120208 资产评估	2012-07	会计学院	
	13	120210 文化产业管理	2010-07	文化传播系	
	14	120402 行政管理	2008-07	管理学院	
	15	120601 物流管理	2004-07	电子商务系	
	16	120801 电子商务	2002-07	电子商务系	
	17	120901K 旅游管理	2007-07	管理学院	
文学	18	050101 汉语言文学	2005-07	文化传播系	
	19	050103 汉语国际教育	2004-07	文化传播系	
	20	050201 英语	2003-07	外语系	
	21	050207 日语	2008-07	外语系	
	22	050262 商务英语	2012-07	外语系	
	23	050301 新闻学	2006-07	文化传播系	
	24	050303 广告学	2006-07	文化传播系	
法学	25	030101K 法学	2004-07	法律系	
教育学	26	040201 体育教育	2004-07	体育系	

续表

一级学科	序号	专业代码及名称	设置时间	所属院系	停止招生时间
理学	27	070101 数学与应用数学	2006-07	经济系	2013-07 停招
	28	070102 信息与计算科学	2006-07	信息学院	2013-07 停招
	29	070301 化学	2005-07	信息学院	从未招生
	30	070402 生物技术	2005-07	信息学院	2013-07 停招
工学	31	080714T 电子信息科学与技术	2008-07	信息学院	
	32	080901 计算机科学与技术	2002-07	信息学院	
	33	080902 软件工程	2010-07	信息学院	
	34	080903 网络工程	2011-07	信息学院	
	35	080905 物联网工程	2013-07	信息学院	
艺术学	36	130201 音乐表演	2005-07	音乐系	
	37	130206 舞蹈编导	2005-07	音乐系	
	38	130401 美术学	2004-07	艺术设计系	
	39	130502 视觉传达设计	2005-07	艺术设计系	
	40	130503 环境设计	2005-07	艺术设计系	
	41	130504 产品设计	2012-12	艺术设计系	从未招生
	42	130505 服装与服饰设计	2012-12	艺术设计系	从未招生
	43	130508 数字媒体艺术	2015-07	艺术设计系	

近几年，山西大学商务学院围绕区域经济社会发展对专业人才的需求，积极调整专业结构、优化资源配置、改造传统专业、拓展新兴专业，对于办学效益差、就业形势严峻的专业停止招生，专业设置与分布结构渐趋合理，已形成以商科为主、多学科协调发展的专业体系。从山西大学商务学院专业设置一览表中可以看出，其专业数量不断增多，由建院初期的3个专业增加到现在的43个专业；专业结构布局不断优化，逐步增加了网络工程、软件工程、商务英语、物联网工程、数字媒体艺术等社会需求量比较大、就业前景比较好的专业，根据就业率情况（见表5-4）淘汰了数学与应用数学、生物技术等就业形势严峻、理论性较强的基础性学科专业。但它也存在专业布局和设置整体目标不够明确，专业设置与区域经济社会发展需求的对接不够紧密，特色和品牌专业不够鲜明等问题。

表 5-4　2014 年、2015 年山西大学商务学院各专业就业率情况

2014 年		2015 年	
专业	就业率（%）	专业	就业率（%）
市场营销	95.95	财务管理	91.95
财务管理	94.81	会计学	90.9
会计学	94.70	市场营销	89.11
物流管理	92.77	金融学	88.55
金融学	92.31	艺术设计	88.38
电子商务	91.98	经济学	88.24
艺术设计	91.98	信息管理与信息系统	87.72
信息管理与信息系统	91.07	电子商务	87.65
计算机科学与技术	90.30	计算机科学与技术	86.98
工商管理	90.14	软件工程	86.82
电子信息科学与技术	89.89	工商管理	86.49
英语	89.76	人力资源管理	86.46
经济学	89.74	旅游管理	86.17
人力资源管理	89.73	法学	86.17
旅游管理	89.72	行政管理	86.02
法学	89.67	电子信息科学与技术	85.53
国际经济与贸易	89.01	网络工程	85.42
汉语言文学	88.65	英语	85.4
新闻学	88.64	国际经济与贸易	85.19
广告学	88.52	广告学	85.07
对外汉语	88.37	汉语言文学	85.04
软件工程	86.84	物流管理	84.62
美术学	86.36	新闻学	84.42
日语	86.00	对外汉语	83.33
音乐表演	85.71	日语	81.82
文化产业管理	84.00	音乐表演	81.54

续表

2014 年		2015 年	
体育教育	82.56	文化产业管理	80
舞蹈编导	78.38	美术学	80
数学与应用数学	69.64	体育教育	79
生物技术	66.67	舞蹈编导	75
信息与计算科学	65.22	数学与应用数学	65
		生物技术	61.76

注：数学与应用数学、生物技术专业于2013年停招，2015年这两个专业仍有毕业生。

——从战略高度做好专业布局与设置的顶层设计。专业建设是一项系统工程，它集中反映了高等学校对社会经济和职业岗位的适应程度，也是高等学校适应社会人才需求的基本尺度。专业的设置不仅受学校内部办学理念、师资力量、办学条件、资金投入等因素影响，同时还与经济社会发展、市场需求、教育体制等外部因素紧密相关。因为高校设置一个专业，不仅要有一套完整、科学、适用的教学计划及课程设置体系，还要具备一支具有相当实力和水平的师资队伍，而且要有能满足专业建设需要的图书资料、实验仪器设备、经费投入以及该专业良好的社会需求和就业前景。可以说，专业的设置与调整是牵一发而动全身的事情，正因为如此，我们要从战略高度做好未来五年、十年甚至更长远的专业规划和整体布局。进行专业建设的顶层设计要充分考虑学校的整体发展方向、资源现状和特色优势，深入了解区域经济社会未来一定时期内的发展走向。

如图5-8所示，科学规划和布局专业发展，首先，学校要解决的问题是确保专业贴近区域经济社会发展对人才的需求，确保学生就业。学校应定期调查、分析区域产业结构和经济发展方式的变化，定期调查、分析人才市场、劳动力市场对专业人才的需求与变化，调查和分析毕业生的就业质量与变化，并以此为基础调整或设置专业。其次，学校在设置专业时一定要从实际出发，充分了解学院现有专业整体情况和现有资源情况，认真分析新专业设置的现实性与可能性，从中选择若干领域进行布点，尽量在原有的基础上走内涵式发展的道路，努力办好一批重点专业，形成学科优势和特色专业。最后，学校要科学规划每个专业的发展方向，凝练专业的内涵、特点、发展目标，完善专业布局，完成专业建设的顶层设计。

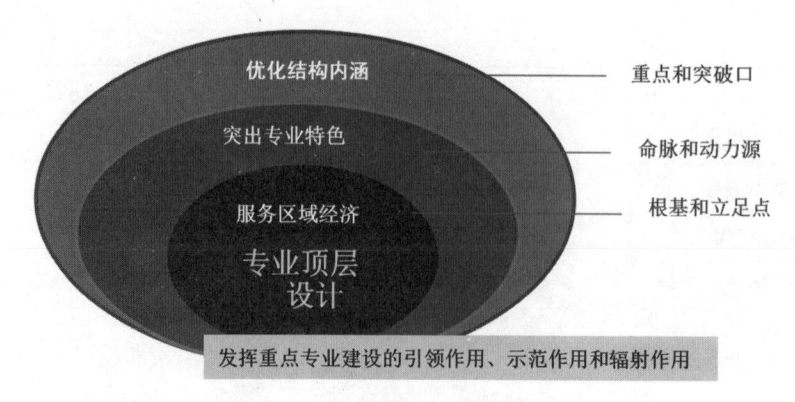

图 5-8 专业布局与整体设计原则

——加大学科专业结构与区域经济发展需求的融合度。从《中共中央关于制定国民经济和社会发展第十三个五年规划的建议》，到《国务院关于加快发展现代职业教育的决定》，再到《高等职业教育创新发展行动计划（2015—2018年）》，这些文件均提出：引导和推动部分普通本科高校向应用型转变。实施地方本科高校的应用型转变发展，是在经济发展进入新常态，面对经济结构深刻调整、产业升级加快步伐、社会文化建设不断推进，特别是创新驱动发展战略的实施，为满足区域经济结构转型升级对高素质技能型人才的需求，解决毕业生就业结构性矛盾的需要，独立学院的转型发展必在其中。转型发展的目的是优化学科专业布局和人才培养机制，促进应用型人才培养与区域经济社会发展需要的融合。

山西大学商务学院的学生主要来自本省，2014届、2015届毕业生生源地为山西的分别占当年毕业生总数的93.71%、92.47%。同时，山西大学商务学院毕业生的就业地域主要集中在山西及其周边省份，超过80%的毕业生在本省就业。可见，独立学院的办学应当是面向地方，为本地区经济社会发展需要和产业结构调整对人才的需求而进行学科建设和专业调整，这也从另外一个层面要求，专业建设必须紧紧围绕本省经济社会发展规划，正确把握本省经济发展形势。"十三五"时期，山西省提出把构建现代产业发展新体系作为优化产业结构的主要任务，实施工业强基工程，不断改造提升传统优势产业，切实推进煤炭产业"六型转变"，大力培育市场潜力大、产业基础好、带动作用强的非煤产业。同时，加快发展现代农业，构建山西特色农业现代化道路。山西大学商务学院作为地方应用型大学，要深入研究区域经济社会发展战略，产业结构调整和走向，以及支柱产业的培植和新的经济生长点，使专业设置或调整尽可能与之相适应，毕竟主动适应区域社会发展变革是新经济体制下高校专业设置与调整不容忽视的重要方面，也是高校引导经济社会发展不可忽视的重要方面。

——凝练和打造特色专业，形成若干学科专业高峰。在调整专业布局的过程中，高校必须保持和发展学校自身的专业优势与特色，尤其是在新形势下，专业的个性特征或特色将成为学校的品牌或办学特色，会影响、带动学校的整体发展。2015年10月24日，国务院印发了《统筹推进世界一流大学和一流学科建设总体方案》（以下简称《方案》），提出要引导和支持高等院校优化学科结构，凝练学科发展方向，突出学科建设重点，通过体制机制改革激发高校内生动力和活力。《方案》不仅要求继续加快建设一流大学和一流学科，而且要求引导其他各类高校在不同层次、不同领域办出特色，争创一流，包括支持地方或行业背景高校建设优势重点学科，改进管理模式，引入竞争机制，实行绩效评估，进行动态管理。其实，《方案》释放出了一个信号，那就是高校一定要办出"特色"，这将成为下一步独立学院发展的机遇所在。

为了主动适应区域经济建设、社会发展和产业结构调整对人才需求结构的变化，遵循统筹规划、突出重点、动态调整、全面提升的原则，山西大学商务学院已遴选出院级重点建设专业7个、系级重点建设专业7个、扶持专业3个，并给予相应的政策和经费支持，建设目标是院级重点上水平、系级重点创特色、扶持专业打基础。下一步，学院应通过相关专业课程改革，突出专业特色，创新人才培养模式，强化师资队伍和实训基地建设，进一步优化专业结构，突出重点发展学科和重点发展专业，将战略发展的注意力集中于一个或少数几个重点和特色专业点上，挖掘潜力，凝聚资源，把特色逐步做强做大，重点打造一批能够发挥引领和辐射作用的国家级、省级示范专业点，在专业平原和高原上形成一些高峰，使之成为山西大学商务学院转型发展特色鲜明的强大竞争力，带动专业建设水平整体提升。

第六章 普通教育与职业教育的融合

我国高等教育经过二十多年的规模扩张发展,毛入学率已超过了世界平均水平,当前,中国高等教育的主要矛盾已经由过去的上学难转变为上好学校难,实质上是优质教育资源的激烈竞争。独立学院不可能再是高等教育大众化数量上的补充,必须在质量上突进,尤其是改进其在人才培养目标取向上处于其他普通本科高校和高职院校之间的尴尬处境。独立学院应通过普通教育与职业教育的融合,转变办学理念,深化教学改革,重构课程体系,优化教师队伍结构,从而化危为机,走出一条新路子。

第一节 基础·优势·机遇

一、独立学院普通教育与职业教育融合的实质

融合的走向是普通教育向职业教育的注入。在普通教育与职业教育的融合问题上,独立学院与其他性质院校既具有共性又具有个性,因为独立学院的独特性决定了母体高校对它的产生和发展的影响。尽管在实际施行中,因为人类文化的整体性和教育活动的全面性,不会出现单纯的职业教育或普通教育,但独立学院的确在事实上更多地偏重了普通教育。因此,普通教育成为大多数独立学院教育活动的主体部分。基于此,独立学院普通教育与职业教育融合问题的解决走向就非常明显了,其自然是职业教育向普通教育的注入,这种形象化的说法表明独立学院在教育融合过程中需要更多地引入职业教育的理念和内容。比如,在"德国实施的是以职业预备教育为基础,以普通教育课程为条件,以学生自由选择为前提的普通教育与职业教育的渗透模式"[①]。既然是从

---

① 徐涵. 德国职业教育与普通教育的渗透模式及启示[J]. 教育与职业, 2005 (32): 16-17.

普通教育向职业教育的注入，那么独立学院就不能丢弃普通教育这一基本领地，而只能是对这一领地进行符合教育融合要求的改造，强调这一点非常重要，因为对于独立学院而言，普通教育与职业教育融合的追求也不能改变独立学院的生存之道，否则独立学院将无法在高校中得以存在和发展，因此，普通教育与职业教育融合对于独立学院而言更像是一次革新，为无特色的普通教育注入更丰富的养分，以改变独立学院对母体高校简单复制的事实和形象。接下来，我们需要思考独立学院应向普通教育注入职业教育的何种内容或元素。

融合的根本是教育理念和教育内容的融合。独立学院至少需要向自身的普通教育注入职业教育的理念和内容，因为教育融合首先需要精神层面的融合，其次需要物质层面的融合。精神层面的融合莫过于教育理念的融合，因为教育理念是教育形态的精神性实质，可以说教育理念决定了教育形态的生成。物质层面的融合莫过于教育内容的融合，因为教育内容承载了教育形态的全部现实，教育者等其他教育要素只是这一现实得以实现的中介。具体地说，教育理念的融合是教育融合的根本所在，如何促成普通教育与职业教育在教育理念上的融合才能解决问题的根本，毕竟二者的追求有很大不同，各自的教育实施规范又如此根深蒂固。教育内容的融合是教育理念融合的最终体现，教育内容是实现教育理念和教育目标的现实载体，普通教育与职业教育在内容上差异巨大，相互的融合不可能是简单的课程增减，而只能是出现新型的符合新教育理念的课程。美国部分地区是通过"转学教育"实现这一融合的，"自20世纪90年代以来，在美国联邦政府、高等教育界和民众的普遍关注下，转学教育再度复兴，主要表现在开发转学网络、建立监督与质量保障机制与加强校际合作三个方面"[1]。需要说明的是，这种融合依然不可能是对等的，只能是普通教育向职业教育的注入，这与普通大学倡导的普通教育与职业教育的融合大相径庭，甚至可以说是正好方向相反。就实际的融合而言，较为切实的方法是先在培养目标上进行整合，在教育者的头脑中形成新型人才模型规格，然后以此引领教育者对课程内容的调整、综合，形成在新的教育理念指导下的人才培养路径和模式。

二、独立学院普职融合的理论依据

普通教育与职业教育的融合是独立学院实现可持续发展的一个重要方面。知行合一、教学做合一等思想是构建独立学院普职融合的理论依据。近年来，

---

[1] 孙曼丽. 构建高等职业教育和高等普通教育间的桥梁——美国社区学院"转学教育"复兴再探［J］. 外国教育研究，2011，38（07）：11-16.

我国高校普通教育职业化、工学结合、产学研合作、普职衔接所取得的成就和经验是独立学院开展普职融合的实践基础。

无论是我国古代的"知行合一"思想，还是美国著名哲学家、教育家杜威的教育即"生活""生长"和"经验改造"思想都为普通教育与职业教育的融合提供了丰富的理论基础。

"知行合一"中的"知"是指科学知识，"行"是指人的实践，知与行的合一，既不是以知来吞并行，认为知便是行，也不是以行来吞并知，认为行便是知。实际上，认识事物的道理与在现实中运用此道理是密不可分的一回事。中国古代哲学家认为，人们不仅要认识（"知"），还应当实践（"行"），只有把"知"和"行"统一起来，才能称得上"善"。从本质方面来说，知识是引领行动的方法，而行动又是领悟知识的路径，所以两者相辅相成，缺一不可，知中有行，行中有知。

知行关系，从其哲学的基础来说是一个认识论的问题。从知识的来源讲，"行先知后，以行求知"，实践第一，实践是认识的基础，没有实践就没有认识。人类的"知"是在"行"的基础上形成的。宇宙间的道理，都是先有事实，然后才发生言论，并不是先有言论，然后才发生事实。同时，也只有通过"行"的检验，才能知道"知"是否符合事实。正可谓"以行而求知，因知以进行。""行"是"知"的基础，"知"反过来又指导"行"。但并不是所有的"知"都能指导"行"，只有那些与实际相符、与实践相联的"知"才是引导人行动的"指南针"。

"手脑相长是个体成长发展的基本原理，这就决定了在教育中不能将知识与应用技术决然分开。以乔布斯为例，如果没有他对艺术的热爱和天赋以及各种理论素养，他的技术可能很难充分发挥作用。"[1] 据此，解决教育中知行统一的问题，关键要在知识的落实上做文章，而如何落实知识，要在实践上做文章，即将所学到的知识落实于实际生活之中。知行统一的德育，就要通过"知"提高学生的人文素质，通过"行"达到明显的社会效果。开展普职融合教育教学模式探索，让学生掌握一技之长，创新了普通教育人才培养模式，这既优化了学生的知识结构，又提升了学生的学习能力、适应环境能力和可持续发展能力。

独立学院的人才培养定位是应用型人才，但其目前却过多地倾向于理论型人才的培养。2014年，国家在政策层面上提出了将成建制地扩大本科高校职业技能教育的比重，在这样的政策氛围下，高校人才培养目标的指向将会更多

---

[1] 储朝晖. 高校不宜行政划成学术型或应用型［N］. 光明日报，2014-4-23（002）.

地贴近市场需要。很显然,这是一个重大而系统的问题。然而,在我国现行高等教育招生体制下,关注市场、依赖市场、因市场需要培养人才在很大程度上只是一句口号。大学生毕业找不到工作成为常见现象,个性的问题被共性的现象掩盖了,所以大家都在现存的体制下做着惯性运动。

在变幻莫测的市场环境中,必然会有更多的大学以培养高级应用型人才为己任,会有更多的大学跻身于职业教育市场。那么,市场对人才需求的细分格局是什么?市场对人才需求的发展趋势在哪里?大学又如何在分切职业教育市场的同时,规避人才培养的市场风险呢?面对这些问题,我们能说得清楚吗?在大家都说不清楚或者都想说清楚的时候,我们能说清楚或者说得更清楚,我们就是赢家。高等教育改革之路,终究要走到大学自担风险的那一天。

面对市场对大学的挑战,机会就在其中。晚动不如早动,被动不如主动。只要行动就有机会,机会抓住了,挑战就变成了动力。独立学院抓住机会就要尽快增加职业教育的成分。独立学院的学生进入职业学校参与实训以及相应的职前培训有助于培养学生的实践能力。因此,可以说独立学院实施普职融合不仅仅是促进学生知行合一实现的一种表现形式,同时也在职业学校与普通高校之间架起了一座桥梁,满足了学生接受不同形式教育的需要。

教育即生活的教育思想与独立学院普职融合。教育能传递人类积累的经验,丰富人类经验的内容,增强人类用经验指导生活和适应社会的能力,从而把社会生活维系起来和发展起来。广义地讲,个人在社会生活中与人接触、相互影响、逐步扩大和改进经验,养成道德品质和习得知识技能,就是教育。由于改造经验必须紧密地和生活融为一体,而且改造经验能够促使个人成长,杜威便总结说"教育即生活""教育即生长",教育即为"经验改造"。

杜威认为人们在社会中参与真实的生活,才是身心成长和改造经验的正当途径。所以教师要把教授知识的课堂变成学生活动的乐园,引导学生积极自愿地投入活动,从活动中不知不觉地形成品德和获得知识,实现生活、生长和经验的改造。杜威指出,"知识的旁观者"理论是一种形而上学的"二元论",在现代科学面前是站不住脚的。[1] 现代科学的发展表明,知识不是某种孤立的和自我完善的东西,而是在生命的维持与进化中不断发展的东西。在杜威看来,由于知识"旁观者理论"把认知主体与认知对象相隔离,强调认知是一种认识"对象"呈现给认知者的事情,这样在教育上就逐步形成了以知识为中心,学习是被动地接受,知识与行为相分离等弊端。结果,在学校教育中,学科变成了书本上的东西,变成了远离学生经验和不能对行为产生影响的东西。

---

[1] 王万涛. 现代教育学基础 [M]. 成都:电子科技大学出版社,2017:79.

陶行知先生在对王阳明的主观唯心主义和杜威的实用主义哲学批判的基础上，提出了"生活即教育、社会即学校、教学做合一"三大主张。在陶行知看来，教育和生活是同一过程，教育蕴含于生活之中，教育必须和生活结合才能发生作用，他主张把教育与生活完全融为一体。可见，陶行知所说的"教育"是指终生教育，它以"生活"为前提，不与实际生活相结合的教育就不是真正的教育。他坚决反对没有"生活做中心"的死教育、死学校、死书本。"教学做合一"是生活教育理论的教学论。他以种田为例，指出种田这件事，要在田里做的，便须在田里学，在田里教。在陶行知看来，"教学做合一"是生活法，也是教育法，它的含义是教的方法要根据学的方法，学的方法要根据做的方法。由此他特别强调要亲自在"做"的活动中获得知识。

教育即生活的教育思想要求"教"与"学"同"做"结合起来，同实际的生活活动结合起来，进步主义教育家认为，"教育并不是强制听讲或闭门读书，教育就是生活、生长和经验改造。生活和经验是教育的灵魂，离开生活和经验就没有教育。"① 这对学校就有了新的要求。这要求学校注意教学之外的生活，指导学生在实际的活动中学好本领，培养他们的生活能力。独立学院实施普通教育与职业教育的融合，实际上就是改变传统的仅以知识获取和理论学习为主的教育方式。批判课程理论的代表人吉鲁曾经指出："传统课程范式中的知识主要被作为一个客观'事实'的领域而对待。也就是说，知识好像是'客观的'，因为它是外在于个体或强加于个体的……在这种情况下，知识就从生成自我意义系统的自我形成过程中被剔除了。"② 教师作为学生学习过程中的促进者，应该"鼓励学生，以促进学生成长为宗旨，不以掌握知识作为教育要达成的最重要的目标。尊重知识，也不是因为知识本身，而是因为知识在促进学生发展方面的贡献。"③ 因此，学生的学习不再是一种现成知识的选择和存储，更多的是问题的探索。学生学习的内容，则从教材扩展到与该课程相关的全部知识体系和实践领域，学生因此也实现着全面发展。

三、独立学院普职融合的实践基础

无论是普通教育职业化、职业教育立交桥架构，还是产学结合、工学结合模式的推进，这些都在很大程度上为普通教育与职业教育的沟通融合奠定了基础。

---

① 约翰·杜威. 民主主义与教育 [M]. 王承绪，译. 北京：人民教育出版社，2001：14.
② 张华，等. 课程流派研究 [M]. 济南：山东教育出版社，2000：309.
③ 加里·D. 芬斯特马赫，等. 教学的方法 [M]. 胡咏梅，等，译. 北京：教育科学出版社，2008：33.

普通教育职业化。当前我国职业教育也面临着同样的困境,普通教育与职业教育始终处于分庭抗礼的局面。"从终身教育思想看,无论是职业教育还是普通教育,最终都要和社会职业相衔接。从这个角度看,普通教育和职业教育应该是互相融合的,但是在人们心目中,两者的目的是不同的,职业教育是为学生就业做准备,而普通教育则可以使学生有机会进入大学这个'象牙塔',很少有人愿意选择职业教育,因为进入大学就意味着今后很可能有更好的工作机会和社会地位,职业教育只能成为'退而求其次'的选择,这造成职业教育和普通教育之间的智力资源(即学生的相对成绩)很不平衡,人们往往批评职业教育质量不足,却忽视了这一点。"[1] 职业教育实际上缺乏和普通教育进行公平竞争的基础。

从最近的迹象看,普通教育和职业教育都出现了融合的趋势。职业教育和普通教育的分离和对立,经历了漫长的岁月,而职业教育和普通教育必须携手并进成为一种主流的观点,经历了不过短短数十年的时间,进一步发展的趋向是普通教育和职业教育之间的区别将逐渐消失。原来的片面的教育将变成多种价值的教育:"不同类型的教学——普通的、科学的、技术的和专业的教学之间的那种严格的区别必须废除,而教育从初等阶段到中等阶段,必须同时成为理论的、技术的、实践的和手工的教育"。[2] 从某种意义上说,我国目前的高等教育体系正是反映了这一趋势。

虽然许多人屡屡批评普通课程的学习使学生缺乏生活必需的能力,并提出学校要开设一些劳动技能等带有职业性的课程,但是这些课程往往流于形式,只能成为装饰普通教育的花边。"不仅学校不以为然,学生和家长也认为这些课程毫无意义。原因一方面在于这些课程确实并不都能培养学生今后走进社会所必需的能力,另一方面则是对职业教育的'歧视'。职业教育和普通教育之间实际上是一种貌合神离的关系,把两种教育的价值观对立起来的倾向使它们不可能融合到一起。"[3] 在人们的头脑中,这种认识还有很深的影响,强调职业教育应该有鲜明的职业特色。当然,二者是有区别的,但是区别是否就是职业教育面向就业,普通教育为学生打基础?这样势必把职业教育和普通教育简单化。机械地在普通学校增加一些职教课程或者在职教课程中注入普通教育内容都是无法解决两者彼此脱节的状况的,对职业教育和普通教育的本质和目的有一个清楚的认识是两者得以结合的前提。国外普通教育与职业教育相关研究

---

[1] 王雁琳.论英国职业教育和普通教育的关系[J].比较教育研究,2004(2):77-81.
[2] 孟景舟.普通教育和职业教育关系的历史演进[J].职教论坛,2011(31):4-8.
[3] 王雁琳.论英国职业教育和普通教育的关系[J].比较教育研究,2004(2):77-81.

与实践发展历程更是为我们开展本课题研究提供了参考。1999年联合国教科文组织在第二届国际职业技术教育大会上进一步明确指出：职业教育应该扩展到所有的学习者；职业教育的关键问题是满足社会上个人的需要和开发个人的潜能，职业教育所面临的最大挑战，也许是要通过课程设置、教学法和授课情况来协调普通教育与职业教育之间的关系，在保证使学生从学校平稳过渡到就业的过程中，需要使文化教育与职业教育相结合。与此同时，教育发达国家对普通教育与职业教育结合在理论和实践上进行了大量的探索。在20世纪七八十年代，欧美各国出现了职业教育普通化和普通教育职业化的趋势，其所开展的职业教育不是以往按工种类别进行的职业技术教育，而是在普通学校加强普通教育的同时，渗透职业技术基础教育，做到普职相结合。美国在20世纪70年代开展的生计教育是其典型代表，这反映了当时美国社会失业率较高，人们对自己的就业问题忧心忡忡。这种教育的目的是让所有的学生而不是一部分学生接受职业教育，将职业教育贯穿小学一年级到高级中学甚至大专院校的所有年级中，使中学毕业生甚至中途退学者都能掌握某种职业技能，能够"求职业""找饭碗""谋出路"。西欧各国在面对摩擦失业、伴随性失业、结构性失业时，也提出了新职业教育、超职业教育等理论，试图拉近普通教育与职业教育的距离。

"人们对学校教育脱离现实生活的指责使学术教育逐渐具有越来越多的传统上只和职业教育相关的工具性。20世纪80年代以来在普通学校实施的TVEI就明显地体现了英国政府力图使普通学校课程职业化的倾向。1988年英国国家课程又第一次把技术列为学生必修的核心课程之一。这些措施在一定程度上加强了普通教育和产业的联系，同时也缩小了职业教育和普通教育的差距。总之，无论职业教育还是普通教育都朝着彼此融合的方向发展。"[①]

职业教育立交桥的构建。《国家中长期教育改革和发展规划纲要（2010—2020年）》明确提出："统筹职业教育发展，建立适应经济发展转型升级，中等职业教育与高等职业教育相互衔接、学历教育与职业培训并举、全日制与非全日制并重、职业学校与普通教育互通融合、适合终身教育需要的开放性职业教育体系。"职业教育的重要地位及其所发挥的重要作用越来越受到人们的普遍关注，但是，现实中职业教育仍然缺乏吸引力，社会的认可度不高，普通教育与职业教育之间存在巨大鸿沟。面对这些问题，人们也在不断地寻求解决的办法。

在不少人的观念中，导致职业教育缺乏吸引力的主要原因是，职业教育的

---

① 王雁琳. 论英国职业教育和普通教育的关系[J]. 比较教育研究，2004（2）：77-81.

出路受阻，或者可以说是终结性的教育。因此，建立旨在增强普通教育与职业教育相互沟通的"立交桥"体制成为当前的研究热点。马爱林等在对普通教育与职业教育的结构分析基础上，提出新时期普通教育与职业教育在价值观念层面上要保持一致，适当发展一定比例的综合学校，构建职、普沟通的立交桥，从而促进职、普教育的协调发展。[1] 陶表红认为，随着经济的全球化和高等教育的大众化，普通高校原有的人才培养目标已经不能适应社会经济的发展要求。不同水平、不同层次的普通高校应根据人才市场需求重新定位人才培养目标，渗透和加强对学生的职业技术教育。[2] 蔡青、卢小珠提出，建立高等教育"立交桥"，应是指建立不同类别、不同层次高等教育相互沟通的教育管理体制，使各级各类教育能够相互衔接。类别上包括普通教育与职业教育的衔接、学历教育与非学历教育的衔接；层次上包括中等职业教育、普通高中教育与高等教育专本科衔接，专科与本科的衔接，本科与研究生的衔接。[3]

我们以图 6-1 中的肯尼亚教育系统结构为例分析，该系统无论是上下层次的教育系统之间，还是同等层次的教育系统之间都建立了相互连接的渠道，并能够在不同层次之间实现转换。肯尼亚的职业教育系统与普通教育系统有同等层次的硕士和博士，学生可以从中专一直读到硕士、博士。而在我国，高等职业教育基本上是终结性教育，也就是说，高职的学生很难有机会开展进一步的学习和深造。我国的教育分流结构限制了同等教育层次学生之间的交流，并在很大程度上影响了学生进入职教系统学习的积极性。

工学结合模式的探索。工学结合是一种将学习与工作相结合的教育模式，形式多种多样，有一年分为三学期，工作与学习交替进行的；有一个星期几天学习几天工作的；也有每天半天学习半天工作的等。无论是什么形式，它们的共同点是学生在校期间不仅学习而且工作，也就是半工半读。这里的工作不是模拟的工作，而是与普通职业人一样有报酬的工作，因为只有这样，学生才能真正融入社会中得到锻炼。学生的工作作为学校专业培养计划的一部分，除了接受企业的常规管理外，学校有严格的过程管理和考核，并给予相应学分。

工学结合教育模式由来已久，最早可以追溯到英国桑得兰德技术学院工程系和土木建筑系于 1903 年开始实施的"三明治"教育模式。英国出现"三明治"教育模式以后，1906 年，美国俄亥俄州辛辛那提大学开始实施与英国基

---

[1] 马爱林，宁永红，刘燕，张桂荣，郝东. 高中阶段普通教育与职业教育协调发展的对策 [J]. 河北科技师范学院学报（社会科学版），2009，8（03）：111-115.

[2] 陶表红. 普通本科院校渗透职业技术教育的几点思考 [J]. 江西教育科研，2007（07）：85-86.

[3] 蔡青，卢小珠. 高等教育"立交桥"构建设想 [J]. 高教论坛，2002（05）：44-46.

本相同的工学结合教育模式,并称之为"合作教育"。1983年世界合作教育协会在美国成立,总部设在美国马萨诸塞州波士顿的东北大学。目前,发达国家工学结合教育模式发展的重点是跨国安排学生的工作实践,以达到教育国际化的目的。协会理事会经讨论决定,将合作教育改为"与工作相结合的学习",以进一步从名称上凸显工学结合的基本特征,便于人们理解。

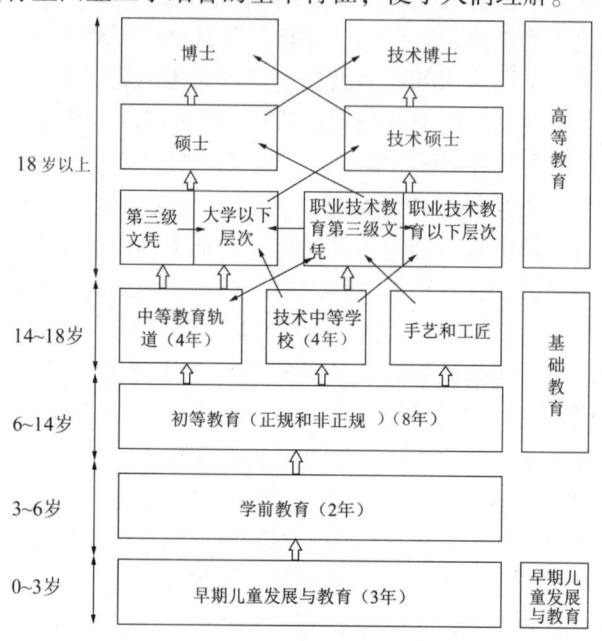

图6-1 肯尼亚教育系统

资料来源:Ministry of Education, science and Technology: sessional Paper No. 1 of 2005 on a Policy Framework for Education, Training and Research-Meeting the Challenges of Education, Training and Research in Kenya in the 21st Century, 35.

工学结合教育模式之所以能持续一百年经久不衰,主要归功于它切合实际的理念,那就是以职业为导向,以提高学生就业竞争能力为目的,以市场需求为运作平台。美国曾于1961年在福特基金会的支持下进行了一次对工学结合教育模式的调查。调查形成了"威尔逊-莱昂斯报告",后又编撰成《学习与工作相结合的大学计划》一书,于1961年出版。该项调查得出,工学结合教育模式给学生带来了以下几方面的利益:

(1)使学生将理论学习与实践经验相结合,从而加深学生对自己所学专业的认识;

(2)使学生看到了自己在学校中学习的理论与工作之间的联系,提高他们理论学习的主动性和积极性;

（3）使学生跳出自己的小天地，与成年人尤其是工人接触，加深了学生对社会和人类的认识，体会到与同事建立合作关系的重要性；

（4）为学生提供了通过参加实际工作来考察自己能力的机会，也为他们提供了提高自己环境适应能力的机会。学生亲临现场接受职业指导、经受职业训练，了解与自己今后职业有关的各种信息，扩大了知识面，开阔了眼界；

（5）为许多由于经济原因不能进入大专院校学习的贫穷学生提供了经济来源和接受高等教育的机会；

（6）使学生经受实际工作的锻炼，大大提高了他们的责任心和自我判断能力，使学生变得更加成熟；

（7）有助于学生就业的选择，使他们有优先被雇主录取的机会，其就业率高于未参加合作教育的学生。

我国工学结合的教育模式很早就有，给人留下最深印象的也许是1966年之前的半工半读。改革开放以后，我国根据国外合作教育的经验，于"八五"和"九五"期间在全国进行了试点，获得了很多宝贵的经验，但仍然有很多亟待解决的问题，这些问题可以简单地概括为以下几个方面：首先是很多人认为工学结合、半工半读是中等教育应该实施的教育模式，高等教育尤其是本科教育主要是学习高深学问，半工半读有损高深的形象；其次是企业的积极性不高，学校为学生安排工作有一定的困难，要安排专业对口的工作更难，学生工作要取得报酬更是难上加难；最后是学生外出工作减少了理论学习的课时，影响了书本知识的学习。

关于半工半读主要应在中等教育中实施的认识问题，国外工学结合教育模式发展的历史已经给了我们一个十分清楚的回答。无论是1903年在英国还是1906年在美国，工学结合首先都是在高等学校中诞生。到目前为止，国际上的工学结合教育模式仍然主要在高等学校。高等学校为学生的职业和就业所进行的各项活动丝毫不会降低自己的身价，相反是顺应了高等教育大众化发展的实际需求。克拉克·科尔（Clank Kerr）认为，大学从中世纪起就是为某种专业或职业培养人才的，在当代，就业能力仍然是大学教育目标的重要内容之一，大学应通过专业甚至职业训练使学生掌握就业所必需的专业知识和专业技能。[1]

企业积极性不高的问题是一个普遍存在的问题。所谓不高是相对学校而言的，因为培养人才是学校的主业而非企业的主业，因此企业的积极性没有学校高。除了政府要出台相关政策，予以鼓励外，学校有责任设法予以调动，主要

---

[1] 黄燕生. 大学教育的思考与探索［M］. 武汉：武汉理工大学出版社，2009：131.

是从减轻企业的负担这一角度采取一系列措施。具体做法是学生的工作分散安排，即每个企业安排1~2人，这一做法既减轻了企业的负担，又使学生得到了实惠，但这却大大提高了学校的工作难度。然而学校的一切工作是为了学生，只要学生受益，再难学校也要克服。这样做确实使学校增加了不少工作和麻烦，但却推动了学校内部体制的改革，加强了学校与外界的联系，提高了学校对社会的适应能力和社会知名度。我国目前很多学校仍然习惯于教学实习的传统办法，将学生成群结队地安排在某一个企业。这样做虽然省力，但效果很不理想。一些企业不堪重负，仅碍于情面而勉强接受，并无真实的岗位提供给学生实践，最终只能是走过场，这样学生学不到真本领。

产学研合作教育的实践。产学研合作教育就是充分利用学校与企业、科研单位等多种不同教学环境和教学资源以及在人才培养方面的各自优势，把以课堂传授知识为主的学校教育与直接获取实际经验、实践能力为主的生产、科研实践有机结合的教育形式。其主要是为了解决学校教育与社会需求脱节的问题，缩小学校和社会对人才培养与需求之间的差距，增强学生的社会竞争力。产学研结合是发展职业技术教育的主要途径。企业在培养学生综合素质中具有独特的、学校不可替代的作用。但这种结合倘若仅停留在企业提供实训场所，参与指导实训等内容的层面，不能深化内涵，在经济高速发展、市场逐步成熟的今天，高等职业技术教育将很难实现办出特色的目标。搞好校企联合、产学结合，重要的是调动企业的积极性，让企业自觉地、主动地为人才培养做贡献，而其中的关键是互利互惠。

这种合作教育模式由美国辛辛那提大学工程学院教务长赫尔曼·施奈德（Helmut Schneider）开创，他于1906年在辛辛那提大学推行了第一个合作教育计划。1983年世界合作教育协会成立，标志着合作教育已经成为世界性的教育改革潮流。麻省理工学院实施本科生科学研究计划，明确规定大学生的学习内容除了课程学习之外，还有科学研究方面的学习和任务；德国所谓的大学教育的第二次革命，就是指出"教学与科研相结合"的过程；英国大学则实行工读交替制，大学生在学习期间要到与本专业有关的企业部门工作一年或两年，这已经成了制度。实践证明，合作教育是国际公认的培养创新人才的最佳途径。我国于20世纪80年代后期引进合作教育。1991年4月在上海成立全国产学研合作教育协会，1997年10月教育部发出《关于开展产学研合作教育"九五"试点工作的通知》，确定"九五"期间在全国28所高校开展产学研合作教育的试点工作。

四、独立学院普职融合的政策支撑

实现普通教育与职业教育的融合不仅有相关的理论和实践作为依据，更有国家颁布的一系列教育发展政策作为支撑。

高考模式的改革为独立学院提供了人才基础。2014年，教育部副部长鲁昕在中国发展高层论坛上表示，中国将出台方案，实现两类人才、两种模式高考。据鲁昕介绍，第一种高考模式是技术技能人才的高考，考试内容为技能加文化知识；第二种高考模式就是现在的高考，学术型人才的高考。技能型人才的高考和学术型人才的高考分开。"在高中阶段，16岁就可以选择你未来发展的模式。当然不管你选择的是什么模式，你都可以实现你的人生目标。"鲁昕说："技术技能型有三种人，第一类是工程师，第二类是高级技工，第三类是高素质劳动者。"[①] 鲁昕解释说，之前的职业教育只讲技能，随着信息技术的发展和产业升级，技能需以技术为基础。据统计，近几年来，中国每年从中高等学校进入劳动力市场的毕业生总量约在1 700万人，高校毕业生就业难和技术技能人才供给不足矛盾已成为短期内新增劳动力就业结构性矛盾的突出表现。鲁昕表示，要充分发挥市场的作用，通过实行股份制、混合所有制等方式，用市场的力量来办学。

普通教育与职业教育均衡发展是国家政策调整的重点。《国家中长期教育改革和发展规划纲要（2010—2020年）》指出，"坚持育人为本，以改革创新为动力，以促进公平为重点，以提高质量为核心，全面实施素质教育，推动教育事业在新的历史起点上科学发展，加快从教育大国向教育强国、从人力资源大国向人力资源强国迈进，为中华民族伟大复兴和人类文明进步做出更大贡献。"同时指出，"发展职业教育是推动经济发展、促进就业、改善民生、解决'三农'问题的重要途径，是缓解劳动力供求结构矛盾的关键环节，必须摆在更加突出的位置。职业教育要面向人人、面向社会，着力培养学生的职业道德、职业技能和就业创业能力。到2020年，形成适应经济发展方式转变和产业结构调整要求、体现终身教育理念、中等和高等职业教育协调发展的现代职业教育体系，满足人民群众接受职业教育的需求，满足经济社会对高素质劳动者和技能型人才的需要。""增强职业教育吸引力。建立健全职业教育课程衔接体系。鼓励毕业生在职继续学习，完善职业学校毕业生直接升学制度，拓宽毕业生继续学习渠道。"

《教育部关于2013年深化教育领域综合改革的意见》指出，要完善职业

---

① 盛永超，杨州. 孩子的动力 [M]. 贵阳：贵州科技出版社，2014：213.

教育人才培养模式。建设现代职业教育体系，加快发展现代职业教育，推进技术技能人才系统培养的体系、制度、政策和机制建设。制定职业学校学生顶岗实习管理办法。开展委托培养、定向培养、订单式培养改革试点；选择示范性职业院校与重点行业企业合作开展现代学徒制试点。推动职业院校开展社区教育服务。大力发展面向农村的职业教育，服务"三农"，培养新型农民、职业农民。《中共中央关于全面深化改革若干重大问题的决定》也指出，要"加快现代职业教育体系建设，深化产教融合、校企合作，培养高素质劳动者和技能型人才。"

第二节 思路·原则·框架

要想真正实现独立学院普通教育与职业教育的融合，必须做好顶层设计，明确独立学院普通教育与职业教育融合所要达到的目标，结合独立学院现有的基础条件，找出影响这一目标实现的因素，分析独立学院在课程、教师、教学方法、人才培养模式等方面所要做出的变革。

一、独立学院实施"普职融合"的指导思想

以科学发展观统领全局，全面贯彻落实《国家中长期教育改革和发展规划纲要（2010—2020年）》，以深化改革为动力，坚持"稳定规模、优化结构、提升质量、突出特色、创新发展"的总体思路，以专业、课程、师资和管理队伍协同建设为抓手，将推进决策科学化与民主化在实现办学规模、优化结构、提高质量与增加收益的协同发展上落在实处。按照经济社会对人才的结构质量要求，办好社会需要、人民满意、适合学生终身发展的教育。普职融通作为一种教学模式的探索，重点在于使学生更具实践创新能力，使学生学会如何学习知识，而不是简单积累知识；学会适应新的生产需求，而不是简单学会某种技能。

1. 实施"普职融合"的主要原则

遵循规律，整体协调原则。规律是客观事物发展过程中的本质联系，它具有客观必然性，既不能创造，也不能消灭，只能够发现、认识和遵循。因此，任何事物的发展，都必须以符合其规律为宗旨。作为"百年大计"的教育自然也不能例外。从根本上说，教育的规律体现在受教育者的成长和发展上。也就是说，教育的规律要以受教育者的成长和发展为根本，我们所实施的各级各

类教育,都要满足受教育者即未来社会成员自身成长和发展的需求。具体到"普职融合"来说,就是要求"普职融合"的各种内容、形式、体制、机制等都要以受教育者的成长和发展为本,使其有利于受教育者全面、协调、可持续发展,力避急功近利的短期行为。

符合趋势,立足实际原则。2014年,教育部副部长鲁昕表示,中国解决就业结构型矛盾的核心是教育改革。教育改革的突破口是现代职业教育体系,培养的人是技术技能型人才。今后,中国将以建设现代职业教育体系为突破口,对教育结构实施战略性调整,而这一调整集中在高中和高等教育阶段。"高教改革确定:600多所本科高校转向职业教育"的报道引起了诸多讨论。有人认为这将是一种"革命性"的调整。眼下从产业需求看,要大力发展职业教育,把那么多本科院校整体转型,这是一个相当大的力度。紧跟着就是人才培养模式的变化,最终形成社会对于职业教育态度的变化。国家为了做好这件事,在人、财、物上也会有很大的投入。初殿松表示:"普通高等学校转型职业教育,这是回归教育的本质,将终结人才培养与市场不对接的扭曲格局,让高等教育尽到本来的职责,毕竟研究性人才只是一少部分需求,更多的是技术技能型的应用型人才。"[1] 独立学院普职的融合可以说顺应了社会需要,顺应了当前高等教育的改革趋势,符合教育发展的规律,但我们应该看到,普职融合涉及方方面面的工作,独立学院一定要立足实际,稳步前进。

敢为人先,求新发展原则。实现教育转型与跨越发展,要用足灵活的独立学院办学体制与机制优势,建立质量、特色、品牌快速发展的科学管理与运作机制,用体制改革、机制优化提高教学内容、课程结构、教学方法、教学模式、激励机制系统对接的有效性,用足政策,用活机制,求新发展。因为经济社会发展的需求产生社会上各种各样的职业、专业,各种各样职业、专业的发展创造出自身的人才和人才标准,并根据社会分工的历史法则和现代社会的发展变化形成社会的基本人才类型,从而形成了现代社会中人才需求的多样性。所以,适应经济与社会发展的全面需求,独立学院作为新建本科院校,在这次高等教育变革中应当成为转型发展的先锋。

有序发展,特色优先原则。结构是功能的内在基础,要实现一定的功能,就必须设置出相应的结构,要实现系统功能的优化,就必须首先实现系统结构的优化,这一观点对于"普职融合"具有重要意义。它启示我们,要科学合理地设置"普职融合"的内容、形式、体制、机制,就必须从整体上思考其

---

[1] 高教改革确定:600多所本科高校转向职业教育. http://news.cjn.cn/gnxw/201405/t2470362_2.htm

功能和结构。因为任何一种"普职融合"的出现，都会导致出现一种新的教育要素、形成一种新的教育形态，这些要素和形态要实现何种功能，一定要通盘考虑，做好"前接"和"后续"工作，力求做到在"普职融合"推进过程中结构和功能的一致。

2. 系统设计"普职融合"的主要环节

从系统的角度进行思考就是系统思考。系统思考是一套用来理解和分析复杂体系的思考方法，是解决复杂问题的思考工具、技术和方法的集合。系统思考认为复杂系统之所以复杂，是因为系统各个要素之间的联系，而这种联系在不同的情况下具有不同的结果，因此，人们必须将其作为一个整体进行审视，以整体的观点对复杂系统要素及其之间的联结进行研究。

如图6-2所示，独立学院"普职融合"不是孤立的问题，它不仅受整个外部社会发展环境的影响，还与教育系统的改革和发展有着内在的联系，也与学校内部诸要素有着紧密的关系，是一项系统工程。因此，应当以系统的观点统筹"普职融合"，系统设计"普职融合"的主要环节。

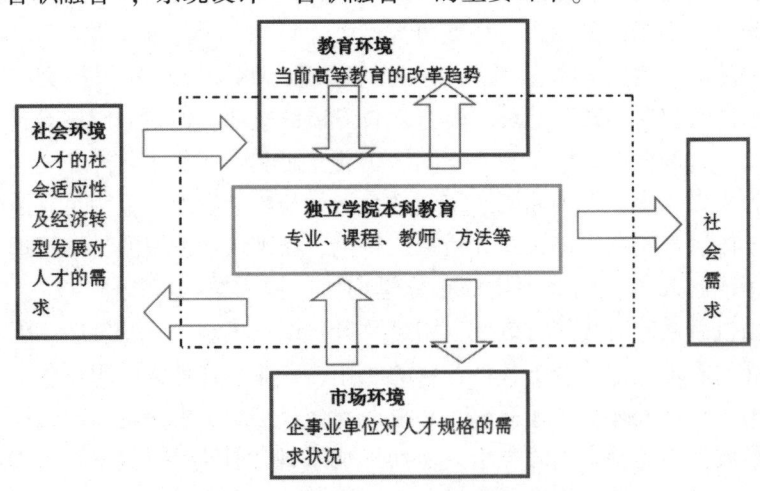

图6-2 独立学院普职融合的环境系统图

师资队伍建设。独立学院能否真正实现普职融合，教师无疑是至关重要的因素。教师集教学内容的选择与传播者、教学策略的设计与组织者、学生学习的指导与促进者，以及学习效果的考核与评价者等角色于一体，可以说教师在学校教学过程中居于举足轻重的地位，教师的水平直接决定人才培养的水平。当前地方本科高校的转型，如果不进行教师队伍结构的优化和调整，融合可能只是一句口号或空话，无法真正实现。

教师是履行教育教学工作职责的专业人员，普职的融合要求独立学院的教师不仅要具有良好的职业道德，掌握系统的专业知识，能够熟练开展和实施教学，同时，还要具有一定的实践经验并达到一定的职业技能水平。（见图6-3）

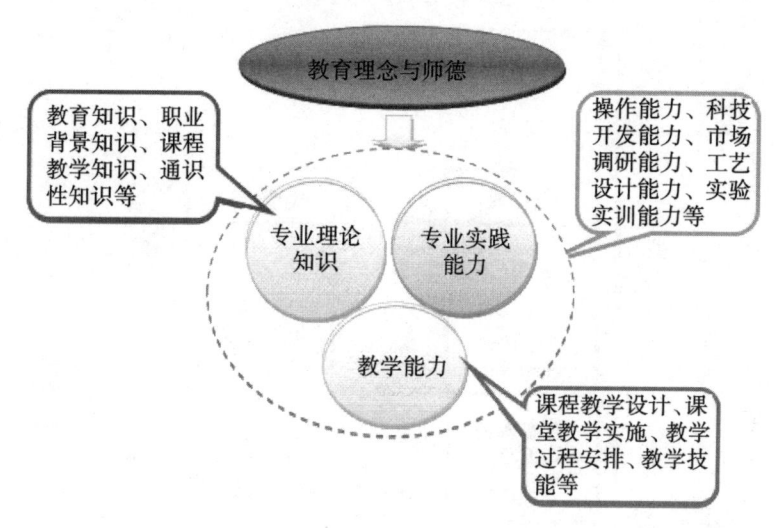

图6-3　独立学院教师能力结构图

独立学院要实现普通教育与职业教育的融合，由以知识为本位的教育转向能力和知识并重的教育，培养技术应用型人才，就必须依托"双师型"的师资队伍，如果没有一批素质较高的"双师型"教师做后盾，独立学院的普职教育融合就会失去其本质意义。因此，独立学院队伍总体上要增加"双师型"教师的比例，而在师资队伍的培养上，要使教师具有双师型教师的素质。如何采取有效措施建设实践能力强、综合素质高的"双师型"教师队伍，是摆在各独立学院面前的重要课题。

普职融合教育不仅仅是对专业理论课教师进行实践教学能力的培训，同时还应包括职业实践课教师专业理论基础和教学技巧提高的培训。目前绝大多数独立学院的师资来源于普通高校毕业的研究生。他们的专业理论基础扎实，基本具备当教师的条件。但是，他们的教学基本功相对薄弱，且缺乏行业实践经验。而来自企业一线，有丰富实践经验的工程技术人员，他们又缺乏有关教育理论的学习，缺乏教学实践、教学基本功，专业理论需进一步强化。同时，在职教师也面临着知识更新和继续教育的问题。

独立学院一方面要建立长效培养机制，针对自身情况，建立"双师型"教师培养基地，既立足于企业，更立足于学校自身，把"双师型"教师的工程师素质培养放到"基地"中心进行。另一方面，普职融合教育需要复合型人才来担当，它的理论性与实践性的双重特色更优于普通专业人才，从相关企业将这种复合型人才的企业精英请进来，他们能弥补教师队伍实践经验不足的缺陷，是独立学院师资队伍"双师"化的一种有效措施。（见图6-4）

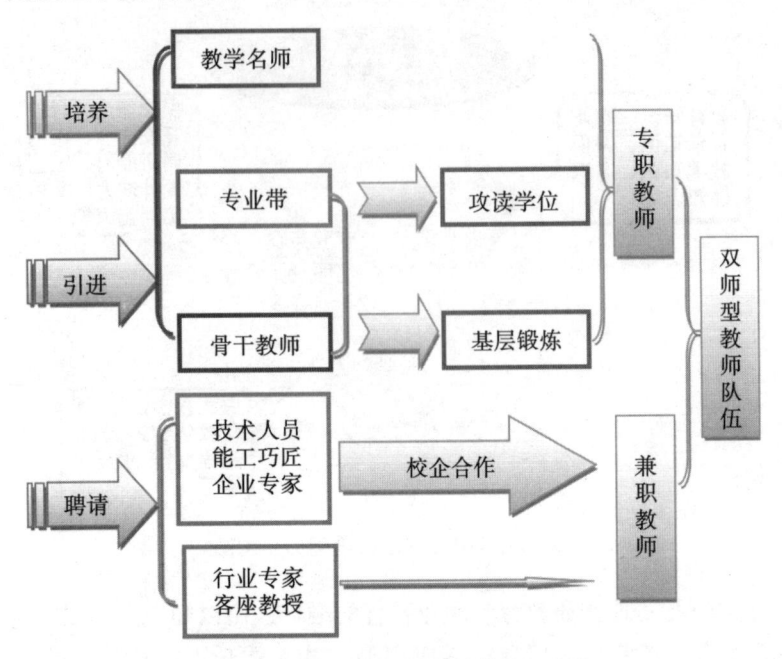

图6-4　独立学院双师型教师队伍建设

课程结构设置。独立学院的课程结构设置与独立学院培养的人才所应具备的知识结构和技能结构密切相关。从独立学院课程结构整体布局上来看，目前，独立学院仍与其他普通公办大学一样，实施大一统的"公共框架"课程，即公共课、专业基础课和专业课，而这种界限分明的课程结构设置，没能突出适应知识指数增长和T字形人才需求变化的需求。有的独立学院为弥补课程设置中的上述缺陷，运用加大实践教学环节和第二课堂的策略来提升学生的实践技能和知识应用能力，由于未能从课程运行机制这个根本上增强知识与技能同培养目标一致性的体系改革，有的流于形式，有的则未形成具有可持续发展内涵的结构化课程建设内生机制。同时，从独立学院的课程设置来看，一方面，存在与一本、二本院校课程设置的趋同现象。如法学专业的商法方向、律师方向和社会法方向，公共课和专业基础课完全相同，仅专业必修课略有不同，这必然会造成不同方向的学生缺乏独特优势，使学生的知识与技能结构缺乏对职场需求的针对性、指向性和适用性。另一方面，在相同课程不同专业的人才培养中，教学内容、教学重点与教学模式存在无差别化现象，针对不同专业或不同方向的学生，在教学内容上应该根据学生的专业方向有所侧重，做到

"有所为，有所不为"。

教学内容变革。独立学院实施普职融合教育，首先要摆脱原来的传统本科教育理论体系，不能强调理论的系统性和学科性，否则将会走上原来的老路，不能体现职业教育的特色，不利于应用技术型人才的培养。其次，职业教育的实现或者说实践能力的培养不能照搬职业院校的模式，仅仅只是让学生动手，只知其然，不知其所以然。独立学院普职融合教育应该将理论与实践有机结合起来，在掌握理论知识的基础上加强实践能力的培养，如图6-5中的软件工程专业，根据人才培养目标要求，对学生应达到的知识和能力进行划分和匹配，构建合理的内容结构体系，全面提高学生的理论水平和实践技能，这样才能培养出符合社会经济发展需要的高技能应用型人才。

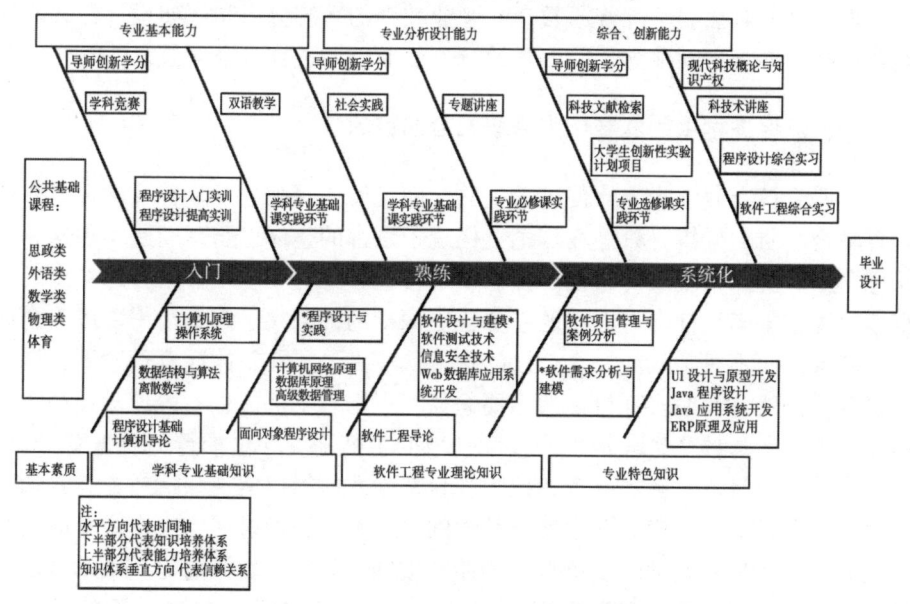

图6-5 软件工程专业学生知识能力培养体系

注：水平方向代表时间轴，上半部分代表能力培养体系，下半部分代表知识培养体系，垂直方向代表依赖关系。

教学评价体系构建。教学评价作为教育评价中的重要组成部分，受到广泛重视，尤其是随着学校和社会、市场的结合越来越密切，学校的教育活动所面对的利益主体也逐渐多元化。加之学生群体出现多样化的趋势，学生学习兴趣、学习能力、学习需求的差异性日显突出，教育质量观演变成为以满足受教育者个人需求、社会需求为重点的整体质量观。教学评价多重利益主体，使学校在审视自身的教育行为时，必然会面临价值混乱而无所适从的困境。同时教学评价作为整个教学活动的驱动器，又"驱动着课程、教学，甚至整个教育。评价什么、怎么评价反映着我们在学生身上追求何种教育结果，反过来，追求何种教育结果又决定着我们将评价什么和怎么评价。"① 鉴于教学评价所面临的来自教育内外部的困扰，以及评价本身在教学活动中的重要作用，需要完善的教学评价系统做基础。

第三节　措施·途径·方法

基于以上对独立学院普通教育与职业教育的系统分析和框架设计，普职的融合最终还要落实到独立学院办学的方方面面，渗透到各个环节。

一、以促进学生的发展作为普职融合的目的

以课堂教育教学为主体促进学生的全面发展。对独立学院普通教育与职业教育融合实质的分析，只是在理论上构建了融合的整体思路，而要实现这一整体思路则需要探索现实的路径。独立学院普通教育与职业教育融合趋势出现的直接根源在于满足社会对人才的需要，更深刻的根源在于大学生需要成为全面发展的人，而不只是成为一个合格的预备从业人员。在新的教育理念下，课堂教育教学仍然是我们实现目标的主要途径，占据着不可能也不应该动摇的主体地位。因为课堂教育教学是学校教育领域的主阵地，无论推行何种教育理念，追求何种教育目标，都需要依赖课堂教育教学才能得以实现和达成，独立学院的教育融合同样需要确立日常教育教学的主体地位，通过课堂教育教学的变革来完成。课堂教育教学的变革自然会涉及教师、学生、教学内容、教学方法和教学评价的变革，教师和学生需要领会普通教育和职业教育融合后的教育理念，教学内容需要相应调整以满足教育融合后的目标预设和理念托付，教学方法需要变革以适应培养目标和教学内容的调整。教学评价需要能够准确衡量并起到应有的教育作用，这一切的变革都需要围绕促进学生的全面发展来进行，使学生成为全面发展的人是各级各类学校通过培养目标实现的终极教育目的，独立学院之所以要进行普职教育的融合，是因为之前的教育模式偏离了学生全部发展的诉求。

以职业能力培养为目标促进学生的个性发展。独立学院的普职教育融合不

---

① 周文叶. 学生表现性评价研究 [D]. 上海：华东师范大学，2009.

能失了自己的特色，在促进学生全面发展的同时，需要坚守以整体素养提升为目标的学生个性发展。因为整体素养是学生成才的关键，独立学院要以此为培养目标的起点，其终点着眼于学生的个性发展。同时，坚守职业能力培养的意义在于为独立学院巩固生存和发展的基石，丢弃这一基石畅想普通教育与职业教育的融合势必成为空谈。个性发展与全面发展是辩证统一的，全面发展实质上就包括个性发展，个性发展的学生才能够获得全面发展。学生的个性发展同全面发展一样，同样需要普通教育与职业教育的融合。两种教育形态的融合将为学生提供最为全面的人类才智养分，这些养分不会凭空发挥重要的科学作用和人文作用，需要以学生的整体素养为依托和载体，因为独立学院学生的优势就在于其职业能力，因此独立学院学生的职业能力培养与个性发展是紧密相连的，甚至可以说，没有一定的职业能力就没有一定的个性发展。如果说课堂教学是独立学院普通教育与职业教育融合的方法选择所在，那么职业能力培养就是这一融合的目标选择所在，脱离方法万事难成，背离目标虽成无益。

二、以课程结构优化调整作为普职融合实现的支撑

课程体系改革是大学教学改革的一项重要内容，它是实现大学人才培养目标的一个重要体系。课程是教学中最小的部分，也是大学管理的最基层部分，但是它却发挥着重要的联结作用。正如菲利普·泰勒所认为："课程是教育事业的核心，是教育运行的手段，没有课程，教育就没有了用以传达信息、表达意义、说明价值的媒介。"[1] 不仅如此，对于人才培养的规格以及教学效果与评价等教育领域的诸多问题，人们也多从课程上来寻找解决的办法。因此，为了推动独立学院普职融合，必须将课程建设作为首要任务，在对独立学院课程结构优化的内在动力和外界环境需求分析的基础上，寻找课程变革的依据和途径。尽管独立学院的课程建设面临着诸多困境，但鉴于课程在整个教育体系中的重要作用，必须尽快对课程进行改革。

社会对人才多样化的需求。科技、经济与社会的发展对高等教育培养"T（横向知识）+V（纵向知识）"人才的需求大大增加。高等教育必须满足越来越多样化人才的需要，要能根据社会经济发展变化的趋势，适时、适度调整人才培养的结构，以满足社会对专业型、通才型、复合型、应用型、管理型等人才的多样化需求。尤其是随着产业升级和经济结构的战略性调整，新兴产业和高新技术产业的不断涌现，要求高等教育机构在学科专业设置上，能够开设

---

[1] Philip H Taylor, Colin Richards. An Introduction to Curriculum studies [M]. Great Britain: NFER Publishing Company, 1979: 11.

以信息技术、电子商务、经济全球化为代表的新兴学科专业；在课程设置上，能够借鉴国外先进的经验，增加国际竞争和国际理解的教育内容；在人才培养模式上，能够对人才的知识结构、深度和广度以及能力素质等方面进行系统化的研究和分析。

多元化教育形式的影响。社会对人才需求的多样化、层次化以及多元化，迫使人们对教育追求的本质发生了变化。传统的学历教育、文凭教育的观念会逐步淡化，单一的学校教育逐渐转向开放化、多样化和多层次化的教育体系，高等教育也逐步由精英教育转向大众教育，并从狭隘的知识的被动接受转向自主学习，从一劳永逸地获取知识转向终身学习。教育本身为了适应社会需求的不断变化，而使精英教育、大众教育、短期教育、技能训练、岗位培训等多种教育模式同时出现。

以上变化，无论是根据外部环境变化对课程进行调整，还是为应对多种教育形式的挑战，都要求独立学院必须设计出更具有吸引力的课程以做出回应。

实现人才培养目标的必然选择。随着知识量的不断激增、知识广度和深度的不断拓展，课程体系原有的单一结构被不断打破，取而代之的是适合各种需求的课程体系。由于不同性质的高校对课程结构、课程设计以及教学方法的要求各不相同，这就决定着高校课程体系本身必须能直接反映出学校的人才培养目标。现行招生制度规定独立学院在高考招生中是第三批录取，学生基础知识相对薄弱。相对于其他重点本科高校而言，独立学院应探索学科专业交叉融合发展环境下的人才培养模式，打破专业和院系界限，整合全校本科教育资源，按学科专业大类构建公共基础课教学和实践教学大平台。用"刚性知识+柔性组合"的课程模块化课程同"分层+分级"教学模式相适宜的教学方法链接作为课程模块化定位的新行动。同时，要加大对学生实践能力的培养，增加实践实验性课程和交叉性课程，打破原有课程结构，重组适合独立学院人才培养需要和学生特点的课程模块体系。

培育核心竞争力的关键环节。与公立大学相比，独立学院由于其机制的灵活性，无论是在课程设置还是在课程结构调整上都拥有更多的自主权和灵活性。独立学院完全可以依靠其独特的办学机制，在课程建设上实现突破，对其他重点大学简单的复制和模仿，无益于独立学院核心竞争力的培养和持续能力的建设。尤其是当前高等教育由卖方市场转向买方市场，以生源为生存与发展基础的独立学院，必须获得有别于他人的竞争优势，才能在持续竞争中保持优势。基于课程在人才培养中的重要地位，独立学院的课程改革必须建立在办学定位和人才培养目标实际的基础上，以同地方社会经济发展的需求密切结合作为课程建设的突破口，创建若干门在省内乃至国内同一专业领域具有较高水平的优质课程。相比普通高校，独立学院的课程设置应更加注重知识的适应性，以及与市场的紧密对接，这就要分析影响人才需求结构的各种因素，并对课程做出快速调整，确保课程具有前瞻性、新颖性与动态性。同时，要改革教学模式和教学方法，以提升课程的质量，增强独立学院的核心竞争力。

课程构建中包含了各种错综复杂的因素，是无法用一个或几个简单的模式就能解决的，独立学院必须根据自身的情况找出积极可行的措施。在此，我们仅从独立学院的课程目标、课程结构设置等方面，整体把握独立学院的课程建设。

构建"平台+模块"的课程结构体系。如果说独立学院外在的课程目标是为了满足社会经济发展的需求，适应产业结构的调整和紧跟信息技术的变化，那么，符合独立学院人才培养目标定位应该成为确立独立学院课程目标的内在依据。其实，独立学院人才培养服务主要是面向地方经济，而地方区域经济发展需要的多是在有一定的理论知识基础上，能够懂操作技能、会实践的人才。而目前，独立学院的人才培养定位多"集中体现为'精基础'、'重实践'、'强能力'、'专业化'，其人才培养规格是在学术型人才和职业型人才之间培养出既具有一定的学科基础，又掌握一定的职业技能的复合人才。"[1] 其实独立学院课程的内在目标与外在目标在本质上是一致的。这就要求，独立学院在外显的课程目标设置上，能够紧随社会发展变化和需要，而具体到每门课程的目标上，又要立足于学生知识拓展和能力培养，避免课程外在目标与内在目标的发展相脱节。

课程结构是课程目标转化为教育成果的纽带，是课程实施活动顺利开展的依据，是课程体系的骨架，规定了组成课程体系的学科门类，以及各学科内容的比例关系、必修课与选修课、分科课程与综合课程的搭配等，体现出一定的课程理念和课程设置的价值取向。当前独立学院的课程结构多数是由公共课、专业基础课和专业课组成"老三段"的课程结构框架。这种课程结构设置不仅将知识、技能的培养割裂开，还打断了课程内容之间的紧密连接。要想形成具有独立学院自身特色的课程结构，就要挣脱传统思维的束缚，超越先定性学科形态、知识形态的课程结构，形成动态、开放的课程结构，做到学科间的适度开放、交叉与融合，部分学科课程综合化，形成一种或若干种新的课程结构。比如，可以推行"平台+模块"的课程体系。

"平台+模块"是在大学科招生的情况下产生的，其将课程分为"平台"

---

[1] 刘巨钦，朱健. 论独立学院人才培养定位与教育质量建设 [J]. 教学研究，2007（05）：398-401.

与"模块"两部分（见图6-6）。平台是根据学生的共性发展和学科基本要求而设置的，体现了基础教育和共性教育，反映了人才培养的基本素质和基本水平要求。平台是由公共基础平台、学科基础平台、专业基础平台3个层次不同但相互联系的结构组成的。模块主要是实现不同专业方向人才培养的要求，体现个性发展。根据不同学生的个性要求和专业发展方向趋势而设置课程，体现了学生的自我要求。基于这样的结构学生前期学习公共基础及学科基础课，后期根据自身意愿及学校考核选择专业模块课程。

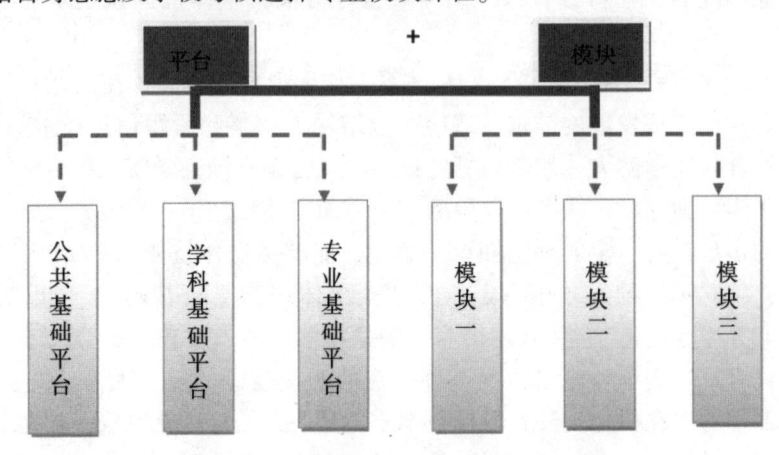

图6-6 "平台+模块"的课程结构体系

"平台+模块"的课程结构设置具有宽口径、多选择的特点，不仅能满足学生个性发展的需求，调动学生学习的积极性，还能够根据社会发展和市场变化需要调整模块课，有利于应用型人才培养目标的实现。

增加选修课程的比重。就选课制度来说，各高校这几年确实也改进了不少，首先是选修课的增加，学生可以部分地选择课程、教师。但能够让学生真正做到完全根据自身的兴趣、志向和条件自主选择课程、教师、学习方式，自主安排学习进程还无法实现。由于课容量的限制，对于那些比较受欢迎的课程，选课人数高于课容量后学生就无法选择，而选修人数少于20人的课程停止开设，这必然造成部分学生想选的课程选不上或停止开设。如果说这是客观原因或者说是必然现象，那么学生由于对授课教师、课程信息或教学内容掌握得不全面，导致选上的课可能教学内容并不是学生想学的，或者学生真的不喜欢老师的授课方式，由于没有退出机制，宝贵的学习时间白白浪费了。在一项针对学生公选课现状分析的问卷调查中发现：当问到自己本学期所选的课是否是自己最想选的课时，71.3%的学生回答"是"，28.7%的学生回答"否"。也许有人认为，从概率学上看，大部分学生还是选上了自己想选的课程，而且选修课也不可能完全满足所有学生的需求。但我们如何能忽略这 28.7% 学生的要求和权利呢？关于学生缺课的原因，35.1% 的学生认为缺课的主要原因是对课程内容不感兴趣，39.1% 的学生认为是学生自身对公选课不重视。这反映出公选课当前存在课程内容乏味无趣的弊端，虽然好多课程名称很吸引人，但是在学习过程中，学生才发现名不符实等问题。

以上问题虽多数高校普遍存在，非独立学院独有，但变革的信号和成功的案例已经显现，为什么不能向前迈出一步呢？在现有的制度环境下，在一定的范围内，也许我们能够为此做些什么。

西方大学的选课制度起源于民主实践，并受到大学生运动、高等教育民主化的推进，而我国大学选课制度的内容和形式多是对西方大学选课制度的简单模仿和复制，不仅没有社会民主化的背景，也没有选课制度不断演进和累积的过程。

选课制是一种教育管理制度，也是基于学习自由基础上的一种教育理念。选课制最早在德国著名教育家威廉·冯·洪堡创办的柏林大学实行，1779 年，美国第三任总统托马斯·杰斐逊将德国的选课制引入了美国，在谈到高等教育时他认为："学生有权利上他们自己喜欢上的课，安排自己喜欢的活动，听他们认为应该听的讲课。"① 选课制的实施增加了课程的数量，也使学生自由选课的权利得以实现。"我始终觉得，被给予退课的权利是对自由的证明，因为一旦学生认为某门课并不适合自己，那么完全有权利去选择退课。否则，上一门自己不喜欢的课，自然不会有努力学习的热情，不仅是对时间的浪费，也是对老师的不尊重。坐在自己真正感兴趣的课堂里学习，那种感觉是非常幸福的。我一直非常喜欢那种全身心投入的听课感觉，有时甚至带着对那些老先生的仰慕。"②

独立学院在办学机制方面有着较大的自主权，因此可以克服重必修、轻选修的状况，选修课应有能够反映本学科最新发展动向的教学内容，鼓励教师多开课、开好课，以满足学分制下学生自主选课、自主选择教师的需要，提高选修课的教学质量。同时，为激发学生的学习兴趣，可以让学生根据自己的兴趣特长以及职业生涯规划愿景进行选课。（如图 6-7）

---

① Johns. Brubacher and WillisRuay. *Higher Education in Transition. A History of American Colleges and Universities*, 1936-1976 [M]. New York: Harper&Row Publishers, 1976: 427.
② 栾颖新. 北大学生的选课和退课 [N]. 哈尔滨新闻网, 2012-10-28.

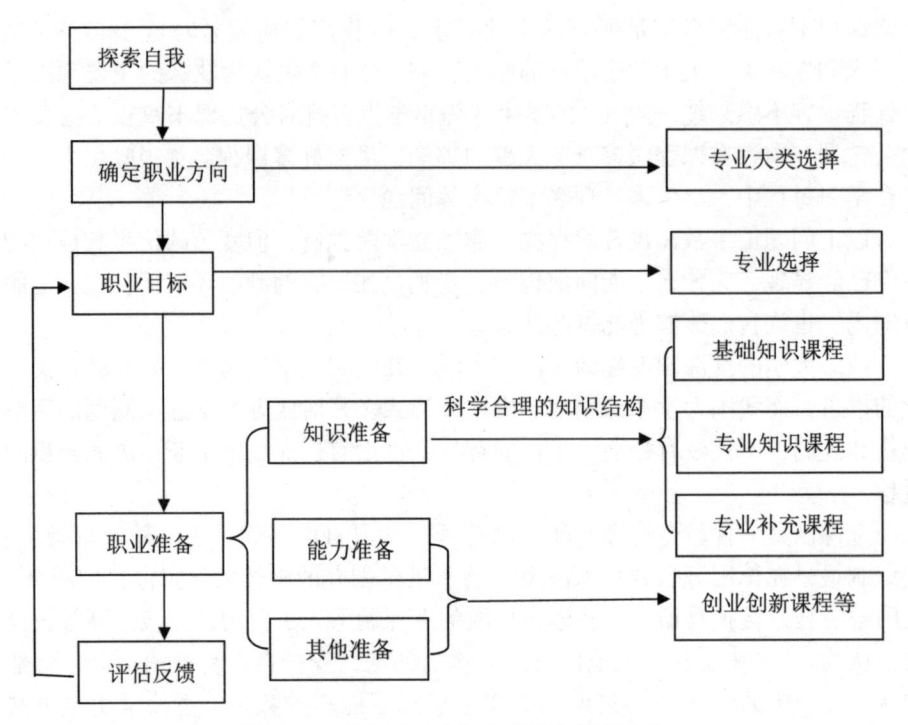

图 6-7　基于职业生涯规划的选课模式①

三、以双师型教师队伍建设作为普职融合实现的基础

教师队伍是形成大学强劲和优势发展最重要、最直接的力量，是大学提高质量的关键所在。独立学院要想实现普通教育与职业教育的融合，教师队伍的建设是关键。当前，加强教师队伍建设的力度，更是独立学院实现可持续发展的重中之重。

在人才引进上以适宜为标准。面对知识交叉融合发展的大趋势，有了适应发展趋势的师资队伍，才能建设出特色学科，才能培养出高质量的人才，从而将增强核心竞争力、实现可持续发展落到实处。持续提升教学质量的实践证明，教师知识结构的复合度、知识向能力转换的能力集，决定着人才培养的质量、方向和效率，也决定着学生的知识和技能收益。因此，大学要获取可持续发展能力，必须加强师资队伍的建设。美国哈佛大学前校长科南特曾经说过："大学的声誉不在于它的校舍和人数，而在于它一代又一代教师的质量。一个

---

① 胡惠伟. 中国高校选课制及其改革研究［D］. 长沙：湖南农业大学，2007.

学校要站得住，教师一定要出色。"由此，我们认为"教师的质量"即是指教师能够满足学校教学、学生要求的适应程度，对于一所具体的学校来说尤为如此，即教师不一定是最卓越的，但一定是最适合的。如果将关于教师质量的理解用在独立学院人才的引进上，我们认为目前独立学院人才的引进一定要立足实际，与学院的办学目标相匹配，与人才培养规格相符合，与学科专业设置相结合。

在人才培养上以需要为目标。在高等教育大众化环境中成长起来的独立学院，在办学初期主要以聘用兼职教师来弥补师资短缺，随着独立学院的规模化发展，大量青年教师充实到独立学院的师资队伍中以补充师资的不足。多数青年教师从学校毕业后刚走上工作岗位便被推上讲台并委以教学的"重任"，虽然大多数独立学院对新入职教师进行了上岗培训或"职业资格"培训，但对于青年教师胜任教学工作的所需来说远远不够。尤其是面对独立学院成立时间较短，教师培养机制不够完善的现实，独立学院在青年教师培养的实践过程中仍存在诸多困境，直接影响着青年教师的发展与成长。

为提高教育教学质量，应在适应学院发展需求的前提下，使教师队伍结构化。独立学院无不加强了对自身师资队伍的建设，尤其是对青年教师队伍的培养力度，这是独立学院实现可持续发展最关键的一环。针对上述独立学院青年教师培养面临的问题，要想用较短的时间、较高的效率，快速提升青年教师队伍的综合素质和执教能力，独立学院应充分利用灵活的机制，破解独立学院青年教师成长的难题，建立促进青年教师快速成长的有效机制。其实对青年教师进行培养的途径是多种多样的，可以通过采取观摩学习、小组讨论、参观交流等方式，开展形式多样的岗前培训，使青年教师尽快了解教学的基本方法、教学模式，营造学习氛围等，逐渐领悟教育的真谛。可以充分利用学院有知识、有能力、有经验的老教师或老教师群体，与青年教师或青年教师群体之间建立导师制度，导师利用自身的丰富经验，在与青年教师相互听课、指导教学大纲制定、教学方式方法选用等实际教学过程中的诸多环节，指导青年教师尽快成长。同时，也可以根据独立学院应用型人才的目标，制定教师尤其是青年教师到企事业单位进修学习。通过产、学、研结合的方式，在实践中提升教师理论知识与实践相结合的能力。鼓励青年教师不仅要成为教育家，更要成为相关行业领域的专家。

在人才管理上以弹性为准则。"由于极度复杂的外部环境和对快速决策的需要，人们需要更强有力的院校管理，以便可以做出必要的变化来确保院校在今后能取得成功，甚至院校的生存。"[1] 教师作为大学发展最关键的因素，是学校管理的核心，可以说教师管理水平的高低直接决定了大学管理的成败与否。然而，目前大学的教师管理中仍然存在着自上而下的行政指令性管理、干好干坏一样的无差别管理，以及教师管理过程中的经验性、随意性等诸多不足，这些传统教师管理方式在大学现代化的发展中已变得力不从心，并已成为制约大学持续快速发展的桎梏。随着大学内外部环境的发展变化，新的管理理念不断渗透到大学管理中，如何提高大学教师的管理水平，实现管理的外部规定性向内部自觉性转变，关键在于实施弹性管理。弹性管理是"指管理者根据组织的发展实际和需要，依靠被管理者并为其主体性发挥创造适宜条件，运用原则性和灵活性、理性与非理性、科学和人文相结合的管理思想和方法，以实现被管理者和组织共同发展的有效管理。"[2] 大学教师的弹性管理要在平等、竞争、择优的基础上，形成人才能进能出、能上能下的机制，增强大学发展的活力。

其实，独立学院由于其灵活的办学机制，在教师聘任和管理制度改革上反而比其他普通公办高校更具有优势。充分表现在其具有高度自主的人才选拔和任用机制，以及人才管理上的优胜劣汰机制。聘用制打破了传统高校人事制度的弊端，破除了"干与不干一个样、干多干少一个样"的观念，建立了"人员能进能出、工资能升能降"的用人制度。目前，独立学院的教师职称评审，虽然仍由上级教育主管部门决定，但对求上进、勇创新且在教学科研方面成绩突出者，实行低职高聘；对不求上进/业绩平庸者则高职低聘。这不仅提高了教师工作的主动性和积极性，还进一步优化了分配机制。

四、以教学方式的改革作为实现普职融合的根本

确立以实践教学为中心的教学体系。对独立学院普通教育和职业教育融合的策略思考，在解析了这种融合的关系前提、实质和路径之后，我们需要充分考虑这种融合的操作模式，只有这样才能形成一个完整的闭环。对操作模式的思考有两个维度，一是教师和教学维度，二是学生和学习维度。就前一个维度而言，教育融合过程中教学形态的选择要遵从独立学院自身的特点，职业教育更应注重实践教学的选择，形成以实践教学为中心的教学体系。实践教学既是一种教学形式，又反映了特定的教学目的，简单地说，实践教学既是通过实践

---

[1] 约翰·布伦南，等. 高等教育质量管理 [M]. 陆爱华，等，译. 上海：华东师范大学出版社，2005：94.

[2] 崔德明. 弹性管理：多变世界中的教师管理理念与对策 [D]. 长沙：湖南师范大学，2004.

的教学，又是为了实践的教学。实践教学对学生的职业能力形成而言，其作用和意义都是其他教学形式无法取代的。因此，在职业教育和普通教育融合的过程中，融合的理念和内容都需要充分体现在实践教学中，通过实践教学模拟职业真实场景，训练和培养学生切实可行的职业能力，以满足就业现实需求，并在职业能力形成过程中，通过实践教学体悟普通教育在职业能力培养中的背景和支持作用，明确职业能力形成只是学生全面发展的着力点，而不能成为独立学院高等教育全部的代名词。在实践教学中传播人文素养为学生的职业技能形成奠定了较为完善的"全人"背景，"全人"教育力求破除单向度的职业人培养，独立学院所追求的普职教育融合事实上是对"全人"教育的一种新注解。

确立以自主学习为核心的学习体系。教师和教学维度的教学形式选择，只是教育融合模式的一种形式，更为重要的形式当然是以学生和学习为中心的。因为教学终究不过是一种特殊形态的学习活动，前一种维度的形式解析只是为我们明确教师在教育融合中的教学位置，实际上教育融合的所有追求必然需要体现在学生身上，否则所有的努力和尝试就都失去了根本的意义。独立学院对学生职业能力的培养既有阶段性的结果意义，又具有过程性的启发意义，也就是说，独立学院对学生职业能力的培养只是开启了学生职业生涯成长的基础，职业能力的提高是一个没有止境的过程，只是为学生今后全面发展提供一种最初的铺垫。因此，形成以学生为中心的学习体系尤为重要，因为决定学生今后发展的关键在于其学习能力，而自主学习是一种树立学生学习意识与能力最为贴切的学习类型。自主学习比主动学习更能体现学生的主体性，学生自主决定自己学习的一切进程，能够充分发挥主观能动性，成为自己学习的主人，而不只是主动地去完成由教师布置的任务。自主学习为独立学院普通教育与职业教育提供了融合的通道，因为融合与否最终体现在学生身上，而不是学校或教师身上。普通教育与专业教育是大学教育不可或缺的两个方面，作为现代意义上的大学教育，偏重一方或忽视另一方都有失偏颇。因为现代大学的培养目标是要培养全面发展的、有价值的人，使他们在学会"做事"和学会"做人"上取得平衡。至此，我们解析了独立学院职业教育和普通教育融合策略的所有问题，明确了这种融合发生的意义和操作途径，为现实的教育融合提供了参考。

确立以提升学习兴趣为目标的方法体系。在考查现实的课堂教学情况时我们发现，目前部分教师仍坚守着传统的教育观念和教学方法。在我们开展的一项调查中，从教师对知识获取最有效方式的认识来看，73.8%的教师认为最有效的方式是启发探究，63.8%的教师认为是互动合作，39.7%的教师认为是讨论式，仅有28.4%的教师认为是讲授型。可以看出，多数教师并不提倡讲授型的教学方式。但从学生的视角看，多数教师仍然采用满堂灌、填鸭式的教学方式，采用启发式、研究式、讨论式的比例偏低。正如一位学生所言："假如我是一名老师，我会把上课变成一种享受的过程，而不是老师拼命地播放课件，学生拼命地记录，这样的授课方式不但是对师生共同的折磨，而且课程结束后，学生的脑袋里不会留下任何印迹。"在对传统的以教师为中心的灌输式教学的批评声中，一些教师也试图改变这一教学方法，用启发式代替灌输式，但由于教师的教育观念没有真正转变，将启发式简单地等同于提问式，结果"满堂灌"变成了"满堂问"，当为了提问而提问时，应有的教学效果更是难以实现。可见，没有正确的教育观念来支配，教育教学改革不仅不能实现，还可能进入更为严重的误区。

就教学内容而言，44.1%的学生认为当前任课教师在课堂教学中讲解重点，一般知识性内容由学生自学，29.0%的学生认为教师照本宣科，变化极少；有15.2%的学生认为教师课堂教学有独创性，基本不与课本重复；仅有11.7%的学生认为教师能以问题或专题形式统领教学内容。在最能增强学生对一门课程的学习兴趣方式的调查中，41.7%的学生认为在学习中能不断体验到快乐与收获最能增强对一门课程的学习兴趣，29.0%的学生认为在于教师生动有趣的语言艺术，10.6%的学生认为是教师恰如其分的教学组织方法，还有少部分学生认为有较多机会参与教学互动、适合的学习内容、多媒体等丰富的教学手段与形式能增强对一门课程的学习兴趣。从中可以看出，学生比较注重学习的体验和收获。

这也印证了为什么我们大多数的课堂，甚至是比较好的大学课堂，对学生都没有吸引力，因为学生体验不到学习的快乐，因为课堂并没有激起学生的兴趣。

课程知识进入教学场域之后，其呈现方式将静态地分布在各类载体中的符号转化为生命的体验。在教学场域里，教师首先运用自身的知识结构结合教学目标和学生的学习需要，同化附着在物化载体和生命载体中的课程知识，然后通过讲解、板书、多媒体、问答等多种教学手段，将已经转化到教师自身知识结构中的课程知识以多种形式传递出来，最后，学生通过聆听、阅读、小组合作等学习方式结合自身原有的知识基础吸收教师传递出来的课程知识。需要注意的是，这是一个双向的传递与反馈的过程，教师在向学生传递课程知识的同时，也根据反馈回来的学生的认知情况而加深了自己对课程知识的理解。在这一过程中，课程知识已经不再是静态的呈现，而是以生命体验的方式被转化成师生的成长经验，在交往和对话中不断地被理解和传递。

教学过程应该是能够使人在对知识和自由精神的探索和追求中，实现着人的自我发展和成长，这不仅仅是指学生，而且还包括教师在内的所有人。对于生命的成长来说，要致力于丰富人的精神世界，并通过知识的传授，改变人对生存环境的被动适应境况，使生命在繁杂的社会环境中找到主动成长的依托。正如联合国教科文组织国际发展委员会在《学会生存——教育世界的今天和明天》一书中提出的："发展的目的在于使人日臻完善；使他的人格丰富多彩，表达方式复杂多样；使他作为一个人，作为一个家庭和社会成员，作为一个公民和生产者、技术发明者和有创造性的思想家，来承担各种不同的责任。"从此意义上可以说，教育对于人的发展不只是人获得生存技能的场所，更是满足人的多样化需求、提升需要层次、丰富精神世界的殿堂。

# 第四部分　实践与探索

第七章 "双师型"教师队伍的建设

时代越是向前，知识和人才的重要性就愈发突出，教育和教师的地位和作用就愈发凸显。2018年1月31日，中共中央、国务院印发了《关于全面深化新时代教师队伍建设改革的意见》（下文简称《意见》），这是中华人民共和国成立以来党中央出台的第一个专门面向教师队伍建设的政策文件，《意见》从战略高度明确提出："教师队伍是新时代国家富强、民族振兴、人民幸福的重要基石。"将教师队伍建设的重要性提到了前所未有的高度。

2015年10月23日，教育部、国家发展改革委、财政部《关于引导部分地方普通本科高校向应用型转变的指导意见》（教发〔2015〕7号）（简称《指导意见》）的颁布，标志着地方本科高校向应用型大学转型被全面推进，独立学院的应用型转变也在其中。2016年6月，山西省教育厅遴选确定了太原工业学院、山西传媒学院、山西工程技术学院、山西能源学院、山西应用科技学院、山西大学商务学院等6所向应用型转变的试点高校，山西大同大学、吕梁学院等2所向应用型转变的试点候补高校。2017年10月，以应用型高等学校为主，有关科研机构、行业企业等自愿组成的非独立法人的协作组织——山西省应用型高等学校联盟成立。应用型转变的目的是为了实现人才培养与地方经济、产业技术更好地融合，满足经济社会发展的实际需求。这就要求转型院校应由以知识为本位的教育转向能力和知识并重的教育，即培养出具有高层次和素质的应用型人才，而这些都要以拥有一支高素质的"双师型"师资队伍为基础，但从目前各高校的情况来看，双师型教师比较缺乏，比例偏低，以山西大学商务学院为例，双师型教师不足10%，因此，加快地方本科高校建设一支稳定的"双师型"队伍已迫在眉睫。

那么，"双师型"教师的认定标准是什么？教师对"双师型"的认识和态度如何？目前学院"双师型"教师队伍建设存在哪些问题？教师在成长为"双师型"过程中有哪些诉求？如何改变评价机制以利于"双师型"教师的成长和发展？带着这一系列的问题开展了本章的研究工作。

第一节 "双师型"教师的内涵与认定分析

围绕"双师型"教师的内涵、认定标准,从文献资料、国家政策以及高校实践等几个方面着手,笔者在收集相关资料信息的基础上,进行了梳理和比较分析。

一、"双师型"教师的内涵

学术文献层面的梳理。利用中国知网数据库,设定检索主题为"双师型教师",时间跨度为1992年至2018年,共获得相关文献3 832篇,检索结果如图7-1所示。自2000年以来,对"双师型教师"的研究文献量呈直线上升趋势,在2010年达到峰值,之后呈平稳态势。

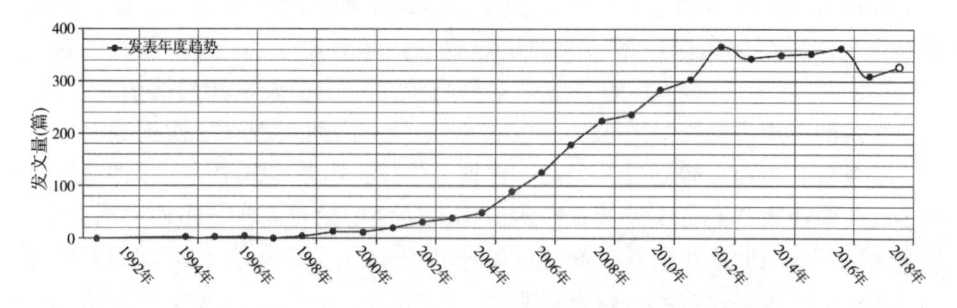

图 7-1 1991—2018 年以"双师型教师"为主题的文献数

在以"双师型教师"为主题检索到的文献中,检索到的最早的一篇文献是王义澄于1991年发表的《努力建设"双师型"教师队伍》[①]一文,文中介绍了上海冶金专科学校培养"双师型"教师的实践探索,首次提出"双师型"教师概念,此后,形成了"双师型"教师的讨论热潮。文中指出,要培养高级工程技术应用型人才,有两个条件十分关键,第一是要建设一支又红又专、能文能武、理论密切结合实际的"双师型"(即教师+工程师型)教师队伍,而且必须数量充足,结构合理。第二是要切实加强实践环节。"双师型"教师概念的提出是上海冶金专科学校在教师培养中的总结和经验提炼。

2002年姚贵平发表的《解读职业教育"双师型"教师》是被检索的3 832

---

① 王义澄. 努力建设"双师型"教师队伍 [J]. 高等工程教育研究, 1991 (2): 49-53.

篇文献中被引频次最高的一篇。作者首先分析了对"双师型"教师认识存在的"双师"即"双证","双师"即"教师+工程师"等理解误区。同时,认为对"双师型"教师内涵的探讨,应以"能力"为视点展开,从外延上讲,"双师型"教师属于专业教师,应具备相应行业的知识和技能。从形式上看,"双师型"教师必须持有"双证"即教师资格证和职业技能等级证。从实质上讲,即从能力和素质的角度讲"双师型"教师是指具备良好的师德修养、教育教学能力,具备良好的行业职业态度、知识、技能和实操能力的,持有"双证"的专业教师。①

通过对相关文献和观点进行梳理和对比分析,发现目前学界对于双师型教师内涵的认识主要有以下观点,如表 7-1 所示。

表 7-1　关于"双师型"教师内涵的不同理解

观点	核心内容	分析
"双证"	持有教师资格证和职业技能证的专兼职教师为"双师型"教师	该观点从形式上规定了"双师型"教师的必备条件
"双职称"	讲师(或以上)+会计师、工程师等专业职称	实质上与"双证"说类似,都仍然从外在形式着手界定
"双能力"	具有作为教师的职业素质和能力,同时具有技师的职业素质和能力的专业教师	该观点试图从"双师型"内在要求展开界定
"融合"(双师双能)	双证+双能	这种观点综合了"双证"说和"双能力"说,认为二者缺一不可,试图从外在形式和内在要求两个方面对"双师型"教师概念做出界定
"双层次"	"第一层次为能力之师,第二层次为素质之师。能力之师,即经师(专业)+技师(技术);素质之师,即人师(价值引导)+事师(职业指导)"	这种说法兼顾了专业理论知识教学和专业实践指导,第一次明确提到学生人格价值、未来职业的发展对教师素质的要求

---

① 姚贵平. 解读职业教育"双师型"教师 [J]. 中国职业技术教育, 2002 (6): 30-31.

续表

观点	核心内容	分析
"双师素质"	提出"一全、二师、三能、四证"的职业素质标准,"一全"指全面的职业素质;"二师"指既能从事理论知识教学,又能从事实践技能教学,既是"人师"又是"经师";"三能"指专业理论教育教学能力、专业技能实践、科学研究;"四证"指毕业证、技术等级证、继续教育证和教师资格证	这种认识更强调教师的实践操作能力而不仅仅局限于职称和资格证书等外在形式。"双师"教师的提法也从"双师型"演变到"双师素质",这表明对"双师型"教师的要求也从形式演进到更加注重内在素质。但是这种变化在内容丰富的同时,操作难度也随之加大,"双师型"教师的概念更加泛化

当然,本科高校层面的"双师型"教师研究开始得还要晚一些。21世纪初,随着对应用型人才培养以及建设应用型本科教育的呼唤,对于"双师型"教师队伍的建设也被提出。2005年至2018年以"本科"和"双师型教师"为主题的文献数量如图7-2所示。2005年,蔡雪峰、毛红斌发表的《"双师型"教师在应用型本科教育中的作用及培养途径》[①] 一文成为本科层面研究"双师型"教师队伍建设最早的一篇文献,文章指出"双师型"教师是指具备良好的师德修养、教学与科研的能力,具备良好的行业职业态度、知识、技能和实际操作能力的专业教师。根据这一概念,进一步理解"双师型"教师的内涵,就是指既具备扎实的基础理论知识和较高的教学水平及一定的科研能力,又具有较强的专业实践能力和丰富的实际工作经验的教师。因此"双师型"教师不仅具有丰富的行业基础理论知识和实践能力,还须具备将行业职业知识及实践能力融合于教育教学过程的能力。所以"双证"不等于"双师","双师"也不是教师与工程师的简单叠加,而是两者在知识、能力和态度等方面的有机融合,这一观点与"融合"说非常接近。

---

① 蔡雪峰,毛红斌. "双师型"教师在应用型本科教育中的作用及培养途径 [J]. 中国大学教学, 2005 (6): 55-56.

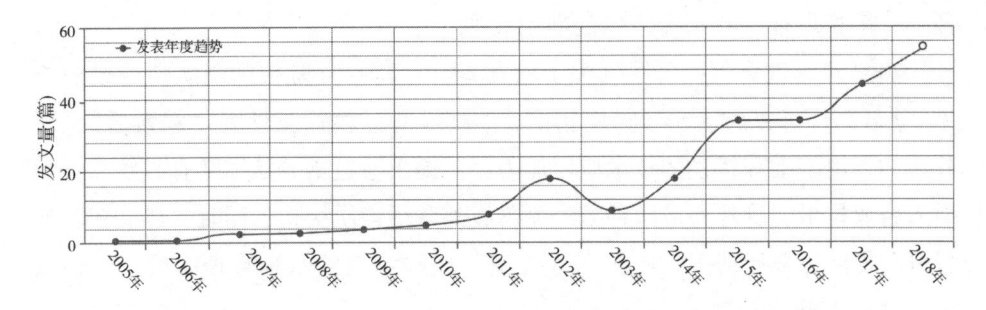

图 7-2　2005—2018 年以"本科"和"双师型教师"为主题的文献数

从以上观点可以看出,"双师型"教师概念的丰富是在实践活动和理论研究的双重作用下的必然结果,它本身就是一个动态、发展、未完成的概念,任何静止、孤立、定格的界定都是欠科学的表述。

国家政策层面的梳理。国家政策层面首次提出"双师型"教师,是原国家教委在 1995 年颁布的《国家教委关于开展建设示范性职业大学工作的通知》(教职〔1995〕15 号)中,该通知指出:"专业课教师和实习指导教师具有一定的专业实践能力,其中有 1/3 以上的'双师型'教师。"正是由于"双师型"在理论和实践上的深入探索,最终才上升到国家政策层面,成为职业学校师资队伍建设的一个基本要求。在 1998 年制定的《面向 21 世纪深化职业教育教学改革的意见》(教职〔1998〕1 号)中,提出"要重视教学骨干、专业带头人和'双师型'教师的培养",但以上这些政策都未对"双师型"教师的具体内涵做出明确释义。

2000 年,教育部在《关于加强高职高专教育人才培养工作的意见》(教高〔2000〕2 号)中明确指出:"'双师型'(既是教师,又是工程师、会计师等)教师队伍建设是提高高职高专教育教学质量的关键;学校与社会用人部门结合、师生与实际劳动者结合、理论与实践结合是人才培养的基本途径。""抓好'双师型'教师的培养,努力提高中、青年教师的技术应用能力和实践能力,使他们既具备扎实的基础理论知识和较高的教学水平,又具有较强的专业实践能力和丰富的实际工作经验;积极从企事业单位聘请兼职教师,实行专兼结合,改善学校师资结构,适应专业变化的要求;要淡化基础课教师和专业课教师的界限,逐步实现教师一专多能。""要有计划地组织教师参加工程设计和社会实践,鼓励从事工程和职业教育的教师取得相应的职业证书或技术等级证书，培养具有'双师资格'的新型教师。"

2002年，教育部办公厅《关于加强高职（高专）院校师资队伍建设的意见》（教高厅〔2002〕5号）中指出，"双师型"教师应具有"双素质"，即扎实的理论基础和较强的技术应用能力；并提出通过培养培训既有教师队伍和引入企业技术、管理人员两种方式完善教师队伍素质结构；同时，建立在职务晋升和提高工资待遇等方面向"双师型"教师倾斜的激励管理制度，鼓励教师向"双师型"转型。

2010年以来，"双师型"教师政策目标逐步明确，政策内容日趋丰富，并将完善"双师型"教师培养作为重点任务，从管理、培养、激励等制度层面对加强"双师型"教师队伍建设予以重视。《国家中长期教育改革和发展规划纲要（2010—2020年）》明确提出了以"双师型"教师为重点，加强职业院校教师队伍建设的总要求。一方面指明"双师型"教师的内涵，即"持有专业技术资格证书和职业资格证书"；另一方面指出"双师型"教师队伍建设路径，即依托相关高等学校和大中型企业共建"双师型"教师培养培训基地，加大培养培训力度。此后，除了对双师型教师开展系统培养的政策要求外，此阶段政策还从教师管理的角度制定激励措施，积极鼓励教师主动向"双师型"专业化方向发展。

2014年，教育部在《关于地方本科高校转型发展的指导意见》（征求意见稿）中提出，"加强'双师型'教师队伍建设，确保'双师型'教师占专任教师的比例逐步达到50%以上"，至此，"双师型"教师的概念在应用型本科高校层次的师资队伍培养中被明确提出。2015年10月，教育部等三部门颁布的《关于引导部分地方普通本科高校向应用型转变的指导意见》中采用了"双师双能型"教师的新提法，该提法正是顺应本科层次应用型人才培养对教师提出的新要求的动态体现。"双师双能型"教师的提法意在强调应用型本科院校的教师不仅要具备教师系列的资格证书与行业系列的职业技能证书，还要同时具备理论知识的教学能力和培养学生实际应用知识服务社会的能力。实际上，我们通过仔细探究"双师双能型"教师与"双师型"教师的内涵发现二者的本质内涵基本一致，前者旨在着重强调双能力对地方应用型本科院校教师个人及队伍的重要性，同时也是对"双师型"教师概念的丰富。基于二者本质内涵的一致性认识，我们仍沿用"双师型"教师的提法。

在将近 30 年的发展时间里,"双师型"教师的理论研究者、实践者及政策制定者对其内涵的理解仍处于持续探索中,它自身的内涵也在实践中不断被丰富,是一个动态变化的过程。从最初的"双证"说发展到今天的"双师双能"说,研究者们从不同的角度对于其本质进行了揭示,使其内涵逐渐多样化。但正如"双师型"教师的概念来源于实践,对于"双师型"内涵的理解最终也要回归到实践中。现实中,真正发挥了"双师"作用的教师可以分为两类,一类是先有专业技术工作经历,然后进入高校任教,经过一定时间的教学实践,完全胜任了教学工作后,其"双师"作用才逐步显现。另一类是先有教学工作经历,并晋升为中级以上教师职称,而后到企业相关岗位实践锻炼,并能将实践经验融入教育教学中,能较好地发挥"双师"的作用。可以看出"双师"不仅是"双证",而是要具备教学和实践两种能力。

二、"双师型"教师的认定

"双师型"教师的认定标准,是在对"双师型"教师内涵不同探索的基础上制定的。如果我们将"双师型"教师的内涵理解为一种理念,那么"双师型"教师的认定标准就如同一把指挥棒,引领着"双师型"教师队伍的建设和发展方向。

追溯官方文件中关于"双师型"教师的认定可以看到,最早在教育部办公厅《关于全面开展高职高专院校人才培养工作水平评估的通知》(教高厅〔2004〕16号)中,对"双师型"教师做出了相对较为清晰的要求。文件要求"双师型"教师首先必须具备讲师及以上职称,同时具有本专业中级及以上技术职称,或取得教育部组织的专业技能培训合格证,或在近五年中,有两年以上在企业一线本专业工作经历,或近五年主持(主要参与)过应用技术研究,成果已被企业使用,或近五年主持(主要参与)过校内实践教学设施建设或提升技术水平的设计安装工作,使用效果好等。各院校在这一要求的指引下,根据学校自身的发展情况,在"双师型"教师认定的条件上存在一些不同之处。如表 7-2 所示,对比了三所本科院校的"双师型"教师认定标准。

表 7-2　三所本科院校关于"双师型"教师认定条件的对比

学院	认定条件
A 学院	具备高校教师资格且具有中级及以上教师职称的专任教师。同时具备下列条件之一的，可以认定为"双师型"教师。 1. 取得国家承认的高校教师系列以外非在聘的中级及以上专业技术职务任职资格，并开展实践指导或培训工作一年以上。 2. 取得国家人力资源和社会保障部门颁发或认可的职业（执业、行业）资格、技能鉴定及考评员等中级及以上证书，并开展实践指导或培训工作一年以上。 3. 近五年中有两年以上（可累计）在企业、机构第一线从事本专业相关的实际工作经历，或参加教育部组织的教师专业技能培训且获得合格证书，并具有指导学生专业实践实训活动 3 次以上经历。 4. 近五年主持两项应用技术研究（或两项校内实践教学设施建设项目），成果已被企业（学校）使用，达到同行业（学校）中先进水平。
B 学院	具备下列条件之一，可认定为"双师型"教师： （一）具有讲师以上职称，又具备下列条件之一的专业课教师： 1. 有本专业实际工作的中级及以上技术职称（含行业特许的资格证书、有专业资格或专业技能考评员资格者）。 2. 近五年中有两年以上（可累计）在企业第一线从事本专业实际工作的经历，或参加教育部组织的教师专业技能培训且获得合格证书，能全面指导学生专业实践实训活动。 3. 近五年中有两年以上（可累计）在一线从事与本专业相关的工程方面的工作，能够全面指导学生工程实践、实训活动。 4. 近五年主持（或主要参与）两项应用技术研究（或两项校内实践教学设施建设及提升技术水平的设计安装工作），成果已被企业（学校）使用，达到同行业（学校）中先进水平。 5. 通过国家组织的各类职业资格考试或评审，取得本专业高级以上职业资格证书。 6. 通过国家考试、考核认定，获得相关专业注册师资格证（如注册会计师、监理工程师、安全工程师、软件设计师、网络工程师等）。 （二）在企业或科研单位工作五年以上或取得中级及以上非教师系列专业技术职务，并在学校任教一年以上，能胜任本专业一门以上专业理论课程教学工作。

续表

	认定条件
C学院	属于适合认定"双师型"专业，且具有中级及以上教师职称，同时具备下列条件之一的专业课教师可以认定为具备"双师型"教师资格： 1. 有本专业实际工作的中级及以上职业资格（含本专业教师以外其他系列专业技术职务任职资格），本人能全面指导学生专业实践活动。 2. 参加教育部组织的教师专业技能培训且获得合格证书，本人能全面指导学生专业实践活动。 3. 近五年中有连续一年（或累计两年）在企业（行业）第一线从事本专业实际工作的经历，本人能全面指导学生专业实践活动。 4. 近五年主持（或主要参与）两项应用技术研究课题，成果已被企业使用，达到同行业中先进水平，本人能全面指导学生专业实践活动。 5. 近五年主持（或主要参与）两项校内实践教学设施建设及提升技术水平的设计安装工作，成果已被学校使用，达到同类院校中先进水平，本人能全面指导学生专业实践活动。 6. 能有效促进教学单位应用型人才培养水平提升，并能全面指导学生专业实践活动，经学校"双师型"教师建设工作领导小组研究同意的其他条件。 ▲对于因任职时间短而未取得中级教师职称的年轻教师，教学效果优秀，且具备以上第一项至第六项之一者，可认定为"双师型"教师。

从以上三所院校的对比中可以看出，对于"双师型"教师的认定存在一些共性，大多使用三个限定标准：一是证书，二是经历，三是能力。在证书上，要求具备三证齐全，即教师资格证、高教系列职称和专业技术资格；在经历上，有过一定年限的行业实践经历，或者要求每年在一线指导学生实践达到固定学时；在能力上，要求近几年主持过应用技术研究项目或获得授权专利，成果被应用并取得一定效果等。当然，除了以上共性特征外，各高校在"双师型"教师认定条件上也存在一些不同之处。

B学院认为只要满足以下条件就可以认定为"双师型"教师："在企业或科研单位工作五年以上或取得中级及以上非教师系列专业技术职务，并在学校任教一年以上，能胜任本专业一门以上专业理论课程教学工作。"此条款体现了B学院对于具有实践经验和经历教师的重视，尤其适用于从行业引进的具有实践经验的教师。目前应用型高校聘请行业专家、高级技术人员的比例普遍还较低，但他们因来自企业生产一线，具有丰富的工作经验和精湛的行业技能，教授的内容更具有可操作性，有利于学生职业能力的培养，能够及时补充应用型高校"双师型"教师的不足。对于这些教师的认定，应与一般的教师有所不同，应注重其实践经验和技能。

　　C 学院首先规定"属于适合认定'双师型'专业"的教师才能认定。这一规定体现了"双师型"教师的认定针对不同的学科专业应有所区分和侧重，对于应用型学科的专业课教师，如会计、法律、电子商务、信息技术等专业任课教师可认定为"双师型"教师，而对于基础课程，比如思想政治理论、高等数学、大学英语等授课教师，则可以不做过多要求。同时 C 学院在"双师型"教师认定条件上规定，对于因任职时间短而未取得中级教师职称的年轻教师，教学效果优秀，且具备第一项至第六项之一者，可认定为"双师型"教师，为那些新入职的年轻教师留出了一定的空间。

　　从目前的"双师型"教师的认定条件来看，多数是一些可量化的指标，无论是职业资格证书、行业实践年限（经历），还是承担应用研究项目的数量，均是容易测量的认定条件，至于教师是否真正拥有双师素质不得而知。比如，在"双师型"教师认定上，认为持有教师资格证并获取职业资格证的教师就是"双师型"教师，虽然从形式上表明了"双师型"教师重实践的特点，但忽视了在职业资格认证不健全的今天，资格证书与实际能力水平不一定等价的问题。又如，以在企业（行业）第一线从事本专业实际工作的年限为"双师型"教师的认定条件，而不是获取了相应的实践能力为依据，对于将年限与能力画等号的做法，也值得商榷。比如，有些教师取得了相关的职业教师证书后，并不能说明他真正成了一名"双师型"教师。他只是具备了成为"双师型"教师的潜质，只有经过了实践学习，提高了应用能力，反映在课堂上或者科研中，才算是真正的"双师型"教师。比如说一位教师取得了中级会计师证书，但他却从来没有从事过相关会计方面的业务，这与实际中的会计师相差很远，只有真正从事相关的会计工作，才能明白所学的理论怎么应用到实践中。

　　认定条件中，无论是对于职称的要求，还是对于实践或者科研的要求，其共同点在于都力图将这种提高的愿望可操作化。因此，实践中对于"双师型"教师的认定，应以教育部提出的"双师素质"内涵为标准，结合高校自身人才培养目标，结合师资队伍建设的实际情况，结合各专业的特点，将教师的实践经历、实践能力、相关行业权威认定证书、在校内外主持参与相关实践项目和科学研究情况进行综合考虑，使"双师型"教师标准的认定，能够以提高教师的素质和能力为目的，而不是为了认定而认定。

第二节 山西大学商务学院"双师型"教师队伍建设经验

一、双师型教师队伍建设制度分析

早在 2009 年山西大学商务学院就颁布了《"双师型"教师队伍建设方案》（简称《09 方案》）。《09 方案》认为"双师型"教师是指既具有讲师及以上教师职务，又具有相关专业、行业领域实践工作经验及代表其水平的专业技术职务（工程师、会计师、经济师等），是集理论教学能力与实践教学能力于一体的专业基础课和专业课教师。根据对"双师型"教师的这一界定，山西大学商务学院制定了"双师型"教师认定条件、培养途径、奖励措施和建设目标。提出，首先对全院的专业基础课、专业课教师（包括专、兼职教师）进行"双师型"教师资格认定（每两年认定一次），在此基础上各系要制定出"双师型"教师队伍建设的具体规划，对符合学历要求但缺乏实践经验的专业理论课教师，普遍进行实践技能培训，便于他们在获得生产一线技能的同时，获取相应的技术职称或职业资格证书。经过五年的建设，力争使"双师型"教师的比例达到专业基础课和专业课教师的 50% 以上，这为实现山西大学商务学院培养具有创新精神和实践能力的应用型人才的培养目标奠定了坚实的基础。政策已经实施了近十年，但从山西大学商务学院相关职能部门了解到，虽然制定了"双师型"教师队伍建设方案，但"双师型"教师的认定工作后期并没有怎么开展，相关的考核奖励机制也没有建立起来，对于"双师型"教师的培养，主要是新入职教师半年实践锻炼和青年教师导师制这两个途径。但从实施效果来看，对于新入职教师的实践锻炼，由于监督和考核环节薄弱，加之教师自身因素，导致这一措施流于形式，而青年教师导师制则着重于教师教学能力的培养方面。2018 年，学院又印发了《"双师双能型"师资队伍建设方案》（简称《18 方案》），对比《09 方案》，一是概念的提法不同；二是认定条件有所变化；三是培养措施更加具有针对性。（见表 7-3 和表 7-4）

表 7-3 山西大学商务学院 2009 年、2018 年"双师型"教师认定条件对比

方案	"双师型"教师认定条件
《09 方案》	1. 大学本科以上学历,取得高校讲师及以上技术职务。
	2. 取得本专业非教师系列的中级及以上专业技术职务任职资格证书(如会计师、经济师等)或本专业的中级及以上执业资格证书(律师、注册会计师、软件工程师、安全工程师、系统分析师、一级翻译等),或本专业技术性职业国家二级以上的职业资格证书(网络管理师、程序设计师、多媒体作品制作师、物流师、电子商务师等,含职业技能考评员证书),或获得教育部组织的教师专业技能培训合格证书。
	3. 三年内有半年以上(可累计)在企业第一线的本专业实践工作经历,能胜任本专业的实验、实习、实训、课程设计、毕业设计的组织与指导工作。
	4. 主持(或主要参与)两项应用性研究,成果已被企业使用,效益良好(主要参与是指排名在前三名)。
	5. 主持(或主要参与)两项院内实践教学设施建设或提升技术水平的设计安装工作,使用效果良好,在省内同类院校中具有先进水平。
	6. 主持省级以上本专业或相关专业科学研究课题,获得省级二级以上科技进步奖,或本人研究成果获得专利且获技术转让费 10 万元以上,或在科技开发、科技服务方面获项目经费 20 万元以上。
	7. 兼职教师(如工程技术人员、科研实践工作者)与实验指导教师,如果已经取得中级以上非教师系列专业技术职务的,还要求能胜任本专业一门以上专业理论课教学工作。
	凡山西大学商务学院专职教师,必须具备 1、2 条和 3、4、5、6 条中的一条方能认定为"双师型"教师。

续表

方案	"双师型"教师认定条件
《18方案》	（一）校内教师认定 1. 基本条件 （1）热爱高等教育事业，教书育人，为人师表，师德高尚。 （2）具有较强的理论基础和专业技能，胜任学院教学工作。 （3）具备较强的实践教学能力，能灵活运用专业理论，完成实践教学的指导任务。 （4）具有教师资格证书和讲师及以上专业技术职务。 2. 必备条件 在具备基本条件的基础上，满足下列条件之一者，可申报"双师双能型"教师资格认定。 （1）取得本专业非教师系列的中级及以上专业技术职务任职资格证书（如会计师、经济师等）或本专业的中级及以上执业资格证书（律师、注册会计师、软件工程师、安全工程师、系统分析师、一级翻译等），或本专业技术性职业国家二级以上的职业资格证书（网络管理师、程序设计师、多媒体作品制作师、物流师、电子商务师等，含职业技能考评员证书），或获得教育部组织的教师专业技能培训合格证书，本人能全面指导学生专业实践活动。证书的评定分为初、中、高三个等级，具体标准由人力资源处和教务处共同制定。 （2）专业课教师在聘期内必须有三个月及以上在企业或科研单位从事本专业或相近专业的挂职工作经历，考核合格，并能全面指导学生实验、实训、创新创业等专业实践活动。挂职锻炼期间教师的考核项目、标准及奖励机制由人力资源处和教务处共同制定。 （3）近五年主持或主要参与应用技术研究，成果已被相关机构或企业使用，经济效益和社会效益良好（排名在前三名）。 （4）近五年主持或主要参与实践教学设施建设或提升技术水平的设计安装工作，使用效果良好，在省内同类院校中居先进水平。 （5）近五年主持或主要参与省级以上实验教学示范中心建设和省级以上实验实训精品课程建设（排名在前三名）。 （6）主持省级以上本专业或相关专业科学研究课题，获得省级二等以上科技进步奖，或本人研究成果获得专利且获技术转让费10万元以上，或在科技开发、科技服务方面获项目经费20万元以上。 （7）获得山西大学商务学院教师实验实训教学竞赛一等奖。 （8）主编出版由有关部委教材审定机构批准立项或教育部普通高等教育国家级规划实验实训教材。 （9）指导学生参加国家级竞赛并获三等奖以上奖励的，或参加省级竞赛并获一等奖的，具体竞赛项目以山西省教育厅公布的《山西省大学生学科竞赛目录》为准。 （10）能积极适应学校转型发展和应用型人才培养需要，经学校领导小组认定的其他条件。

续表

方案	"双师型"教师认定条件
《18方案》	(二)引进的专职"双师双能型"教师 (1) 具备以下条件之一： ①具有硕士研究生学历并在企业（行业）工作2年及以上； ②具有全日制本科学历并从事本专业副高以上专业技术职务。 (2) 年龄原则上不超过45周岁，特别优秀的可放宽至50周岁。 (3) 具有从事高等教育教学工作必备的能力和素质，熟练掌握和运用教育教学基本理论和技能，能够胜任招聘岗位所要求的实践教学工作。
方案	校外兼职的教师具备以上校内"双师双能型"教师认定的基本条件和必备条件的任意一条即可视为符合条件。

表7-4　山西大学商务学院2009年、2018年双师型教师培养途径对比

	双师型教师培养措施
《09方案》	1. 鼓励取得国家组织的中级以上专业技术职务或各类职业资格证书。 2. 对专业教师进行职业培训。 (1) 安排专业教师到对口企业、科研单位进行专业实践。 (2) 增强实践教学环节，提高教师的专业操作技能，实现理论教学和实践教学双肩挑。 (3) 建立"双师型"教师培养基地，与企业携手共建一批高质量的实践基地和培训基地，定期组织专业教师到实践基地或培训基地接受相关培训。 (4) 实行青年教师导师制。 3. 加大从社会聘任兼职教师的力度，做好外聘兼职专业教师队伍的建设工作，从生产、科研第一线引进具有丰富实践经验和教学工作能力的工程技术人员做兼职教师。 4. 制订奖励措施，激励教师争当"双师型"教师。 (1) 学院在职级晋升、骨干教师队伍建设等方面向"双师型"教师倾斜，同等条件下，优先考虑"双师型"教师。 (2) 据实报销取得国家组织的中级以上专业技术职务或各类职业资格考试和评审的费用。 (3) 从事实践教学的"双师型"教师享受与理论课教师同等的课酬金。 (4) 优先选派"双师型"教师外出学习、参观、考察和出国深造。 (5) 保证"双师型"教师参与社会实践、进修培训的时间和经费。 (6) 建立"双师型"教师奖励基金，对在本专业建设中有特殊贡献的"双师型"教师给予特殊奖励。

续表

	双师型教师培养措施
《18方案》	一、拓展培养培训途径，提升师资队伍素质 1. 做好"双师双能型"教师培训计划。 2. 完善教师实践挂职锻炼制度，明确考核要求。 3. 加强教师实践基地的建设。 4. 健全"校校合作、校企合作、产学研互动"机制。 5. 加强青年教师实践教学能力的培养。 6. 鼓励教师参加实践教学能力竞赛。 7. 鼓励教师指导学生从事科学研究、进行发明创造、参加各种技能竞赛，把教师指导学生参加社会实践和实习实训与提高自身实践应用能力有机结合起来。 8. 要组织相关课程教师进行实验、实训、实习等实践教学方式和方法的研讨，加强教师对新进教学仪器设备使用的培训，要求教师熟练掌握各种实验设备和软件的操作方法，积极承担实践教学任务。 二、积极引进专兼职应用型人才，优化师资队伍结构 1. 加强应用型教师的引进。 2. 加大聘请兼职应用型教师的力度。 3. 实行"实验实训、创新创业队伍"优先建设制度。 三、奖励措施 1. 学院将在职称评定、评优评先、晋职晋级、骨干教师队伍建设等方面向"双师双能型"教师倾斜，同等条件下，优先考虑"双师双能型"教师。 2. 优先选派"双师双能型"教师外出学习、参观、考察和出国深造。 3. 保证"双师双能型"教师参与社会实践、进修培训的时间和经费。 4. 建立"双师双能型"教师奖励基金，对在本专业建设中有特殊贡献的"双师双能型"教师给予特殊奖励。

二、双师型教师队伍建设现状调查

为进一步了解山西大学商务学院"双师型"教师队伍建设情况及存在的问题，在全院教师范围内开展了问卷调查研究。调查对象为山西大学商务学院的在职教师，共回收有效问卷287份，占山西大学商务学院在职教师总人数的近1/2。

被调查对象基本情况。本次回收的调查问卷中，男教师为68人，占23.7%；女教师219人，占76.3%。专职教师274人，占95.5%；兼职教师13人，占4.5%。

从年龄来看。如表7-5所示，30岁以下的教师有23人，占8.0%；31~40岁教师有218人，占76.0%；41~50岁的教师有34人，占11.8%；50岁以上的教师有12人，占4.2%。

表7-5 被调查人员的年龄结构情况

年龄阶段	人数	比例
30岁以下	23	8.0%
31~40岁	218	76.0%
41~50岁	34	11.8%
50岁以上	12	4.2%

从教龄来看。具有3年以下教龄的教师有33人，占被调查总人数的11.5%；拥有3~5年教龄的教师有40人，占13.9%；拥有5~10年教龄的教师有96人，占33.4%；拥有10年以上教龄的教师有118人，占41.1%。（见图7-3）

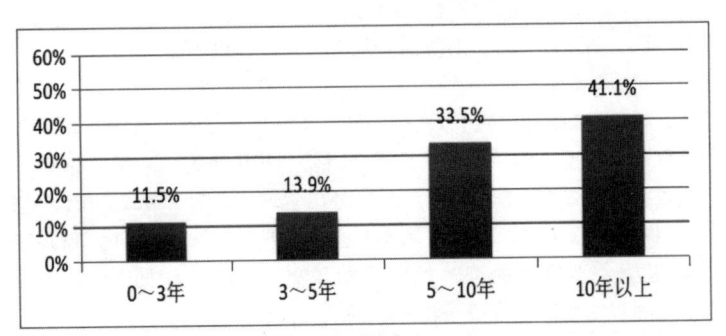

图7-3 被调查人员教龄情况

从学历结构来看。如图7-4所示，被调查人员中学历为博士研究生的有2人，占被调查总人数的0.7%；硕士研究生有249人，占86.8%；具有本科学历的有36人，占12.5%。

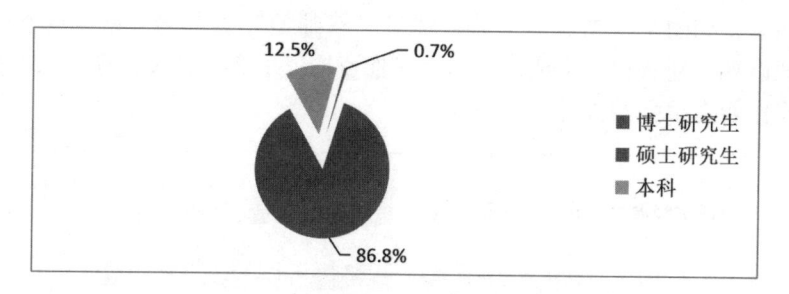

图 7-4　被调查人员学历结构情况

从职称结构来看。被调查人员中具有正高级职称的有 4 人，占 1.4%；具有副高级职称的有 50 人，占 17.4%；具有中级职称的有 180 人，占 62.7%；具有初级职称的有 39 人，占 13.6%；无职称有 14 人，占 4.9%。（图 7-5）

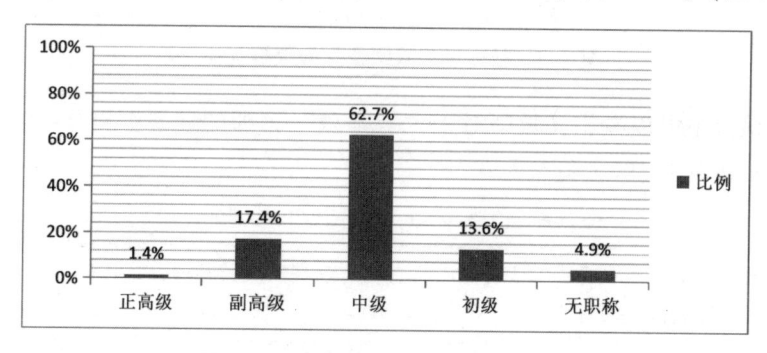

图 7-5　被调查人员的职称结构情况

问卷调查结果分析如下。
（1）对"双师型"的理解和认知情况
图 7-6 显示，对"双师型"教师标准表示很清楚的有 19 人，占调查总人数的 6.6%；表示了解的有 158 人，占 55.1%；表示不清楚的有 110 人，占 38.3%。

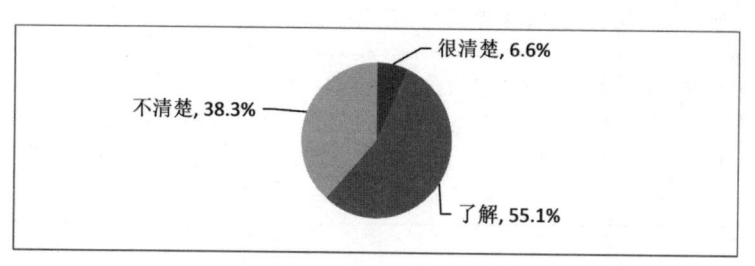

图 7-6　教师对"双师型"教师标准的认知情况

同时，如图 7-7 所示，多数教师对"双师型"教师的理解是除获得教师资格证以外，还获得一个或两个以上其他资格证书者，其次是理论水平扎实且实践操作能力很强的教师。

类别	百分比
担任实践课且操作能力很强的教师	35.9%
理论水平扎实且实践操作能力很强的教师	67.6%
除获得教师资格证以外，还获得一个或两个以上其他资格证书者	71.1%
其他依据	7.7%

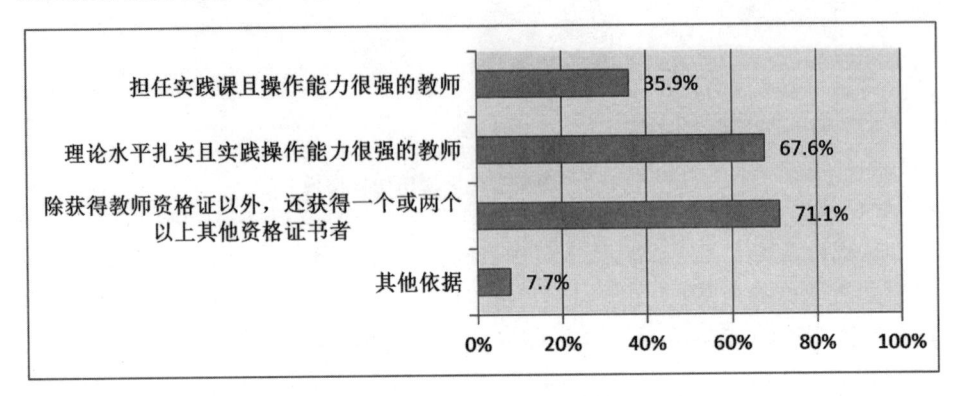

图 7-7　教师对"双师型"的理解（多选）

从访谈中可以看出，教师对于"双师型"教师的理解更侧重于其所具有的教学、实践能力。（见表 7-6）

表 7-6　访谈——对"双师型"教师的理解

——主要是既有完善的理论知识体系，又有相对丰富的实践经验，尤其是企业一线的实践经验，而不仅仅是考证书
——首先要具备"双职称"，"双师型"教师应具备与系列技术职称中相对应的两种职称，既有教师系列职称，又有工程师系列职称；其次要具备"双素质"，既具备较强的教学、教研能力和素质，又具备专业实践能力，拥有组织生产能力和科技推广能力及指导学生创业的能力和素质
——应用型人才培养是一个综合工程，理想的情况是整合校内外资源，校内学知识，校外抓实践，"双师型"只是应用型人才培养的一个方面。"双师型"教师应该更紧盯经济社会发展的现实问题，聚焦操作层面、技术层面的问题
——"双师型"教师应具备的素质有：业务水平（学科建设、实验室建设、研究能力、知识结构等）、教学工作（教学质量、教学研究、指导学生情况等）、科研和成果工作（科研项目、获奖或鉴定情况、产学合作开发、成果转化及效益等）、社会服务工作（社会兼职、行政兼职、科技服务、科技咨询、学生就业）等

续表

——"双师型"教师的关键素质为教师在实践教学能力和技能培训方面所具有的优势,"双师型"教师主要解决课堂教师与学生就业能力要求相脱节的问题,把未来学生需求的能力在教学中早早培养。这就要求教师明白企业在实践层面需要学生具备什么样的能力,企业是如何培养这些能力的。学校应该树立正确的导向,什么是"双师型"教师,究竟需要什么样的"双师型"教师,如何培养"双师型"教师,需要有一套完整的培养办法。

——主要应具备理论联系实际与综合分析的能力,教师在给学生讲课的同时可加入实践工作经验,以增加课堂授课的有效性;在企业实践过程中,教师可运用自己丰富的理论知识为企业的生产提供帮助

对于"'双师型'教师应该更强调哪方面的素质和能力"这一问题,从表7-7中可以看出,认为应强调理论教学能力的教师有19人,占6.6%;认为应强调指导学生实践能力的教师有105人,占36.6%;认为应强调科研成果转化能力或社会服务能力的有95人,占33.1%;认为应强调带动专业发展,促进课程建设或教学改革能力的有59人,占20.6%。

表7-7 教师对"双师型"教师素质和能力的看法

选项	人数	比例
理论教学能力	19	6.6%
指导学生实践的能力	105	36.6%
科研成果转化能力或社会服务能力	95	33.1%
带动专业发展,促进课程建设或教学改革的能力	59	20.6%
其他	9	3.1%

(2)目前山西大学商务学院的"双师型"教师情况

参与调研的教师中,如图7-8所示,认为自己是"双师型"教师的占9.1%,认为自己不是"双师型"教师的占90.9%。无论是从问卷调查的结果,还是我们从教务处了解的信息来看,目前山西大学商务学院的"双师型"教师非常缺乏。

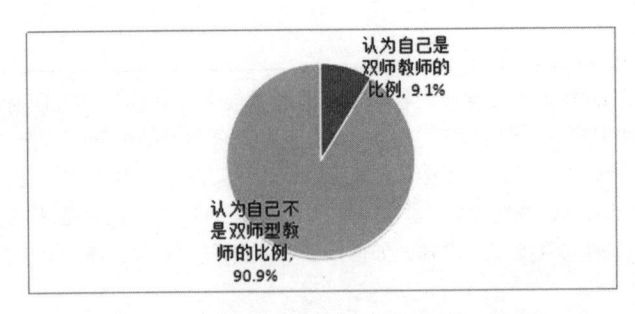

图 7-8　教师对自身是否为"双师型"的认知

目前认为自己不是"双师型"教师且愿意成为"双师型"教师的占85.1%，不愿意的占2.3%，无所谓的占12.6%。可以看出，大部分教师还是有意愿成为"双师型"教师的。（表7-8）

表 7-8　教师对于成为"双师型"的意愿程度

选项	人数	比例
愿意	244	85.1%
不愿意	7	2.3%
无所谓	36	12.6%

针对"参与调查的教师自工作以来是否有过专业技能培训或基层企事业单位实践"这一问题，如表7-9所示，回答没有参加过实践锻炼的有105人，占36.6%。有过实践经历的教师有182人，占63.4%。其中，有过6个月以下实践经历的有104人，占36.2%；有过7~12个月实践经历的有23人，占8.0%；有过13~24个月实践经历的有14人，占4.9%；两年以上实践经历的有41人，占14.3%。

表 7-9　教师的实践经历情况

选项	人数	比例
0	105	36.6%
1~6个月	104	36.2%
7~12个月	23	8.0%
13~24个月	14	4.9%
24个月以上	41	14.3%

其实，为了提高青年教师与其所从事教学工作相关的实践能力，学院也相

继出台了一些相关措施，比如，规定新聘用的完成第一学期岗位锻炼的青年教师要进行为期半年的实践锻炼，但由于受师资短缺、难以找到合适实践基地、教师自身原因等因素的影响，教师实践能力提升的效果并不明显。

(3) "双师型"教师队伍建设存在的困难和问题

在对山西大学商务学院"双师型"教师队伍建设制度和措施满意程度的调研中可以发现，表示很满意的教师占 4.2%；较满意的占 28.2%；满意的占 26.1%；不满意的占 41.5%。（图 7-9）

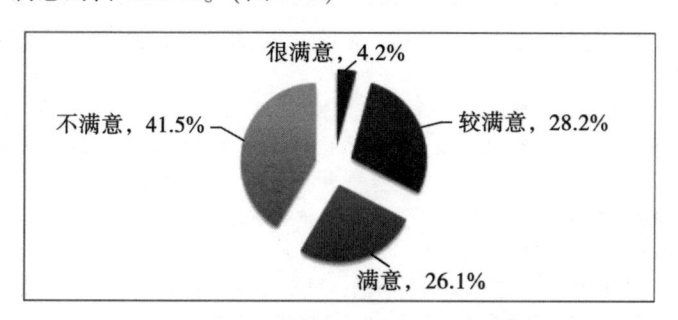

图 7-9 对学院相关制度措施的满意程度

如表 7-10 所示，对于目前山西大学商务学院开展"双师型"教师队伍建设存在的问题调查中，超过半数的教师认为教学任务重，没有精力；近半数的教师认为目前学院缺少总体规划，不了解教师的培训需求；还有 38.7% 的教师认为学院没有政策和激励措施；33.8% 的教师认为培训经费不足。此外，还有培训时间不好安排、学院没有开展校企合作、不重视培训、培训内容不合理、实习实训基地落后等问题。对于上述问题，在开放式问题部分，大家也给出了同样的答案（见表 7-11）。

表 7-10 山西大学商务学院"双师型"队伍建设存在的困难和问题（多选）

选项	人数	比例
缺少总体规划	133	46.3%
学院还不够重视	72	25.1%
没有政策和激励措施	111	38.7%
不了解教师的培训需求	133	46.3%
培训时间不好安排	93	32.4%
培训内容不合理	38	13.2%
培训经费不足	97	33.8%
教师教学任务重，没有精力	171	59.6%

续表

选项	人数	比例
教师个人没有积极性	35	12.2%
实习实训基地落后	59	20.6%
学院没有开展校企合作	86	30.0%

表7-11　开放式问题——"双师型"队伍建设现状及存在的问题

"双师型"教师队伍建设现状及存在的问题	我所在系部基本不存在"双师型"教师队伍，即使有也基本是空有资格证书，而无实战能力。 已经在尝试，但是都需要教师根据自己的人脉资源去联系相关企业，学院给提供的机会并不多，名额也有限。另外，山西大学商务学院很多教师都是中青年教师，子女年龄较小，无法长期驻扎外地企业进行交流学习。 所在系的"双师型"教师几乎为零，教师教学任务重，和企业脱节，希望给予政策以及经费上的支持。 "双师型"的资格认定不能一概而论，每个专业有它的独特性，需要专业相关人士针对专业特点和学校需求合理制定资格认定标准。 "双师型"认定非常难，承认的资格证书范围太窄，希望学校根据学院自身发展要求重新调整。 缺乏对"双师型"教师进行培养所需要制定的明确的要求细则与培养规划。 存在的问题是如何能更好地协调好教学、实践指导、科研任务等时间精力分配问题。希望给予教师外出学习培训实践交流的机会，大力鼓励支持教师教学工作。 "双师型"教师队伍缺少必要的培训支持，包括校方并不了解培训内容，应该在了解教师的基础上给予培训资金与国外合作的支持。并且教师课时繁多，精力不足，与双师型需要用一定时间加强自己是冲突的，希望院方给予具体的政策和实际支持。 首先应清晰界定何为"双师型"。现在所谓的双师型的局限性太大，只有拿到某些执业资格证才算数，且这些资格基本仅限于理工科专业，文科根本没戏。 "双师型"教师数量较少，学院的培养机制不健全，希望学院或系部鼓励支持培养双师型教师。 "双师型"目前正处于起步阶段，校企合作还比较少，希望有时间和精力到企业实践。 外语系的"双师型"界定模糊，很多外语教师不清楚可以有哪些选择及努力的方向。此外，教师的工作量大，他们往往既想钻研教学，又想完成科研任务，还要考虑双师型，贪多而不能深入！建议学院制定切合教师实际发展需要的政策，既要在政策上引导，又要给予教师多种选择，不能一刀切！ 教师教学、科研任务重，没有时间，不愿去企业实践，希望学校可以给予更多支持

(4)"双师型"教师培养的措施和途径

对于"双师型"教师的培养途径,认为学院应与企业携手共建一批高质量的实践基地和培训基地,定期组织专业教师到实践基地或培训基地接受相关培训的教师有110人,占38.3%;认为组织专职教师到对口企业、科研单位进行短期脱岗专业实践,提高实际操作能力的有89人,占31.0%;认为应注重专职教师与企业进行合作研发,承担企业资助的横向项目的占19.9%;认为学院对国家组织的中级以上专业技术职务或各类职业资格考试进行理论培训,提高教师的学历层次和理论水平的占10.8%。(表7-12)

表7-12 "双师型"教师的培养途径

选项	人数	比例
专职教师到对口企业、科研单位进行短期脱岗专业实践,提高实践操作能力	89	31.0%
专职教师与企业进行合作研发,承担企业资助的横向项目	57	19.9%
学院对国家组织的中级以上专业技术职务或各类职业资格考试进行理论培训,提高教师的学历层次和理论水平	31	10.8%
学院与企业携手共建一批高质量的实践基地和培训基地,定期组织专业教师到实践或培训基地接受相关培训	110	38.3%

关于教师在企业挂职锻炼,认为"双师型"教师要长期在企业挂职的教师占12.2%;认为有过就行的占18.82%;认为不用的占10.8%;认为视专业而定的占58.19%。(图7-10)

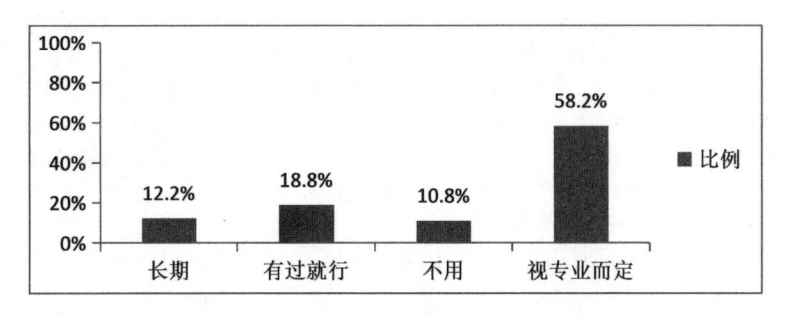

图7-10 教师对到企业挂职锻炼的看法

对于培养"双师型"教师的途径,多数教师认为学校需要建立良好的培养机制,加强校企合作,对培养指标及措施具体化。(表7-13和表7-14)

表 7-13　促进学院"双师型"教师队伍建设的途径（多选）

选项	小计	比例
加大宣传，形成氛围	64	22.3%
建立良好的培养机制	209	72.8%
形成认定考核奖惩机制	106	36.9%
培养指标及措施具体化	154	53.7%
加强校企合作	176	61.3%
其他	14	4.9%

表 7-14　开放式问题——对于学院"双师型"教师队伍建设的建议

对于学院"双师型"教师队伍建设的建议	学校最好能提供长期固定的合作单位。能保证教师可以持续地进行学习，有规划地促使专业稳步向前发展。 多支持教师出去学习及实践，经费上给予支持。 多提供进修机会，加强校企联合。 给予教师时间和机会，由于教师教学任务重，每年还要完成科研考核所以时间是问题。 学校在双师型资格认定上应该抛开固有偏见，认同我系相关专业的经过人事考试网考试合格的国家级专业技术资格证书。相同级别的其他专业的执业资格证书已获认可，而国家级广告师这种经过多门专业课程考试，通过率千分之一的资格证却多年得不到认可，希望学校给予重视，从而提高教师对双师型教师的认同感。 多提供机会与企业合作，让教师走出去。 希望学院对教师考取的资格证的培训费给予报销，或者对有相关资格证的教师给予奖励。 希望学校结合教师自身兴趣和需求给予相关培训。 希望学院能根据不同的专业给教师们提供更多提升的机会，适度降低教学工作量，以方便教师进行校外或企业培训。 只有证，实践能力不足。建议学院制定鼓励政策，鼓励教师挂职锻炼。 在认定"双师型"教师时应该根据不同专业的特征来确定标准。 脱岗挂职锻炼能真正实施起来，考核和经费制度完善些。 人数较少，外出实践时间难以保障。搞实践教学受物质条件限制，持续性受影响。建议学院制定相关规划，在教师考核、教学条件、教学时间等方面给予支持。 较多同事为兼职律师，希望能够在实务部门挂职锻炼，学院能够给出相应的政策支持。有律师证的人数不少，但是受教学时间的影响，律师非诉讼业务这种可能不定期长期出差的业务，基本不可能有；律师诉讼业务，由于开庭会受调课限制，也会有影响；在公检法挂职的话，也需要学校与相关单位有合作。除制定相应激励政策外，对"双师型"教师的认定还应结合专业来进行，最好每个专业都有可认定为"双师型"教师的教师资格证外的其他资格证，以激发每个专业教师向"双师型"发展的积极性。 从政策上给予大力支持（政策、经费、合作企业等）；积极鼓励教师进驻企业，开展实践技能、产品研发、项目指导等方面的合作。 明确"双师型"队伍建设目标；建立专项培训经费，选派教师进行研修。

注：根据教师对开放式问题回答的整理。

(5)"双师型"教师建设的前景和信心

如图 7-11 所示,对于学院"双师型"队伍建设的前景,73.2%的教师认为有希望建设好,但需较长时间;18.1%的教师认为充满信心,近期能建设好;7.3%的教师认为前景渺茫,遥遥无期;1.4%的教师认为无所谓,与我无关。从中可以看出,多数教师还是对学院"双师型"教师队伍建设充满信心,但"双师型"教师培养确实不是一朝一夕的事情,需要学院进行整体系统的规划。

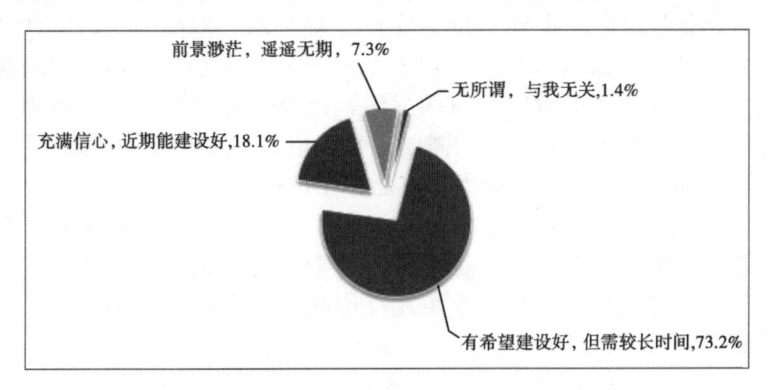

图 7-11　教师对学院"双师型"教师队伍建设前景的信心

第三节　"双师型"教师队伍建设面临的问题及原因

一、从教师层面来看

对"双师型"教师认识存在一定的误区。由上面的问卷调查分析不难发现,目前多数教师已经认识到成为"双师型"教师的重要性和必要性,并且对自己成长为"双师型"教师有一定的积极性。但在访谈中我们了解到,教师对"双师型"的标准认识仍有一定偏差,比如有的教师认为,自己获得了中级职称并取得了一定的职业资格证书,就应该是"双师型"教师了,因此,希望学院多增加一些资格证书的认定。殊不知,这些证书仅是外在的形式,重要的是教师所拥有的"双师"素质。

成长为"双师型"教师的动力不足。在调查中,虽然大多数教师愿意成为"双师型"教师,但笔者也发现,不少教师认为"教学、科研任务重,时间受限制,学院也缺乏相应的政策支持和激励措施",因此他们不愿去企业实践。这也说明教师还没能将"双师型"目标融入个人的职业发展规划中，其成长为"双师型"教师的内在动力明显不足。

二、从学校层面来看

"双师型"教师数量非常缺乏。无论是从问卷调查，还是到相关职能部门的走访，都可以发现，山西大学商务学院专任教师中，"双师型"教师不足10%，可以说非常缺乏，这与《09方案》中提出的"双师型"教师的比例达到专业基础课和专业课教师的70%以上这一目标存在很大差距。原因是多方面的，比如，上面提到的教师自身的原因，以及学院"双师型"教师培养机制不完善等原因。为了学院发展的需要，学院招聘了大量的高校毕业生，他们大多缺乏行业实践经验，在实际操作方面存在短板。如图7-12所示，自2002年以来，山西大学商务学院招聘的人才中，70%以上的教师直接来自高校应届毕业生。在调入的教师中，多数也不具备"双师型"的特点，其中多数外聘教师来自省内其他高校，具有企业实践经历或具有高校、企业"双经历"的教师数量偏少。

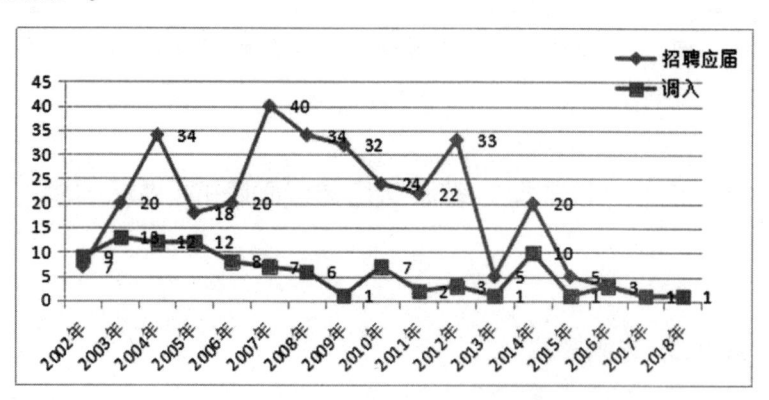

图7-12　2002—2018年山西大学商务学院教师招聘应届毕业生及调入情况

"双师型"教师培养机制不够健全。尽管"双师型"教师队伍建设已经成为应用型高校建设的关键环节，也成为对应用型高校建设和发展状况的重要评估指标之一，但相应的教师培养培训制度却没有建立起来。目前，我国建立的国家、省、市师资培训网络中，主体仍然是高等院校，很少有企业参与进来，对入职教师的培养仍然沿用传统的以高等教育学、心理学、教育政策法规为主要内容的培训模式，背离了对应用型高校教师强化应用的本质要求，表现出了严重的学科化倾向。上述情况在山西大学商务学院同样存在，问卷调查显示，近半数的教师认为目前学院对于"双师型"教师队伍建设缺少总体规划，不了解教师的培训需求。同时针对"自工作以来是否有过专业技能培训或基层企事业单位实践"这一问题,回答没有参加过实践锻炼的有105人,占36.6%。

政策扶持和支持力度不到位。访谈中,教师表示:"如果转变的话,自身的知识结构、实践技能、教学方式都要相应改变。个人需要不断汲取新的技术、知识和技能并应用到教学实践中,必定会耗费大量个人精力和占用大量业余时间,如果没有相应的考核评价机制和政策倾斜,可能无法激励更多的教师加入'双师型'教师队伍的行列。""学院现在并没有对'双师型'教师的鼓励和帮扶政策,导致我们缺乏动力。""学校目前基本没有保障双师型教师的利益,所有教师都一样,没有特殊对待。""教师提高实践能力没有像提高学历、提高职称方面一样得到待遇上的提升、鼓励和支持,所以可能导致我们动力不足。"虽然学院早在《09方案》中已经提出,在教师职级晋升、骨干教师培养、出国深造等方面向"双师型"教师倾斜,保证"双师型"教师参与社会实践、进修培训的时间和经费,但由于政策执行力不足,使得目前"双师型"教师的积极性难以得到有效的激发。如表7-15所示,在问卷调查中,教师表示了希望成长为"双师型"教师的需求和愿望,但访谈中教师却积极性不高,同时也了解到这对矛盾背后的原因之一就在于学院"双师型"教师的激励制度缺乏。

表7-15 访谈——对成长为"双师型"教师的诉求

——之前不是"双师型"教师,愿意转为"双师型"教师。如果转变的话,自身的知识结构、实践技能、教学方式都要相应改变。个人需要不断汲取新的技术、知识和技能并应用到教学实践中,必定会耗费大量个人精力和占用大量业余时间,如果没有相应的考核评价机制和政策倾斜,可能无法激励更多的教师加入"双师型"教师队伍的行列
——学校目前基本没有保障"双师型"教师的利益,所以教师都一样,没有特殊对待
——是"双师型"教师,有一定的企业工作和一线实践经历,也有证书。最大的困难就是需要持续了解和关注企业发展实际,解决学术研究和实际需求之间的联系问题。而且每天上班难以对企业动态进行持续有效的关注,对学校发展的帮助有限。学院现在并没有对"双师型"教师的鼓励和帮扶政策,导致我们缺乏动力
——是学术型教师,愿意转型为"双师型"教师,主要挑战在于转型的时间成本,考个什么职业资格证不能算是"双师型"教师,关键是要有企业的实践经验,要有一年左右的时间在企业锻炼

相应的考核评价机制有待于完善。要最大限度地激发"双师型"教师队伍的积极性、创造性,需要有一套行之有效的考核和激励体制。正如表7-16中教师所说:"教师职称、职务评定中一般都是重理论轻实践,这种倾向比较影响'双师型'教师队伍的发展。现行的教师职称评定条件、教师考核条件都较为强调学术成果,科研论文、发表论文刊物级别,这使'双师型'教师

队伍建设缺少有力的政策导向和工作杠杆。教师提高实践能力没有像提高学历、提高职称方面一样得到待遇上的提升、鼓励和支持，所以导致我们动力不足。"也有教师认为"目前的困难是导向问题，现在是教学、科研导向，教学看的是平角，科研卡的是分数，在严格的个人考核体系下，有没有人愿意暂缓手中的教学、科研工作，从事'双师型'的培训是个现实问题。"教师职称晋升方面，也没有具体可行的政策，教师是否具有"双师"素质，并未与教师职称评定条件相挂钩，同时，在教师的年度考核上也没有相关条款。因此，这些都削弱了教师发展成为"双师型"教师的积极性。

表7-16　访谈——成长为"双师型"教师的困难和问题

——教师职称、职务评定中一般都是重理论轻实践，这种倾向比较影响"双师型"教师队伍的发展。现行的教师职称评定条件、教师考核条件都较为强调学术成果，科研论文、发表论文刊物级别，这使"双师型"教师队伍建设缺少有力的政策导向和工作杠杆。教师提高实践能力没有像提高学历、提高职称方面一样得到待遇上的提升、鼓励和支持，所以可能导致我们动力不足
——最大的困难一是时间问题，能否允许教师安排时间来进行企业挂职锻炼等。困难二是导向问题，现在是教学、科研导向，教学看的是平角，科研卡的是分数，在严格的个人考核体系下，有没有人愿意暂缓手中的教学、科研工作，从事"双师型"的培训是个现实问题。困难三是个人利益问题，"双师型"的相关政策缺少连续性，前几年对"双师型"的认定非常窄，现在突然又宽泛起来了，未来政策会不会有变化。在教师的眼中，目前"双师型"仍不是工作的重点，主要受到以上条件的制约

三、从外部环境来看

校企联合松散，教师实践收益受限。目前，国家教育政策法规中没有对企业和有关事业单位接受高校教师社会实践的相关要求和政策制度。大多数企业不愿意接受教师参加定岗生产实践，科技开发、社会服务的体系在大多数院校中尚未形成，产学研合作的教育模式没有形成一定的规模，因此，真正通过实际锻炼从而使专业实践能力得到显著提高的教师数量不多。德国的企业、行业协会与高校形成了无缝对接——企业无条件地与师生开展产学研合作，甚至师生可以在企业里接触到最前沿的生产应用。而国内由于高校与企业之间仍未建立生息与共关系的制度平台，对应用型本科教师而言，高校与企业之间的这种"松脱关系"使得教师难以获取发展应用能力的空间条件，不能真正深入到技术含量高的对口行业接受实践培训。

第四节 完善"双师型"教师队伍建设和发展的政策建议

2017年12月,国务院出台的《关于深化产教融合的若干意见》(国办发〔2017〕95号)提出,高校应加强产教融合师资队伍建设。支持企业技术和管理人才到学校任教,鼓励有条件的地方探索产业教师(导师)特设岗位计划。探索符合职业教育和应用型高校特点的教师资格标准和专业技术职务(职称)评聘办法。允许职业学校和高等学校依法依规自主聘请兼职教师和确定兼职报酬。推动职业学校、应用型本科高校与大中型企业合作建设"双师型"教师培养培训基地。2018年1月,中共中央、国务院印发的《关于全面深化新时代教师队伍建设改革的意见》提出,支持高水平学校和大中型企业共建"双师型"教师培养培训基地,建立高等学校、行业企业联合培养"双师型"教师的机制。适应人才培养结构调整需要,优化高等学校教师结构,鼓励高等学校加大聘用具有其他学校学习工作和行业企业工作经历教师的力度。2018年2月,中共中央办公厅、国务院办公厅印发的《关于分类推进人才评价机制改革的指导意见》(〔2018〕6号)提出要"适应现代职业教育发展需要,按照兼备专业理论知识和技能操作实践能力的要求,完善'双师型'教师评价标准,吸纳行业、企业作为评价参与主体,重点评价其职业素养、专业教学能力和生产一线实践经验。"国家政策联动,助力"双师型"教师培养,也为学院"双师型"教师培养工作指明了方向,提供了政策支撑。

山西大学商务学院应尽快行动起来,把师资队伍建设放在当前转型发展和高等教育内涵式发展的政策大背景下,重新审视"双师型"教师队伍建设,并为"双师型"教师队伍建设不断注入新的活力。加强顶层设计,协调相关部门形成联动机制;落实教师需求分析,制定针对性的培养方案;进一步建立健全校企合作制度;制定合理的"双师型"教师考核和激励制度。

表7-17 访谈——对山西大学商务学院"双师型"教师队伍建设的建议

——对"双师型"教师设立独立科学合理的考核办法、评价指标和激励机制(比如课时津贴、项目经费、进修培训等方面向"双师型"教师倾斜),促进更多的教师成长为"双师型"教师,加快学院"双师型"师资建设进程

续表

——切实拿出相应政策，鼓励构建校企合作平台，在资金、政策上给予教师帮助，通过校企协同人才培养，拉近教师和企业的距离。鼓励教师通过横向课题、产学研合作等形式服务企业。鼓励教师创业、兴办校内企业、创建创新创业孵化基地，让教师、学生在市场中得到锻炼
——学院有"双师型"教师，但比例可能不高。应提供教师到企事业单位一线进行业务实践的机会，鼓励教师在校外企业兼职，提高自身业务素养
——各专业"双师型"教师队伍的情况差异较大，有些专业实践性强，比如旅游管理、会计等，"双师型"教师比例较高；有些专业理论性强，"双师型"教师比例较少。所以，不能一概而论，所有专业的"双师型"教师队伍都要达到一个什么样的比例，这样的政策缺少针对性。应该从有利于教学改革、有利于人才培养、有利于服务地方经济等方面来认识"双师型"教师，评价标准要多元化，树立正确的政策导向，做好激励、做好引导，才能使"双师型"教师队伍不断壮大，并发挥其应有作用

一、加强顶层设计，协调相关部门形成联动机制

从学院发展的战略高度出发，将"双师型"教师队伍建设纳入学校发展总体规划中，根据各院系、各专业发展的实际需要，制定科学的"双师型"教师培养方案，逐步建立完善的"双师型"教师培训体系，构建多元开放的"双师型"教师培养模式，积极引导专业教师尤其是年轻教师加快自身发展，建设一支适应学校转型发展与应用型人才培养相匹配的师资队伍。

具体建议：

①理顺学院—系部—教师协同一致的关系。学院层面要加强转型发展规划和"双师型"教师队伍建设的规划，加强思想引导，让院系和教师明确学院转型发展工作的重要意义。由于不同专业的教师在"双师型"教师的培养上存在很大的差异性，因此必须充分发挥院系在"双师型"教师成长中的中坚作用。同时，由于"双师型"教师培养的最终落脚点在教师，因此学院更要充分调动教师自身的积极性，鼓励教师要根据学院师资队伍建设规划和质量要求、学科和专业建设需要，确定好个人发展计划，找准自己"双师"类别的发展定位。

②打通相关职能部门在"双师型"教师发展上的相互促进关系。"双师型"教师的建设涉及人力资源规划、人才培养目标、教学课时、职称晋升、年度考核、奖励措施、校企合作、科学研究、成果转化等各个方面，需要学院

相关职能部门沟通协调，形成联动机制，及时研究解决"双师型"教师队伍建设中的突出矛盾和重大问题，共同促进"双师型"教师的发展。

二、建立有效的兼职教师机制，促进师资结构多元化

目前，在学院人才数量基本饱和的情况下，应充分发挥民办的灵活机制，坚持"不为所有，但为所用"的理念，积极拓宽渠道，聘请业界的技术专家、行业的高管人才、离退休的专业人士等到学校担任兼职教师，不断提高"双师型"教师的比例。并通过开展讲座、举办研讨会、参与指导科研项目等方式，促进教师间的交流学习，使教师不断学习和掌握行业最新动态和相关技术，不断提高其专业实践能力，从而提升学校"双师型"教师的整体水平，优化师资队伍结构。

具体建议：

①重视从企事业单位引进既有工作实践经验又有较扎实理论基础的高级技术人员到学院从事教学科研工作，从而促进教师队伍结构的多元化。

②鼓励院系从企事业单位中聘请优秀的名师专家、高级技术人员来我校做兼职教师，可让他们承担对实践能力要求较高的相关课程的教学任务。

③支持院系每学期邀请相关或相近专业的副高及以上的一线实际生产、操作人员来校举办专题学术报告，介绍行业或专业目前最新的生产工艺、技术水平、设备装置和发展趋势，以拓宽本专业教师的视野。

三、落实教师需求分析，制定针对性培养方案

无论教师通过何种途径成为真正的"双师"，都需要"时间"，更需要"实践"，学院应与企业携手共建一批高质量的实践基地和培训基地，或组织教师到对口企业、科研单位进行短期脱岗专业实践，以提高其实际操作能力。当然，除了利用合作基地为教师提供资源之外，学院还应充分考虑目前学院师资短缺，年轻教师教学任务重，既想钻研教学，又想完成科研任务，同时还要开展实习实训，在时间和精力上能否保证等现实问题，结合教师的成长需求制定切实可行的培养方案。

具体建议：

①制定分"专业"的"双师型"教师培养计划。对学院各院系、各专业教师的实践能力和专业技术素养现状进行深入分析，从各专业人才培养专业素养和实践能力要求出发，通过对教师的能力和相关专业建设进行分析，制定适合学院的"双师型"教师队伍培养规划、方案和措施。

②制定分层次的"双师型"发展具体规划、目标和有效措施，将"双师型"教师划分为初级、中级和高级，针对不同层次的教师制定不同的培训方案、培训内容、培训形式。

③制定分类型的"双师型"教师发展计划，根据教师不同的发展需求，比如，有些教师希望获得行业资格证，有些教师热衷于项目研发，有些教师希望到企业一线实践，等等，学院应该为不同发展需求的教师积极创造条件。

四、进一步完善和建立健全校企合作制度

学院可抓住当前开展校企合作、引进优质企业、建立校企合作平台的机遇，根据企业产业创新发展的需求，培养与之专业对口、岗位对应的复合型人才，又可与合作企业共同制定教师去企业实践的方案，让专业教师到企业挂职锻炼，积极开展合作研发、参与技术革新，以提升教师的专业实践能力，促使其向"双师型"教师转化。当然，教师也可以充分发挥自身的资源优势，选择适合自己的企业，并在学院相关部门备案，学院经对实践情况的考核评价，即可判断出教师应享受的相关待遇和政策。

具体建议：

①尽快确立一批合作企业名单，或者利用已经建立的基地和平台，鼓励教师深入企业进行实践锻炼，提高教师的专业操作技能。教师个人也可以利用自身拥有的较强科学研究能力和成果，在服务地方发展需求上发挥作用，充分利用自身的这种优势积极寻求到企业锻炼、交流的机会。

②学院或院系尽快和多家企业签订合作协议，明确双方的责任、权利和义务，建立稳定的"双师型"教师校外实践基地，搭建"双师型"教师成长平台。

③积极争取机会，让学院的教师和学生参加企业的一些项目设计与开发，以提高师生的实践能力。

五、制定合理的"双师型"教师评价和激励制度

建立"双师型"教师评价考核体系、设立"双师型"教师津贴等激励机制，帮助更多的教师成长为"双师型"教师。对于"双师型"教师的激励，学校可以在荣誉、地位、职称、薪酬、自我价值实现上有所体现，可以在晋级、评优等各种指标上进行重新设定，合理分配凸显"双师型"教师队伍特征的分值、权重，切实改善和提高"双师型"教师的待遇，使其整体水平具有一定的市场竞争力，努力为"双师型"教师营造良好的发展氛围，最大限度地调动和保护他们的积极性，从而吸引更多的优秀人才走进"双师型"教师队伍中来。

具体建议：

①完善考核机制，多角度、多层次对教师各方面能力素质进行考核，将教师参与实践方面的成效纳入考核指标体系中，注重对教师实践教学和实践操作技能方面的评价，科学制定有助于平衡教师在实践教学、实践操作与科研方面投入的较为客观的评价制度。

②在职称晋升方面，突出学术性与实践性，教师学历与实践能力的一致性，促进"双师型"教师队伍的建设，鼓励更多的教师向"双师型"教师方向发展。在职务晋升或者职称评定时，优先考虑"双师型"教师。

③建立长效激励机制，完善相应的薪资津贴制度，对"双师型"教师给予专门补贴，评先、评优要优先考虑"双师型"教师，以激发"双师型"教师工作的积极性和主动性。

④明确教师企业实践的时间、任务、职责以及对教师利益的保障，例如教师下企业期间的工资待遇保障、工作成果奖励等，使得下企业教师的个人利益获得保障，有利于激发教师参与企业实践的热情。

⑤合理安排教学任务，为教师到企业实践留出充分时间，并根据考核结果给予教师相应的课时补贴。

总之，正如大部分教师对"双师型"教师队伍建设前景的认识一样，"有希望建设好，但需较长时间。"确实，"双师型"教师队伍建设是一项系统工程，并非一朝一夕之功，独立学院应将其作为一项长期的任务，从学院自身的实际情况出发，制定切实可行的方案，加强多部门的协调和管理，不断探索"双师型"教师培养的新途径、新模式。

第八章 教学方法的变革

教学方法是课堂教学诸因素中的关键因素，教学方法运用得是否得当，直接关系到教学效率的高低，关系到教学效果的好坏，关系到人才培养的质量。本章以教师和学生的问卷调查结果为依据来探寻教学方法改革过程中存在的困境。在此基础上，通过对教师角色进行重新定位来增强教师对学习者学习特点和水平的认识，建立持续有效的可促进教师教学能力提升的机制，创建公平合理的教学评价体系，优化教学方法改进的政策环境，进一步深化教学改革，以此促进教学效率的提高和人才培养质量的提升。

第一节 调查的目的与对象

教育部发布的《教育部关于全面提高高等教育质量的若干意见》（教高〔2012〕4号）中明确指出，要"改革教学管理，探索在教师指导下，学生自主选择专业、自主选择课程等自主学习模式。创新教育教学方法，倡导启发式、探究式、讨论式、参与式教学。"尤其随着高等教育大众化的持续推进，人们对高等教育人才培养的质量提出了新的、更高的要求，提高教学质量成为高等学校在新时期的主要任务。要提升教学质量，教学方法的选用是关键。

古人云："事必有法，然后可成，师舍则无以教，弟子舍则无以学。"当代世界著名通才学者奥本海（Oppenheim）曾言："方法比事实更重要。"也正如有学者所说："教学的成败在很大程度上取决于教师是否能妥善地选择教学方法。"教学方法的选择，必须充分考虑人才培养的定位，考虑学生自身的多样化及其需求的多样化，还要确保教学方法能使不同层次和水平的学生在各自的基础上都有所提高和发展。因此，对教学效果的评价并不是看教师传授给学生多少知识以及其教的水平，而是看其教学能在多大程度上激发学生的思考，能在多大程度上促进学生的发展，能在多大程度上让学生学会学习。因为一个真正高水平的教师不会抱怨学生个性的优劣和知识基础的扎实与否，而是能够针对不同的学生、针对不同的教学要求选择适宜的教学方法。因此，本章旨在引起人们对教学过程中至关重要的教学方法这一因素的思考和重视，探寻解决教学方法、教学效率和人才培养质量之间的矛盾的有效途径，进一步深化教学改革，以此促进教学效率的提高和人才培养质量的提升。

教学方法是教育教学研究的一个重要方面，也是教学实践过程中关系到教学成败的重要因素，因此，教学方法是教学改革的必然所在，也是教学效率和人才培养质量提升的关键所在。纵观我国高校教师教学方法的发展与改革历程，尽管"满堂灌""单纯讲授"的教学方法受到抨击，"互动式教学""启发式教学""探究性学习"等教学方法得到大力推崇，但在实际教学过程中，很多教师对教学方法的选用还是比较迷茫，多数教师依然采用传统的教学方法。对当前教学方法运用过程中存在的问题进行分析，有利于引导教师发现自身在教学方法选用中的不足，并帮助其根据所教授学科的特点、学生的知识结构和个性特征，合理地选择教学方法，灵活运用各种教学方法，进而使其能够创造性地使用教学方法。

为了贯彻落实国家和山西省中长期教育改革和发展规划纲要，推动山西大学商务学院教育教学改革，不断提高学院的教学质量与教学水平，切实加强山西大学商务学院师资队伍建设，本章试图在回顾现有高校教学方法研究成果的基础上，运用问卷调查法了解目前学院教师教学方法的现状，并基于调查结果，对学院教师教学方法中存在的主客观问题进行分析，以找出问题背后的原因。最后，依据调查分析结果，提出教师教学方法改革的途径和保障措施。

一、问卷的设计与发放

教师问卷包括以下六个方面的内容：教师基本信息、教师承担教学任务现状、教学方法的来源和进行教学方法创新情况、运用教学方法时考虑的因素、有效教学方法的判断标准以及如何进行教学方法改革创新。问卷一共包含18个题目，其中有8个单选题目、9个多选题目，还有1个开放性问题。

学生问卷包括以下内容：学生的基本信息、对现实中教师使用教学方法的反映、理想的教学方法描述、学习过程中的体验等。问卷一共包含13个题目，其中有12个单选题目、1个开放性问题。根据研究的需要，对学院12个院（部）的教师和11个院（系）的学生发放了问卷。发放教师问卷118份，回收问卷118份，其中无效问卷2份，有效问卷116份；发放学生问卷293份，回收问卷293份，其中10份是无效问卷，283份是有效问卷。

二、问卷调查的对象

被调查教师的基本情况。被调查教师中有43人是男性教师,所占比例为37.1%,女性教师73人,所占比例为62.9%。(表8-1)从年龄结构来看,31~39岁这一年龄段所占比例最大,为53.5;其次为30岁以下这一年龄段,为19.8%;50岁以上这一年龄段最少,仅占9.5%。(表8-2)从职称结构来看,具有中级职称的教师人数最多,占47.4%,正高级和未定职称的人数分别占5.2%和6.9%,整体呈现出倒"U"形分布。(表8-3)在所调查教师中,教龄在5年以下的有35人,约占30.2%;教龄在5~10年的为56人,约占48.3%;教龄在11~20年的为15人,约占12.9%;教龄在20年以上的有10人,约占8.6%。(表8-4)

表8-1 被调查教师的性别情况

性别	男	女
人数(人)	43	73
百分比(%)	37.1	62.9

表8-2 被调查教师的年龄结构

年龄	30岁及以下	31~39岁	40~49岁	50岁以上
人数(人)	23	62	20	11
百分比(%)	19.8	53.5	17.2	9.5

表8-3 被调查教师的职称结构

职称	正高级	副高级	中级	初级	未定
人数(人)	6	20	55	27	8
百分比(%)	5.2	17.2	47.4	23.3	6.9

表8-4 被调查教师的教龄结构

教龄	<5年	5~10年	11~20年	>20年
人数(人)	35	56	15	10
百分比(%)	30.2	48.3	12.9	8.6

数据显示,被调查教师的性别、年龄、职称和教龄结构比例均比较合理,就性别结构来说,被调查教师男女分别占37.1%和62.9%,与山西大学商务

学院教师整体男女比例基本相符。同时，由于在高等教育大众化环境中成长起来的独立学院，其在办学初期主要以聘用兼职教师来弥补师资短缺，随着学院的规模化发展，大量青年教师充实到独立学院的师资队伍中。这也就形成了山西大学商务学院青年教师占的比重偏大、教师年龄40岁以下的居多、职称结构中级居多、教龄在10年以内的教师居多的现象。

被调查学生的基本情况。统计数据显示，此次回收的283份有效学生问卷中，男性学生被调查者有122人，占所调查人数的43.1%；女性学生被调查者有161人，占56.9%。（表8-5）从学生所在的年级分布情况来看，大一学生居多，大四学生由于已离校实习，所以他们没有参与此次调查（表8-6）

表8-5 被调查学生的性别情况

性别	男	女
人数（人）	122	161
百分比（%）	43.1	56.9

表8-6 被调查学生的年级分布

年级	大一	大二	大三	大四
人数（人）	200	48	35	0
百分比（%）	71	17	12	0

第二节 教学方法运用现状分析

本节运用SPSS统计软件对调查问卷进行统计与分析，并分别从学生和教师两个角度分析山西大学商务学院教师教学方法的运用情况，以帮助教师更加全面地了解其在教学方法选择和运用过程中存在的问题。

一、教师自身对教学方法的认识与改革实践情况

教师承担教学任务的现状分析。调查结果显示，被调查教师中承担过公共必修课的占41.4%，未承担过的占58.6%；承担过专业必修课的占76.7%，未承担过的仅占23.3%；承担过公共选修课的占24.1%，未承担过的占

75.9%；承担过专业选修课的占 29.3%，未承担过的占 70.7%。（表 8-7）

表 8-7 教师承担教学任务情况

课程类型	公共必修课		专业必修课		公共选修课		专业选修课	
是否承担	承担	未承担	承担	未承担	承担	未承担	承担	未承担
百分比（%）	41.4	58.6	76.7	23.3	24.1	75.9	29.3	70.7

由于山西大学商务学院属于教学型大学，其对教师每学期承担的课时量有一定的要求，因此，教师均积极承担教学任务，并以教授专业必修课和公共必修课为主。

关于教学理论与方法的培训及来源的分析。为将提高教育教学质量建立在适应学院发展需求的结构化教师队伍的基础上，山西大学商务学院加强了对自身师资队伍的建设，尤其是提高对青年教师队伍的培养力度。如表 8-8 所示，89.7%的教师接受过高等教育理论与方法方面的专门培训，没有接受过专门培训的仅占 10.3%。从教师教学方法的主要来源方面的调查可以发现，教师教学方法的来源是多方面的，其中自我学习与探索占的比例最高，为 88.8%，其次为观摩与借鉴同事，占 74.1%；承袭教师的占 40.5%；通过专门培训获得教学方法的仅占到 20.7%。（表 8-9）

表 8-8 教师是否接受过高等教育学理论与方法方面的专门培训

内容	是	否
人数（人）	104	12
百分比（%）	89.7	10.3

表 8-9 教师教学方法来源

方法来源	专门培训	承袭教师	自我学习与摸索	观摩与借鉴同事	其他
百分比（%）	20.7	40.5	88.8	74.1	5.2

上述调查结果显示，虽然教师绝大多数都接受过教学方法方面的专门培训，但其从中所获得的收益并不多，尤其是教师对自身教学方法来源的回答更是揭露出教学方法更多地源自实践探索以及向其他教师学习这一事实。

关于教师开展教学方法研究和实践改革的现状。目前，山西大学商务学院教师进行教学方法创新研究与实践的自觉性总体上比较高。调查数据显示，能够经常进行教学方法改革创新的教师占 47.4%，从未进行过的仅占 0.9%，可见，大部分教师都能够根据教学实践需要自觉地开展教学方法研究。但同时我们也应该看到，能够长期坚持的教师并不多，仅占 18.1%。（表 8-10）

表 8-10　教师自觉进行教学方法创新研究与实践的情况

实践情况	长期坚持	经常进行	偶尔进行	从未进行过
百分比（%）	18.1	47.4	33.6	0.9

表 8-11　教师对周围其他教师开展教学方法改革和实践的认识

内容	很普遍	较多教师	少数教师	个别教师	没有
百分比（%）	5.2	42.2	38.8	12.1	1.7

通过对"教师对周围其他教师教学方法改革与实践情况的认识"这一问题调查后笔者发现，认为很普遍的教师仅占 5.2%，认为较多的占 42.2%，认为有少数教师的占 38.8%。虽然表 8-10 显示了教师对教学方法创新具有较高的自觉性，但从表 8-11 的数据可以了解到，目前教师在进行教学方法改革与实践方面尚未形成一种氛围，教学方法改革创新还没有成为教师的一种自觉行为。

教师对教学方法改革及有效性的认识。调查显示，67.2%的教师认为教学方法改革的关键是教师要根据教学内容与对象探索现有方法的有效结合；24.1%的教师认为改革的重点在于创造发明适合本课程领域的新方法；55.2%的教师认为改革的核心是教师转变教学观念，学校改革教学考核与评价制度；33.6%的教师认为改革的主要保障在于教学手段、支撑技术和教学技巧的变革。（表 8-12）

表 8-12　对教学方法改革比较客观表述的认识（多选）

内容	选项	百分比（%）
教师对教学方法改革表述的认识	关键在于教师根据教学内容与教学对象探索现有方法的有效组合	67.2
	重点在于创造发明适合本课程领域的新方法	24.1
	核心是教师转变教学观念，学校改革教学考核与评价制度	55.2
	主要保障在于教学手段、支撑技术和教学技巧的变革	33.6
	其他	2.6

可见，多数教师赞同教学方法改革的关键在于根据教学内容与对象的不同，探索最有效的教学方法，并通过教师观念的转变、考核制度的改革以及技术支持，促进教学方法改革的实现。

表8-13显示，62.9%的教师在选择和运用教学方法时首先考虑的因素是学生的基础与接收能力，56.9%的教师首先考虑的因素是课程与教学的内容，认为首先考虑的是自己的教学习惯、教学设施与条件、符合教学管理要求等因素的教师分别占10.3%、19.0%、8.6%。可见，教师在选择教学方法时，首先考虑的是教学对象和教学内容这两大因素。同时，从教师对知识获取最有效的教学方式的认识来看，73.3%的教师认为最有效的教学方式是启发探究，63.8%的教师认为是互动合作，39.7%的教师认为是讨论式，另有28.4%和12.1%的教师分别认为是讲授型和解题型。（表8-14）

表8-13 教师选择和运用教学方法时首先考虑的因素（多选）

内容	选项	百分比（%）	排序
教师选择和运用教学方法时首先考虑的因素	课程与教学的内容	56.9	2
	自己的教学习惯	10.3	4
	教学设施与条件	19.0	3
	学生的基础与接收能力	62.9	1
	符合教学管理要求	8.6	5
	其他	0.9	6

表8-14 教师对知识获取最有效的教学方式的认识（多选）

内容	讲授型	启发探究型	互动合作型	讨论型	解题型	其他
百分比（%）	28.4	73.3	63.8	39.7	12.1	0
排序	4	1	2	3	5	6

教师评价有效教学方法的标准。数据显示，73.3%的教师认为应以有效性作为评价教学方法的主要标准，40.5%的教师以可行性作为教学方法评价的标准，以多样性和新颖性作为教学方法评价标准的分别占12.9%和15.5%。（表8-15）

表8-15 评价教师教学方式方法的最主要标准（多选）

内容	所用方法的多样性程度	所用方法的有效性程度	所用方法的新颖性程度	所用方法的可行性程度	其他
百分比（%）	12.9	73.3	15.5	40.5	0.9

当问及教学方式方法是否有效的主要依据时，68.1%的教师认为方法有效的主要依据是学生的学科思维、认识与分析能力等是否得到训练和提高，

51.7%的教师认为主要在于学生是否掌握了本课程所涉及的基本理论、基础知识和基本技能,将学生是否获得比较满意的课程成绩、教师是否获得学生良好的评教分数作为主要依据的教师分别占 14.7%、16.4%。(表 8-16)据此我们可以看出,教师主要以有效性作为教学方法的评价标准,并将学生能力的提升和知识的获取程度作为有效性的依据。

表 8-16 判断教学方式方法是否有效的主要依据(多选)

内容	选项	百分比(%)
判断教学方式方法是否有效的主要依据	学生是否获得比较满意的课程成绩	14.7
	教师是否获得学生良好的评教分数	16.4
	学生是否掌握了本课程所涉及的基本理论、基础知识和基本技能	51.7
	学生的学科思维、认识与分析能力等是否得到训练和提高	68.1
	其他	0

教师开展教学方法改革的影响因素及途径。在影响教师进行教学方法改革的主要因素调查中,如表 8-17 所示,56.0%的教师认为主要因素是学生基础与学习态度差;38.8%的教师认为是科研与社会工作任务重,精力不足;37.9%的教师认为是教学设施和条件保障不足;31.0%的教师认为是教师之间交流与合作环境差;22.4%的教师认为是高校基层教研组织及其活动不健全;13.8%的教师认为是学校对教师的教学要求很少有教学方法创新的硬规定。可以看出,影响教学方法改革的因素比较复杂,主要涉及教育对象的状况、教师利益以及外在客观条件制约等方面。

表 8-17 影响教师进行教学方法改革的主要因素(多选)

内容	选项	百分比(%)	排序
影响教师进行教学方法改革的主要因素	学生基础与学习态度差	56.0	1
	教师之间交流与合作环境差	31.0	4
	教学设施与条件保障不足	37.9	3
	科研与社会工作任务重,精力不足	38.8	2
	学校对教师的教学要求很少有教学方法创新的硬规定	13.8	6
	高校基层教研组织及其活动不健全	22.4	5
	其他	5.2	7

表 8-18 的数据结果显示，对开展教学方法改革创新最有可能性的途径进行调查，50.9%的教师选择了积极开展教学方法改革创新的研讨、培训工作；38.8%的教师选择变革教学考核办法，降低教师的教学创新风险；35.3%的教师认为应根据学校类型，确定教学与科研的合理劳务分配关系；31.9%的教师选择发挥教研室等基层教学组织作用；19.0%的教师选择应该让新进教师先从事助教、辅导员工作，后上讲台；7.8%的教师选择评聘副教授、教授必须要求其具有教学改革与研究成果。可见，教师对教法改革创新研讨及培训工作这一途径比较看重，但并没有达成共识，这反映出教学方法的改革是一个系统工程，涉及方方面面的因素。

表 8-18　开展教学方法改革创新最有可能性途径（多选）

内容	选项	百分比（%）	排序
开展教学方法改革创新最有可能性途径	变革教学考核办法，降低教师的教学创新风险	38.8	2
	让新进教师先从事助教、辅导员工作，后上讲台	19.0	5
	评聘副教授、教授必须要求其具有教学改革与研究成果	7.8	6
	发挥教研室等基层教学组织作用	31.9	4
	积极开展教学方法改革创新的研讨、培训工作	50.9	1
	应根据学校类型，确定教学与科研的合理劳务分配关系	35.3	3

二、从学生的角度看教师对教学方法的应用

教师教学方法的选择直接影响着教学效果，教学效果的好坏又直接在学生的身上得到体现。学生是教学主体之一，因此从学生的角度来考察山西大学商务学院教师教学方法的运用情况会更加全面和客观。

学生眼中多数任课教师的教学方式。统计数据显示，学生认为教师采用满堂灌、填鸭式的比例达 39.6%，认为教师采用启发式的占 38.5%，认为教师采用研究式的占 9.5%，认为教师采用讨论式或其他的分别占 8.2%和 4.2%。（表 8-19）就教学内容而言，44.1%的学生认为在课堂教学中多数任课教师讲解重点，一般知识性内容由学生自学；29.0%的学生认为教师照本宣科，变化极少；有 15.2%的学生认为教师课堂教学有独创性，基本不与课本重复；还有 11.7%的学生认为教师能以问题或专题形式统领教学内容。（表 8-20）

表 8-19 多数教师通常采用的主要教学方式（N=283）

内容	满堂灌、填鸭式	启发式	研究式	讨论式	其他
人数（人）	112	109	27	23	12
百分比（%）	39.6	38.5	9.5	8.1	4.3

表 8-20 就教学内容而言，多数任课教师在课堂教学中的表现

内容	选项	百分比（%）	排序
就教学内容而言，教师在课堂教学中的表现	照本宣科、变化极少	29.0	2
	有独创性，基本不与课本重复	15.2	3
	讲解重点，一般知识性内容由学生自学	44.1	1
	以问题或专题形式统领教学内容	11.7	4

当问及课堂教学过程中师生间的互动情况时，如表 8-21 所示，有 61.8% 的学生认为师生间的互动一般，认为偶尔互动的占 19.8%，认为互动较多的占 12.7%，而认为互动很多或没有的分别占 3.2% 和 2.5%。从以上三个表的数据我们可以看出，教师在课堂教学中仍然以知识的传授为主，满堂灌、填鸭式的教学方式仍然被多数教师采用，师生间的互动明显不多。

表 8-21 课堂教学过程中，师生间的互动情况

内容	很多	较多	一般	偶尔	没有
人数（人）	9	36	175	56	7
百分比（%）	3.2	12.7	61.8	19.8	2.5

学生上课时思维状况及学习收获。学生上课时的思维状况往往能反映出学生对教师教学的适应程度，从表 8-22 可以看出，学生上课时能跟着教师思维走的占 37.5%；只听并记录重点和要点的占 23.6%；带着自己的疑难问题听讲的占 21.2%；只听教师，讲不系统记笔记的占 12.0%；其他的占 5.7%。

表 8-22 学生上课时思维状况的经常表现

内容	选项	百分比（%）	排序
学生上课时思维状况的经常表现	跟教师的思维走	37.5	1
	带着自己的疑难问题听讲	21.2	3
	只听并记录重点和要点	23.6	2
	只听教师讲，不系统记笔记	12.0	4
	其他	5.7	5

从表 8-23 可以看出，有高达 57.2% 的学生认为知识和理论学得多，专业能力训练少；只有 15.9% 的学生认为知识学习与能力训练基本平衡；认为学习了一堆可能无用的知识的学生占 13.8%；认为能力训练多于知识积累的学生仅占 8.2%。在学生看来，教师对知识的传授远大于对其能力的培养。

表 8-23　上大学以来的最大学习收获

内容	选项	百分比（%）	排序
上大学以来的最大学习收获	学了一堆可能无用的知识	13.8	3
	知识和理论学得多，专业能力训练少	57.2	1
	知识学习与能力训练基本平衡	15.9	2
	能力训练多于知识积累	8.2	4
	其他	4.9	5

学生最希望的学习方式及增强学习兴趣的方式。如表 8-24 显示，43.1% 的学生最希望的专业学习方式是教师讲授为主，自学为辅；25.4% 的学生认为能够自由支配学习时间是其最希望的专业学习方式；还有部分学生最希望的专业学习方式是最容易考试过关的方式；自学并请教师讲解或与他人讨论，按部就班地按教师的教学进度和要求学习等。这一结果表明，大学生具有较强的独立自主性，他们的学习方式与高中阶段已有显著不同。

表 8-24　最希望的专业学习方式

内容	选项	百分比（%）	排序
最希望的专业学习方式	能自由支配学习时间	25.4	2
	自学，并请教师讲解或与他人讨论	11.0	4
	教师讲授为主，自学为辅	43.1	1
	按部就班地按教师的教学进度和要求学习	3.5	5
	最容易考试过关的方式	15.2	3
	其他	1.8	6

在最能增强学生对一门课程的学习兴趣方式的调查中，41.7% 的学生认为在学习中能不断体验到快乐与收获最能增强对一门课程的学习兴趣，29.0% 的学生认为在于教师生动有趣的语言艺术，10.6% 的学生认为是教师恰如其分的教学组织方法，还有少部分学生认为有较多机会参与教学互动、适合的学习内容、多媒体等丰富的教学手段与形式也能增强其对一门课程的学习兴趣。从中

可以看出，学生比较注重学习的体验和收获，同时教师的教学方式方法对学生学习兴趣的提升也有很大的影响。（表 8-25）

表 8-25 最能增强学生对一门课程的学习兴趣的方式

内容	选项	百分比（%）	排序
最能增强学生对一门课程的学习兴趣的方式	教师生动有趣的语言艺术	29.0	2
	教师恰如其分的教学组织方法	10.6	3
	在学习中能不断体验到快乐与收获	41.7	1
	学生有较多机会参与教学互动	4.6	6
	适合的学习内容	4.9	5
	多媒体等丰富的教学手段与形式	7.8	4
	其他	1.4	7

第三节 教学方法改革中存在的困境及其原因

就教学方法来说，一方面我们认为"教无定法，贵在得法"，另一方面我们又在积极寻找最有效的教学方法。潘懋元先生对此有自己独到的见解，他认为，"高校教学方法并无绝对优劣之分"，"高校教学方法改革不是寻求剔除所谓不好的教学方法而采用好的方法，或剔除传统方法而采用现代的方法，而是寻求树立正确的教育思想或是思想观念，熟练地根据教学目标、教学内容、教师自身的个性以及学生情况等来选择在达到目标时最合适的方法。"[①] 由此可以看出，正是由于教学方法在教学实践中的重要作用，才引起人们的强烈关注，同时也揭示了教学方法的复杂性，受诸多因素影响，任何教学过程中的细微变化都会影响到教学效果。

一、对传统教学方法的否定与可行性教学方法应用的不足

从教师对知识获取最有效方式的认识来看，73.8%的教师认为最有效的方式是启发探究，63.8%的教师认为是互动合作，39.7%的教师认为是讨论式，仅有28.4%的教师认为是讲授型。可以看出，多数教师并不提倡讲授型的教

---

① 潘懋元. 高等学校教学改革的理论研究 [M]. 福州：福建教育出版社，1995：252.

学方式。但从教师采用的教学方式调查统计数据中可以发现，目前多数教师仍然采用满堂灌、填鸭式的教学方式，采用启发式、研究式、讨论式的比例偏低。教学活动仍然没能摆脱以教师的"教"为主的思维羁绊，而学生的"学"主要体现为对知识的被动接受。建构主义强调知识是个体建构的，它内在于人的心灵中，而不是外在于世界之中。教学不是教师向学生单向传递知识就可以完成的活动，必须是学习者主动对新知识进行加工和重新建构的过程。但现实中可以看到，传统整齐划一的教学模式在教学中仍然居主要地位。主要表现为：教师在教学中以讲授作为主要方式向学生传授知识，学生围绕教师的教，并以听讲为主要方式被动地接受教师传授的知识，不断消耗稀缺的教学时间资源。这就是现在多数教师通常采用的教学方法。

应当承认，一部分教师改变了以往课堂教学中单一的灌输方法，通过深化教学方法改革，变单纯的灌输式和讲授式为研讨式、启发式，注重实践教学环节，加强了学生实践能力和创新能力培养。但这部分教师的人数还较少，影响面相对很小。整体来看，更多的教师还是采用传统的教学方法，也就是所谓的灌入式、注入式方法，课堂上教师是中心、教材是中心，在整个教学中课堂又是中心。这种教学方法使教学变成了一种单纯的知识传授活动。在这一"传递—接受"的单向知识流动的教学模式中，教师霸占着教学的主动权、话语权和时间资源的消费权。在这种教学中，教育质量如何提高？教学效率如何提升？

正如一位学生所言："假如我是一名老师，我会把上课变成一种享受的过程，而不是老师拼命地播放课件，学生拼命地记录，这样的授课方式不但是对师生共同的折磨，而且课程结束后，学生的脑袋里不会留下任何印迹。"当用个性化理念创新教学模式时，首先要认识到，"作为个体，我们并不只是知识的储藏者……个人知识确实包括一定量的信息和数据。然而，个人的知识体系中也包含着大量的对自己来说独一无二的体验和回忆"，"我们可以把自己的个人知识看成一张认识的'网'。许多想法、感觉、概念、思想和信仰都在这里交织在一起。"[1] 换言之，教学过程不能成为教师单方面的知识传授，学生对知识的掌握也不可能只靠强制性记忆。因为教学过程中所传授的客观知识对受教育者个人发展的作用并不是直接的，其必须通过受教育者的掌握，使这种客观存在的知识个人化，与个体的生命相结合才能发挥作用，否则知识便无法被受教育者接受，而成为外在于受教育者的无用知识。

当然，我们并不是单纯地反对传统教学方法，其实传统教学方法对于掌握

---

[1] 维娜·艾莉.知识的进化[M].刘民慧，等，译.珠海：珠海出版社，1998：86-108.

陈述性知识很有效，学生对知识的掌握牢固，容易形成知识系统。陈述性知识作为学生必须掌握的一种知识，在现实教学当中，教师不可避免地要选用一些体现传统教学方法特点的教学方式。反思人们对传统教学方法的偏见，就在于课堂教学过多地使用了传统教学方法，使学生获得的知识大部分局限于陈述性知识，学生的学习方式局限于再现式学习，制约了学生的全面发展。其实，教师应该根据教学内容、学生特点、教学条件及教学环境，选择合适的教学方法或方法组合，在提升教学效率的同时更注重教学质量的提高。

二、教师对教学方法的认识选择与学生实际收获的矛盾

教学方法是课堂教学诸因素中重要而关键的因素，教学方法运用得是否得当，直接关系到教学效率的高低，关系到教学效果的好坏，关系到人才培养的质量。正如教育家孔德拉丘克所说："教学的成败在很大程度上取决于教师是否能妥善地选择教学方法。"教学方法的选择，必须充分考虑到人才培养的定位，考虑到学生自身的多样化以及多样化的需求，并能使不同层次和水平的学生在各自的基础上都有所提高和发展。因为"每一个学习者都是一个非常具体的人。他有他自己的历史，这个历史是不能和任何人的历史混淆的。他有他自己的个性，这种个性随着年龄的增长而越来越被一个由许多因素组成的复合体所决定。这个复合体是由生物的、生理的、地理的、社会的、经济的、文化的和职业的因素所组成，而这些方面对于每一个人来说，都是各不相同的。"[1]当我们选择教学方法时，又如何能不考虑这些。

目前，山西大学商务学院的教学方法改革已取得了一定的成果。特别是随着《国家中长期教育改革和发展规划纲要（2010—2020）》的颁布，以培养具有创新型人才为核心的新一轮教学改革已经在独立学院全面展开，以教学方法为重点的教学改革也逐渐深入。但是，综观当前的独立学院课堂教学现状，我们不得不承认，由于受传统教学模式影响太深，课堂教学中缺乏关注个体差异性的问题仍然存在。批判课程理论的代表人吉鲁曾经指出："传统课程范式中的知识主要被作为一个客观'事实'的领域而对待。也就是说，知识好像是'客观的'，因为它是外在于个体或强加于个体的……在这种情况下，知识就从生成自我意义系统的自我形成过程中被剔除了。"[2] 其实，学习者对于知识的掌握是一个个体个性化建构的过程，是学习者对所学知识再加工，将其与

---

[1] 联合国教科文组织国际教育发展委员会. 学会生存——教育世界的今天和明天 [M]. 北京：教育科学出版社，2001：195-196.

[2] 张华，等. 课程流派研究 [M]. 济南：山东教育出版社，2000：309.

自我的经验相结合，并融入个体的自我知识体系中的过程。正如罗杰斯所说，只有"学习者全身心投入的自发学习，也就是智力和情感都共同参与的学习，才是最持久和最深入的学习。"① 因此，教师调动学习者自主参与学习是教学方法选择成功的关键。

当然，并不是说教学方法的选择只需适应学生的需要，同样也要考虑到教师自身的个性特征和驾驭能力，以及教学目标和教学内容。因为教师面对的不是一件件物品，而是一个个具有主体意识和独特个性的生命体，教学方法的使用不能是僵化的、一成不变的，要根据课堂教学过程中的随机性和学生的特征来选择教学方法，做到灵活应用。一个真正高水平的教师不会抱怨学生个性优劣或知识基础薄弱，而是能够针对不同的学生、针对不同的教学要求选择适宜的教学方法。合适的教学方法能够体现出适应学生学习需求变化的及时性和有效性，因此，教师既要消除用统一的教学方法去教授不同潜质、不同基础和能力结构的学生，同时也要消除现有的"批量生产"无差别化的"商品"，根据学生多样化的学习特点，采用灵活多样化的教学方法。

三、教师教学方法培训覆盖面广与收益甚微的矛盾

调查数据显示，有89.7%的教师接受过高等教育理论与方法方面的专门培训，没有进行过专门培训的仅占10.3%。由此可以看出，为使新教师更好更快地适应教育教学工作，应将提高教育教学质量建立在适应学院发展需求的结构化教师队伍基础上，学院应加强教师队伍的建设工作，尤其是对青年教师队伍的培养力度。但同时，我们也应该看到，对教师教学方法主要来源的统计数据显示，仅有20.7%的教师认为他们的教学方法是通过专门培训获得的，其中自我学习与摸索占的比例最高，为88.8%，其次是观摩与借鉴同事的，占74.1%。就教学方法来说，教师从培训中获得的收益甚微，这与当前的教师培训模式是分不开的。

纵观当前教师的培训仍以高等教育学、高等教育心理学以及相关教育政策法规为主要内容。为弥补教师教育领域知识的匮乏，多数培训注重高等教育学科知识的灌输和相关政策条文的传递，而教师在实际工作中面临的教学、科研及其相关实际问题和困惑却得不到解决。似乎只要教师具备了充足的教育教学理论知识，就一定能表现出适切而有效的教学行为。其实"教育领域的专业知识和能力远不止已经被教育专家发现、归纳和格式化的、编码为各分支的教

---

① Rogers, C. R.. Freedom To Learn [M]. Columbus, Ohio: Charles E. Merrill, 1969: 160-163.

育科学知识,更丰富的知识和才能还积聚在我们每一个教师的教学和教育经验中。"[1] 现实的教学过程是教师、学生及维系两者的教学环境、教学方法、教学内容等诸要素交织互动的过程,对教师来说,每一个教学过程中都充满着对未知的解读和新技能的体验,因此,培养青年教师感悟新知识、学会新技能的能力,是知识经济时代的要求。只有教师"合法的边缘参与",才能"让隐含在人的行动模式和处理事件情感中的默会知识在与情境的互动中发挥作用,并使默会知识的复杂性与有用性随着实践者经验的日益丰富而增加。"[2] 以往知识性的、封闭性的培训内容难以满足教师对知识和技能的多样化需求,也无法为教师的成长提供持续有效的动力支撑。

尤其是在瞬息万变的知识社会里,知识总量正以时间的指数速度不断增长,知识的交叉融合使专业壁垒变得越来越薄,如果对教师的培训仍然局限于固定知识的传授,那么具有综合知识和复合能力的教师队伍将难以很快成长。所以,"成功的教师会提到他们的教学实践经验,会提到他们对教学方法的灵活应用,会提到他们的工作热情,却很少会将其归因于学习教育学理论。我们得出这样的观察结果,并不能排除理论学习的影响和作用有滞后性的原因,但它还是从一开始就表明:掌握教学论的理论知识并不意味着教学能力就能成比例地线性发展。我们只能得出这样的结论:总有某些教师,他们能凭直觉正确地做出教学行为,并对他们的行为给出很棒的理论解释;但相反,也存在这样的教师,他们有很深厚的教学方法理论功底,却无法将其转化为实际行动。"[3] 因此,在开展教师培训前,应该充分了解教师的实际需求及其在教学实践过程中可能面临的问题,如果我们将此舍弃,无论投入多少精力、时间和金钱,都会因为教师的零收益或少收益而没有任何意义。

第四节 促进教师教学方法改进的措施

其实,山西大学商务院在教师教学方法的改革中采取了不少的措施,出台了一些相关的政策,并取得了显著的成效。比如每年开展一次中青年教师教学

---

[1] 张民选.专业知识显性化与教师专业发展[J].教育研究,2002(1):14-18.
[2] J.莱夫,等.情景学习:合法的边缘性参与[M].王文静,译.上海:华东师范大学出版社,2004:1-15.
[3] 希尔伯特·迈尔.课堂教学方法[M].尤岚岚,余茜,译.上海:华东师范大学出版社,2011:9.

基本功竞赛，青年教师导师制的实施等，都促进了教师尤其是青年教师的成长，加强了教师改进教学方法的主动性和积极性。但由于教学方法的实施效果受多种因素的影响，涉及不同层面和各个环节，不仅是一个教育观念转变的理论问题，更是一个教学实践问题；不仅是教法本身的变革，也涉及教学诸多条件的改善和完备；不只是教师如何教，也关系到学生如何学；不仅需要依靠师生的努力，还需要政策导向和管理制度的支持配合。随着"深化教育改革，全面推进素质教育"的普遍开展，现代教育技术的推广实施等重大决策的出台，改革教学方法，提升教育教学质量和效率成为一个重要而紧迫的问题。

一、转变理念，重新进行教师角色定位

通过对现实的课堂教学观察发现，教师更多的还是采用传统的教学方法，也就是所谓的灌入式、注入式方法，课堂上教师是中心、教材是中心，在整个教学中课堂又是中心。这种教学方法使教学变成了一种单纯的知识传授。对学生的考核、对教育质量的评价也以学生接受和掌握知识的多少，与教师讲授的、书本上描写的符合程度为标准。这种教育方式下的教育质量提高如何才能实现呢？要改变这种现状，必须首先让教师树立新的教育理念。进步主义教育家认为，教育并不是强制听讲或闭门读书，教育就是生活、生长和经验改造。生活和经验是教育的灵魂，离开生活和经验就没有教育。[①] 他们提出，要从以教师为中心转向以学生为中心，大学教学要让学生得到发展，让学生主动地去学习、去发展，学生应当自己学，在做中学。教师作为学生学习过程中的促进者，应该"鼓励学生，以促进学生成长为宗旨，不以掌握知识作为教育要达成的最重要的目标。尊重知识，也不是因为知识本身，而是因为知识在促进学生发展方面的贡献。"[②]

部分教师以班级学生人数多为理由，认为启发探究式的课堂教学形式在现实中是不可能实现的，其实这是在为自己开脱。通过网络开放课程，美国一些著名大学的班额并不比我们小，尤其是通识课的班额更大，有的课堂达到三四百人。但课堂教学中，教师也不采用满堂灌的形式，教师所扮演的更多的是导演的角色，而学生则从配角变为了主角，课堂与课外活动成为学生的舞台。学生学习的内容，则从教材扩展到与该课程相关的全部知识体系和实践领域。学生因此在课堂上得到的发展，超越了一般知识的接受，实现了全面发展。学生

---

① 约翰·杜威.民主主义与教育[M].王承绪，译.北京：人民教育出版社，2001：14.
② 加里，D 芬斯特马赫，等.教学的方法[M].胡咏梅，等，译.北京：教育科学出版社，2008：33.

的学习不再是一种现成知识的选择和存储，或者现成技术的模仿，更多的是问题的探索。

二、增强教师对学习者学习特点和水平的认识

教学中无论采取何种教学方法，其实质均为使学生掌握一定的知识并运用这些知识解决实际问题，因此各种教学方法应该以学生为核心。只有在了解学生认知过程特点的基础上，充分利用各种教学方法的优点，避免其缺点，抓住教学方法的重点，才能最终达到教学目的。正如有学者所指出的："一个学校中有效的教学在另外一所内容（或者用作者的术语'知识背景'）不同的学校中可能并不是很有效。教学方法特别的设置可能在高度传统的学校非常有效——在这样的学校里，目标被很清楚地定义为：教会每一个孩子读、写和算术，孩子们的成功更多地以他们显示给教师或其他成年人的分数来衡量。但同样的教学方法在更倾向于改革的、成功体现出创造性和独立性的学校中，可能被认为是高度的'无效'"。[1]

独立学院的学生基础知识相对薄弱，学生之间的差异性比较大，他们除了知识的获取，更注重能力和综合素质的提升，这就对教师的教学态度、教学能力和质量标准提出了更高的要求。"要想成为专家型教师，只通过一本教科书甚至十几本教科书的学习还远远不够，你需要了解学习者的信息、人的发展信息、动机和兴趣。你也需要用你的价值观、目标、个性和爱好来理解和整合这些信息。教师都有他们自己的教学方式，没有能够使我们成为完全一样的教师训练系统。"[2] 满足学生差异化、个性化的学习需求，成为独立学院教师必须明确的教学目标。以学生为本，一切为了学生，为了学生的一切的办学理念在独立学院显得生动而具体。

三、建立持续有效的促进教师教学能力提升的机制

机制完善与否将直接影响到广大师生主动参与教学改革的积极性和持久性。建立和完善学校教学制度与配套措施，是促进教学改革的必要保障。尤其是随着独立学院发展的需要，大批青年教师充实到独立学院教师队伍中，青年教师逐渐成为独立学院发展的主力军。如何以青年教师教学能力的提升为切入点，促进青年教师教学方法的改进，加强职业认同度和师德教育，使青年教师

---

[1] 盖伊·莱弗朗索瓦兹. 教学的艺术 [M]. 佐斌，等，译. 北京：华夏出版社，2004：18.
[2] 盖伊·莱弗朗索瓦兹. 教学的艺术 [M]. 佐斌，等，译. 北京：华夏出版社，2004：19.

尽快融入学院的教育教学和学术共同体中，提升青年教师的教学水平和科研能力，推进青年教师队伍的建设，成为独立学院教师教学能力提升的关键点。事实上，教师正是在实践过程中，通过一定教学活动环境下发生的事实，才能真正认识某一种教学方法，并在不断的实践中掌握和灵活运用，我们无法使教师认同他不熟悉的教学方法的效果，只有当教师在教学实践中运用并检验后，才能相信并掌握。因此，对于教师教学能力的提升不能单纯依靠知识和技能的传授，而应让教师在教学实践、交往行为中通过对教学活动的感悟和体验去领悟教学的意义和方法。

导师制度的实行，正是导师基于真实情景、实践环境和现实问题而开展的对青年教师的教育教学和科研能力进行的个别指导活动，青年教师和导师通过"实践共同体"在真实的活动情景中共同完成教学能力的提升。同时，软机制的形成也是促进教师教学能力提升的关键，当一种以教师合作为核心的教师发展文化形成，就会产生一种内在的约束力和巨大的感染力，即便没有外在的行政和政策要求，也能够让教师保持良好的学习态度和持续发展的需要。正如彼得·圣吉所说："精熟'自我超越'的人，能够不断实现他们内心深处最想实现的愿望，他们对生命的态度就如同艺术家对艺术品一般，全身心投入、不断创造和超越，是一种真正的终身'学习'。组织整体对于学习的意愿与能力，取决于个别成员对于学习的意愿与能力。"[①] 由于多数独立学院至今不过十多年的发展历程，前期多数依靠外聘教师和兼职教师维持正常的教学，在没有深厚文化历史底蕴的情况下，教师发展文化也难以形成，但同时我们也应该看到，独立学院不会因为已有的教师文化不能与时俱，进而形成发展的障碍。独立学院应该充分抓住当前自身师资队伍建设的契机，充分发挥导师制度的作用，积极营造良好的发展氛围。

四、重视教学方法评估，创建公平合理的教学评价体系

审视当前学校的教学评价就会发现，"我们期望培养具有创新精神和综合能力的高素质人才，而我们的评价却在引导学生走向一条狭窄的歧路：在这样一条道路上跋涉靠的是知识的记忆与积累，高级思维、创新能力和综合应用等现代社会极为推崇的素质全都被边缘化了。"[②] 只关注学生分数的高低，忽视学生发展，用统一的标准衡量所有学生的做法不仅有违教育的目的，也不能满

[①] 彼得·圣吉. 第五项修炼——学习型组织的艺术与实务 [M]. 郭进隆，译. 上海：上海三联书店，1998：8.

[②] 周文叶. 学生表现性评价研究 [D]. 上海：华东师范大学，2009.

足学生发展的需要。因为当评价的目的只在于是否"通过"时，评价对于独立学院的教学工作是否有促进作用，以及评价能在多大程度上衡量学生的学习状况和教师的教学水平并促进学生的学习，则成了无关紧要的事情。在评价者的视线里，教学评价只是他们管理教学工作的一个工具、一种手段，或是教学工作中的一个例行环节，至于评价的教育性价值以及评价的真正目的，几乎没有人去理会，也没有人去思考。既然评价的教育性价值被剥离，评价本身也就成为目的，自然，评价中本应是最核心的要素——教育的主体——人，以及人的发展和进步就不见了。当教育评价无视"人"的存在和需要时，更不能指望它去关注每一位受教育者的发展状况，并为他们的发展提供有效的反馈意见。在这样的评价驱动下的独立学院教学，必然是按照一个统一的预先设计好的模式来培养人才，创新型人才的培养无从谈起。日本著名教育家尾田塾一在谈到日本的教育评价时，就特别指出并批评了这种倾向。他指出："必须指出各种类型的试验都存在着其固有的问题。特别是对于那种将评价客观性本身加以目的化，以致造成了和使教育活动取得更大效果这个大目标相矛盾、相对立的现象，以及在考查教育成果之际经常以难以把握为理由而不去顾及那些在教育目标中应占有核心位置的内容的现象。对此更应予以充分注意。归根结底，确保教育评价的客观性只在有助于教育活动朝着正确方向发展的情况下才有其现实意义。"[1]

因此，建立旨在促进每一位学生发展和教师教学能力提升的教学评价体系成为实践教学的重要任务。首先要消除评价标准固有的工具作用，"通过评价主体之间的交往实践开展的评价活动，主要功能不在于价值判断，而是把重心转移到批判、反思、理解和创造上来。它可以是对已有价值规范的批判、反思，可以是对评价主体价值观念的相互理解和交流，也可以是新的价值规范的创造等。"[2] 在此价值引领下的教学评价，不再对评价对象是否达到标准或既定目标进行判断，消除了评价程序化、既定化、表面化的模式，通过"建立评价项目多元、评价方式多样、既关注结果又更加重视过程的评价体系，突出评价对改进教学实践、促进教师与学生发展的功能，改变课程评价方式过分偏重知识记忆与纸笔考试的现象以及过于强调评价的选拔与甄别功能的倾向"[3]。以发挥教学评价的正向引导功能。

---

[1] 尾田塾一. 教育评价 [M]. 李守福，译. 长春：吉林教育出版社，1988：29.
[2] 刘志军. 教育评价的反思和建构 [J]. 教育研究，2004（2）：59-64.
[3] 吕世虎，刘玉莲. 新课程与教学研究 [M]. 北京：首都师范大学出版社，2003：33.

五、优化教学方法改进的政策环境

教学方法的改革仅靠教师群体的自发自觉是远远不够的，它需要学校、教师、学生等各方面通力合作。学校应制订创新型人才培养的战略计划以及实施方案，采取切实可行的政策措施，进一步深化教学方法改革。学校领导、教学管理部门要从培养创新型人才的战略高度重视教学方法改革，进一步转变教育教学观念，把"以教学为中心""以学生为主体""教学质量是学校的生命线"等观念落到实处，改变重科研轻教学、重规范管理轻方法创新的工具主义的观念，制定有利于调动一线教师教学方法创新积极性的政策，大力营造提倡教学方法创新的氛围，加大力度，全力推进教学方法的改革与创新。这要求学校有关领导亲自监督教学方法的探索、实践和创新工作，并把它当作一项重要任务来落实。在公开教学、观摩教学和教学效果评比活动中，要把教学方法的创新当作一项主要指标。要想方设法调动广大教师教学方法创新的积极性和主动性，并在经费上给予必要的资助，同时也要深入广大的学生群体中，了解他们对教学方法的认识，鼓励他们参与教学方法创新活动。

同时，政策是否到位，制度是否配套，都将直接影响广大师生主动参与教学改革的积极性和持久性。正如美国通用食品公司总裁 C. 弗朗克斯 (C. Ffancis) 所说："你可以买到一个人的时间，你可以雇到一个人到指定的工作岗位，你可以买到按时或按日计算的技术操作，但你买不到热情，你买不到创造性，你买不到全身心投入，你不得不设法争取这些。"建立和完善学校管理制度与配套措施，是促进教学改革、实现教学目标的必要保障。学校要采取根本性的鼓励政策与措施，真正树立起重教风气，围绕"教学改革"这个核心，完善管理机制和配套措施，特别在教师考核、职务评聘、晋级、奖励等方面，更要体现"教学改革"这个核心。要针对教师的教学改革工作，完善教学评价体系，在学生考试与成绩评定、教师质量评估等方面，都应从适应、支持和促进教学改革的角度重新考虑，加大改革力度，采取一套新举措，尽快完善与教学改革相配套、行之有效的管理机制，为教学改革创造有利条件。

思 考

教学方法的改进不是一朝一夕的事情，更不能流于一种形式上的追求，否则不仅不能提升教育质量和效率，还会适得其反。比如启示法，不是指教师刻意地在课堂上提出几个问题，或者发出几个疑问的信号，而是指教师在整个授课过程中，能够始终保持怀疑的精神，给学生呈现的不是固定的公式、知识和信息，而是对知识本身的思考。这就要求教师本身不能是知识的崇拜者、思想的禁锢者，抑或政治权威的代言人，而应是一个思考者、质疑者和启发者。因此，教师付出的不仅是时间、精力，更主要的是教学的激情。

在山西大学商务学院教学指导委员会会议纪要"关于对学生评教排名在后5%的19位教师的听课意见反馈及总结会议"中，对被听课教师提出的总的意见是"缺乏激情，平铺直叙"，有些教师虽然认真，但不会讲课，对学生没有吸引力。从中可以看出，教学效果的好坏不是仅凭教师认真、严谨与否就能决定的，当然，也不是说教师选用了某种教学方法，就一定能收到较好的教学效果。不同学科对教学方法的选择显然基于组织教学活动的便捷性考虑，教师也会基于自身对教学方法的理解与掌握程度而判断选择。因此，教学方法的选择还是应该以"匹配"为原则，"实用、适用、够用、好用"就行，任何为了"案例教学"而进行的"案例教学"和为了追求视觉效果的"行动导向"与"项目教学"其实都是一种无意义的消耗，从某种程度上还不如精心准备的"传授"更能体现"消费"意识。确实，我们不能一概地认为讨论、探究型教学方法就一定好，传统讲授型的教学方法就一定不好，关键在于教师在课堂教学中的实际应用情况。

第九章 展望——成为真正意义上的独立者

独立学院作为我国高等教育办学体制改革与创新的重要成果，近二十年来，在我国高等教育办学体制创新、高等教育结构优化、优质高等教育资源整合，以及为社会培养高级应用型人才等方面都做出了重要的不可替代的贡献。立足当前新的时代背景，独立学院应把握好发展态势，明确发展方向，以迎接新的任务和要求。

一、新时代对独立学院的发展提出了新要求

近年来，独立学院发展的外部环境发生了重大变化，民办教育领域新法新政密集出台，高等教育领域的主要矛盾发生变化，地方本科高校应用型转变持续推进，这些都对独立学院发展道路、发展方式以及发展定位提出了新的要求。面对经济发展方式转变对教育发展提出的新要求，面对教育大众化与信息化对高等教育发展的深远影响，面对人力资源大国向人力资源强国转化的国家战略，独立学院如何把握社会经济与高等教育发展的大趋势，抓住机遇，抢占先机，突破桎梏，是当前应该深刻思考的问题。

目前，世界经济增长格局孕育重大变革，新一轮产业调整、升级和转型势不可挡。转型发展既是世界潮流，也是国家取向。随着人民群众对优质高等教育资源的选择性需求越来越旺盛，经济结构调整和转型升级对高层次人才的需求越来越多样，以及日趋激烈的国际竞争对提升高等教育质量的要求越来越迫切，包括独立学院在内的整个高等教育领域必须尽快转变发展方式，以内涵发展和特色发展回应"质"的诉求。具体来说，就是要推动发展，由办学规模的扩大、招生人数的增加、校园基础建设的增强向教育质量的提升、人才培养模式的创新、学科结构的优化发展，即由外延的扩张向内涵的提升转变，由跟随其他学术性大学亦步亦趋、简单模仿向特色化、多元化方向发展转变。逐步把工作的重点放在提高质量、办出特色、创建品牌专业上，转向以强化教学质量、注重内涵建设为主的发展轨道。

近年来，转型发展已经成为我国经济社会的基本特征，在这样的背景下，

我国高等教育将在各地区、各层次、各高校之间展开新一轮的发展竞赛，这场竞赛将围绕转型发展而全面展开。国家政策要求包括独立学院在内的地方本科高校把办学思路转到服务地方经济社会发展上，转到产教融合、校企合作上，转到培养应用型技术技能型人才上，转到增强学生就业创业能力上。其实，独立学院作为地方本科高校的重要组成部分，面对地方经济社会发展需求，面对同质化倾向严重、毕业生就业难和就业质量低等问题，已然认识到自身必须实现转型发展。目前，全国多数省份都开展了地方本科高校转型发展试点工作，从各省试点高校名单来看，包括独立学院在内的民办本科高校是此次转型发展试点的主力军。独立学院只有加快实现转型发展，切实增强可持续发展能力，才可能在新一轮竞赛中脱颖而出。当然，转型发展不是推倒重来，而是对原有发展的扬弃，是一个整合、提升、深化、创新的过程。

虽然各界对应用型转变达成了共识，但正如熊丙奇教授所说："地方本科院校转型，不能停留在形式上，而需要实质性转型，要做到这一点，需要解决深层次问题"[①]。毕竟应用型转变工作是一个系统工程，涉及方方面面。对转型要达到的目标首先有一个正确而清晰的认识，这是做好转型工作的前提。同时，要做好解决深层问题的准备，既然是"应用型"转变，核心环节就应该在"应用"上，虽然大家都在提培养"双师双能型"教师、开设应用专业、增加实践课程……但哪些能力是作为一个人的成长发展以及将来适应社会发展和职业所需要的？哪些专业是未来一定时期内经济社会发展所急需的？"双师双能型"教师应该达到什么样的标准？在企业对高校改革发展参与度不高的情况下，如何让企业参与到应用型大学的改革发展、教师成长和人才培养中，实现校企真正意义上的合作，政府在引导行业企业的参与方面需要做很多工作。因此，独立学院的应用型转变除了学校自身的积极主动外，更需要地方政府给予相应的资金支持，需要行业企业的积极配合，还需要国家的积极引导和相关政策支持。

二、独立学院道路选择中面临的关键问题

党的十九大报告提出，"支持和规范社会力量兴办教育"。尤其是随着民办教育新法新政的颁布，对包括独立学院在内的民办高校提供了一个难得的历史机遇，独立学院要尽快明确发展道路，完善产权结构，妥善处理不同利益主体之间的关系。

独立学院作为我国民办高等教育中一种特殊的存在，是一种自下而上、自

---

① 熊丙奇. 600所本科院校转职教并非易事 [N]. 新京报, 2014-5-12.

主探索发展起来的办学模式,发展形态各异、合作模式多样、历史背景不尽相同,在办学体制、运作机制等方面存在明显的差异。随着新法新政的实施,独立学院同其他民办高校一样,要在营利性与非营利性之间做出选择。但相比其他纯民办高校,独立学院在选择营利性或非营利性道路上面临着更多的障碍。除了"校中校"类型的独立学院外,现阶段许多独立学院都拥有多个举办主体,投资来源主要包括地方政府、企事业单位、举办者个人、股份制融资、外企或合资企业等,也就是说独立学院中既有国有资本,又有集体资本,还有民营资本、国外资本,办学模式多种多样。独立学院登记为非营利性,那么混合所有制中的民营经济主体将不能取得办学收益;登记为营利性,举办者可以取得办学收益,但是有的独立学院有公办高校投入,有的还有政府国有资本投入,要登记为营利性亦非易事。正如有学者所说:"独立学院是一个公办高等教育资源与社会资金相结合的混合体,自其诞生之日起,就已被深深地打上了市场经济的烙印,高等教育的内在规律与市场经济规律之间的碰撞在所难免。"[1]

目前大多数独立学院对营利性和非营利的选择举棋不定、左右为难,对于独立学院来说,严格分类意味着既有"得"也有"失"。举办者需要理性权衡得失,做出分类选择。正如一位独立学院的管理者所说,选择营利性或非营利性的决定权并不在独立学院自身,由于独立学院的特殊性,至少有两个及以上的举办者,不同举办主体的利益诉求不同,致使多数独立学院对于发展道路处于徘徊和等待状态。当然,目前不论是对营利性还是非营利性学校,在教师社保、财政扶持、税收优惠、办学自主权方面,都还缺少相应可行的具体政策措施和实施细则,这也是导致目前举办者无所适从,多数仍处于观望状态的原因。谈及修法后民办教育的未来走向,中国民办教育协会秘书长王文源表示,由于民办学校实行分类管理、差别化扶持的政策体系,短期内民办教育会经历一段时间阵痛、迷茫现象,但是总体上,一定是向着更规范、更好的方向发展。

有人认为独立学院只是我国高等教育发展的一种过渡态势,其最终要转设为民办高校。当然,不管独立学院未来要转设为民办高校还是作为独立学院继续存在,都对其管理体制的改革提出了要求。[2] 潘懋元先生认为:"无论公办大学还是民办大学都存在产权不明晰、产权结构不合理的现象。这是进一步深

---

[1] 李国祥. 独立学院管理体制与运行机制研究 [J]. 广西民族大学学报(哲学社会科学版),2012(3):186-188.

[2] 卢继团. 我国独立学院管理体制改革问题研究 [D]. 福州:福建师范大学,2014.

化高校体制改革、创建现代大学制度和发展民办高等教育必须面对的问题。"①正是由于独立学院产权的复杂性,一直难以构建清晰的产权制度,导致各投资主体办学的权、责、利不明确,各主体间互相争"权"夺"利"。独立学院管理体制上的问题,很大一部分是由产权不明带来的,因此,产权问题就成为独立学院体制改革要解决的关键问题。②确实,相比纯民办高校,独立学院的产权关系更为复杂多样。

按照《中华人民共和国民办教育促进法》第三十六条规定,"民办学校对举办者投入民办学校的资产、国有资产、受赠的财产以及办学积累,享有法人财产权。"《若干意见》也提出,"民办学校应当明确产权关系,建立健全资产管理制度。民办学校举办者应依法履行出资义务,将出资用于办学的土地、校舍和其他资产足额过户到学校名下。存续期间,民办学校对举办者投入学校的资产、国有资产、受赠的财产以及办学积累享有法人财产权,任何组织和个人不得侵占、挪用、抽逃"。根据现行法律,举办者一旦将出资财产过户到独立学院名下,就属于独立学院所有,这是由独立学院的法人地位决定的。从目前情况来看,由于种种原因,独立学院法人财产权的落实并不到位,所有权主体虚置。同时,由于无形资产难以估价、增值资产归属不明晰等,导致独立学院产权关系不清。当前,应尽快完成对独立学院资产的划分,探索按照股份制产权结构、公益性法人产权结构等途径,清晰划定产权,调整产权规则,明确股权比例③,形成"归属清晰,权责明确"的产权关系。

独立学院的特殊属性决定了其利益相关者的多元化和复杂性,独立学院涉及的利益相关者不仅包括独立学院管理层、教师、学生,还包括独立学院的举办者、捐赠人与团体、社会公益组织、公众、政府主管部门等等。不同的利益主体有不同的利益诉求,对包括独立学院在内的民办高校进行分类管理,必然会触及部分利益相关者的利益。利益相关者理论通过平衡各利益相关者间的利益诉求,实现共同治理、共担风险、相互制衡的管理模式,形成利益相关者之间的"契约网"。因此,民办高等教育的分类管理应充分发挥各利益相关者的作用,甄别梳理并充分考量各利益相关者的性质、特点及诉求,寻找利益均衡点,协调和满足各方利益需求,促进各利益相关者的合作共赢,保障分类管理制度的有效实施,促进独立学院的持续健康发展。

---

① 潘懋元.我国高校产权制度改革的若干问题——兼论公民、办高校产权问题[J].教育发展研究,2005(7):17-22.
② 卢继团.我国独立学院管理体制改革问题研究[D].福州:福建师范大学,2014.
③ 阙明坤.混合所有制视角下独立学院办学体制创新研究[J].复旦教育论坛,2017(3):46-52.

从利益相关者共同治理的模式来看，独立学院的存在其实就是不同的利益相关者抱着不同的利益诉求并通过不同的途径和方式相互影响、共同作用的过程。其实，"独立学院在其发展过程中面临不同利益主体之间多元目标与多元利益的矛盾和冲突是正常的。关键是学院应在坚持依法办学原则的前提下，妥善协调各方利益，使之为提高办学效益和促进社会经济发展而和衷共济"①。为此，解决独立学院利益相关者的关键问题是明晰举办者、董事会、院长、管理层等多方主体、多个层级之间的分权和制衡关系。就其内部管理来看，要理顺独立学院的董事会、行政权力、学术权利与师生权利之间的利益平衡，使各方能够在一个恰当的机制下充分表达各种意愿和诉求。

三、未来道路：走向真正的独立

独立学院作为高等教育大众化背景下产生的一种办学模式，为我国扩大高等教育资源供给、培养急需应用型人才、优化高等教育区域布局、促进高等教育发展做出了重要贡献。但独立学院作为我国高等教育改革的一种尝试与探索，它的产生和发展有着其自身的独特逻辑，这一现状决定了独立学院从一出现就存在认识不足和政策法律与内部管理体制准备不足的缺陷，这必将导致这种新的办学机制出现严重的制度供给不足，致使独立学院的独立之路异常艰难。同时，由于先发展再规范的逻辑秩序，独立学院的办学模式不一，举办者类型复杂多样，办学模式各异。尤其是对于"校中校"模式的独立学院，由于对母体高校的依附性比较大，对其的存在和发展存在着诸多争议，要求独立学院实现真正"独立"的呼声不断。

教育部在 2003 年颁布的《关于规范并加强普通高校以新的机制和模式试办独立学院管理的若干意见》，已经对独立学院提出了"七独立"的要求：独立学院应具有独立的校园和基本办学设施，实施相对独立的教学组织和管理，独立进行招生，独立颁发学历证书，独立进行财务核算，应具有独立法人资格，能独立承担民事责任。但从目前来看，仍有部分独立学院没能做到七个独立，如果按照普通本科高校的设置标准，也仍有不少独立学院不能达标。同时，由于部分独立学院法人地位未落实、产权归属不清晰、办学条件不达标、师资结构不合理、内部治理不健全等问题，在一定程度上影响了教育公平和高等教育健康发展。尤其是面对《关于修改〈中华人民共和国民办教育促进法〉的决定》的实施，独立学院必须在民办和公办之间做出选择。

---

① 刘继荣，杨潮. 独立学院管理体制与运行机制构建的基本思路 [J]. 高等工程教育研究，2004(3)：41-46.

其实,《关于修改〈中华人民共和国民办教育促进法〉的决定》及相关配套政策实施以来,独立学院的转设进程明显加快,2008年至2018年的11年间,共有63所独立学院转设为独立设置的本科院校,2019年到2020年上半年,就有21所独立学院转设,同时,很多独立学院已经在转设筹备中。为加快独立学院转设步伐,2020年5月,教育部印发了《关于加快推进独立学院转设工作的实施方案》(以下简称"《实施方案》"),《实施方案》的工作思路是要求独立学院"能转尽转、能转快转,统筹兼顾、协调推进,分类指导、因校施策",根据总体安排,各省要把独立学院转设作为高校设置工作的重中之重,积极创造条件推动其完成转设。要求到2020年末,各独立学院全部制定转设工作方案,同时推动一批独立学院实现转设。原则上,中央部门所属高校、部省合建高校举办的独立学院要率先完成转设,其他独立学院要尽早完成转设,转设路径为:转为民办、转为公办、终止办学。

独立学院转设为民办本科院校后,社会对其评价将与母体高校无关,而是对其本身的评价。过去独立学院由于有母体高校的庇护,享受着母体高校的师资与公众对母体高校品牌的信赖,与民办院校不在一个水平线上,但转设后的院校与民办高校将处于同一起跑线上进行竞争。由于中国的民办高校是在割裂了历史基础,公立大学占垄断地位的时代中另起炉灶发展起来的,没有形成足以与一些公办名校相媲美的民办高校,因此,社会对民办高校的认可和接受程度比较低,这就要求转设后的院校需继续努力,只有办成在国内有重大影响力的民办大学,才能扭转公众对民办高等教育不信任的心理,并获得政府更多的制度性支持。

经过二十多年的发展和积淀,到了该离开母体高校的时候,也许只有脱离各种利益牵绊,独立学院才能更好地发展和成长。十九大报告提出要"坚持全面深化改革","坚决破除一切不合时宜的思想观念和体制机制弊端,突破利益固化的藩篱"。这是站在新的历史方位上对改革再宣誓、再出发。独立学院必须准确把握新时代的发展趋势,应对新的矛盾,不断总结独立学院改革和发展过程中的成功经验和失败教训,冲破体制机制的障碍,深化体制改革,坚持改革的攻坚方向,在新的时代背景下展现新的作为。

附表一 2003—2018年独立学院发展相关政策

颁布时间	政策/法案名称	颁发部门	关涉事项
2003年	《关于规范并加强普通高校以新的机制和模式试办独立学院管理的若干意见》	教育部	"七个独立"推进独立学院持续健康发展
2004年	《中华人民共和国民办教育促进法实施条例》	国务院	明确举办民办学校的基本政策,为独立学院的制度建设提供了充分的法律依据和保障
2005年	《关于加强独立学院招生工作管理的通知》	教育部	对独立学院的招生工作予以规范
2006年	《关于加强民办高校规范管理引导民办高等教育健康发展的通知》	国务院办公厅	规范民办高校办学行为,引导民办高等教育健康发展,包括独立学院
2006年	《关于对普通高校、独立学院办学条件等有关问题核查情况的通报》	教育部办公厅	对独立学院基本办学条件和资产权属进行核查,对部分独立学院办学条件不达标、资产未过户的院校予以通报批评
2007年	《民办高等学校办学管理若干规定》	国务院办公厅	根据《中华人民共和国民办教育促进法》及其实施条例和国家有关规定,为引导民办高校健康发展,对包括独立学院在内的民办高校的办学行为进行了规范

续表

颁布时间	政策/法案名称	颁发部门	关涉事项
2008 年	《独立学院设置与管理办法》	教育部	根据《中华人民共和国高等教育法》《中华人民共和国民办教育促进法》《中华人民共和国民办教育促进法实施条例》，为了规范普通高等学校与社会组织或者个人合作举办独立学院活动，维护受教育者和独立学院的合法权益，促进高等教育事业健康发展，制定了本办法，成为独立学院发展的指导政策
2009 年	《关于编报省级独立学院五年过渡期方案》	教育部办公厅	要求各省级教育行政部门把促进独立学院健康发展作为一项重要工作，摸清本地区独立学院总体情况，分析独立学院存在的问题，并提出每所独立学院具体的工作进度和意见
2011 年	《教育部关于"十二五"期间高等学校设置工作的意见》	教育部	2014 年以前每年均可按照高等学校设置工作要求开展独立学院转设的审批工作
2016 年	《关于修改〈中华人民共和国民办教育促进法〉的决定》	全国人民代表大会常务委员会	民办学校的举办者可以自主选择设立非营利性或者营利性民办学校。非营利性民办学校的举办者不得取得办学收益，学校的办学结余全部用于办学。营利性民办学校的举办者可以取得办学收益，学校的办学结余依照公司法等有关法律、行政法规的规定处理
2016 年	《民办学校分类登记实施细则》	教育部、人力资源和社会保障部等五部门	规定了非营利性民办学校和营利性民办学校设立的要求，分类登记的实施以及现有民办学校分类登记等事项

续表

颁布时间	政策/法案名称	颁发部门	关涉事项
2017年	《教育部关于"十三五"时期高等学校设置工作的意见》	教育部	对布局合理，条件具备，办学行为规范的独立学院，鼓励按照普通高等学校设置程序，申请转设为独立设置的本科学校
2018年	《教育部办公厅关于做好2018年度高等学校设置工作的通知》	教育部办公厅	鼓励支持独立学院转设。坚持把独立学院转设摆在高校设置工作的首要位置，各地要逐一梳理、系统分析本地区每所独立学院的办学实际情况，坚持分类施策，制定独立学院转设的时间表和路线图，积极推动独立学院能转快转、能转尽转。列入"十三五"高校设置规划的独立学院转设优先申报；未列入规划的，中期调整配置，本着平稳有序的原则对高校异地办学逐步进行清理规范
2020年	《关于加快推进独立学院转设工作的实施方案》	教育部办公厅	把独立学院转设作为高校设置工作的重中之重，积极创造条件推动完成转设。到2020年末，各独立学院全部制定转设工作方案，同时推动一批独立学院实现转设。原则上，中央部门所属高校、部省合建高校举办的独立学院要率先完成转设，其他独立学院要尽早完成转设针对不同区域、不同类型、不同模式的独立学院，坚持实事求是，探索适合的转设路径。主要为：转为公办、转为民办、终止办学

附表二　2008—2020年上半年全国独立学院转设名单

序号	转设后名称	建校基础	所属省份	转设时间	转设路径
1	哈尔滨德强商务学院	哈尔滨商业大学德强商务学院	黑龙江省	2008年	民办
2	大连东软信息学院	东北大学东软信息学院	辽宁省	2008年	民办
3	辽宁财贸学院	沈阳师范大学渤海学院	辽宁省	2008年	民办
4	吉林动画学院	吉林艺术学院动画学院	吉林省	2008年	民办
5	大连艺术学院	东北大学大连艺术学院	辽宁省	2009年	民办
6	黑龙江外国语学院	哈尔滨师范大学恒星学院	黑龙江省	2011年	民办
7	哈尔滨华德学院	哈尔滨工业大学华德应用技术学院	黑龙江省	2011年	民办
8	长春建筑学院	吉林建筑工程学院建筑装饰学院	吉林省	2011年	民办
9	青岛工学院	中国海洋大学青岛学院	山东省	2011年	民办
10	无锡太湖学院	江南大学太湖学院	江苏省	2011年	民办
11	大连科技学院	大连交通大学信息工程学院	辽宁省	2011年	民办
12	辽宁何氏医学院	沈阳医学院何氏视觉科学学院	辽宁省	2011年	民办
13	武昌理工学院	武汉科技大学中南分校	湖北省	2011年	民办
14	哈尔滨剑桥学院	黑龙江大学剑桥学院	黑龙江省	2011年	民办
15	汉口学院	华中师范大学汉口分校	湖北省	2011年	民办
16	武汉长江工商学院	中南民族大学工商学院	湖北省	2011年	民办
17	商丘学院	河南农业大学华豫学院	河南省	2011年	民办
18	郑州升达经贸管理学院	郑州大学升达经贸管理学院	河南省	2011年	民办

续表

序号	转设后名称	建校基础	所属省份	转设时间	转设路径
19	武汉东湖学院	武汉大学东湖分校	湖北省	2011年	民办
20	哈尔滨广厦学院	哈尔滨商业大学广厦学院	黑龙江省	2012年	民办
21	武昌工学院	武汉工业学院工商学院	湖北省	2012年	民办
22	哈尔滨石油学院	东北石油大学华瑞学院	黑龙江省	2012年	民办
23	三亚学院	海南大学三亚学院	海南省	2012年	民办
24	郑州成功财经学院	河南财经政法大学成功学院	河南省	2012年	民办
25	哈尔滨远东理工学院	哈尔滨理工大学远东学院	黑龙江省	2012年	民办
26	沈阳城市建设学院	沈阳建筑大学城市建设学院	辽宁省	2013年	民办
27	燕京理工学院	北京化工大学北方学院	河北省	2013年	民办
28	大连财经学院	东北财经大学津桥商学院	辽宁省	2013年	民办
29	长春光华学院	长春大学光华学院	吉林省	2013年	民办
30	沈阳城市学院	沈阳大学科技工程学院	辽宁省	2013年	民办
31	上海视觉艺术学院	复旦大学上海视觉艺术学院	上海市	2013年	民办
32	重庆人文科技学院	西南大学育才学院	重庆市	2013年	民办
33	四川传媒学院	成都理工大学广播影视学院	四川省	2013年	民办
34	长春科技学院	吉林农业大学发展学院	吉林省	2013年	民办
35	沈阳工学院	沈阳理工大学应用技术学院	辽宁省	2013年	民办
36		沈阳农业大学科学技术学院			
37	文华学院	华中科技大学文华学院	湖北省	2014年	民办
38	长春财经学院	吉林财经大学信息经济学院	吉林省	2014年	民办
39	齐鲁理工学院	曲阜师范大学杏坛学院	山东省	2014年	民办
40	成都文理学院	四川师范大学文理学院	四川省	2014年	民办
41	四川文化艺术学院	四川音乐学院绵阳艺术学院	四川省	2014年	民办
42	武汉工程科技学院	中国地质大学江城学院	湖北省	2014年	民办
43	广州商学院	华南师范大学增城学院	广东省	2014年	民办
44	辽宁理工学院	渤海大学文理学院	辽宁省	2014年	民办
45	武汉设计工程学院	华中农业大学楚天学院	湖北省	2015年	民办
46	黑龙江工商学院	东北农业大学成栋学院	黑龙江省	2015年	民办
47	武汉学院	中南财经政法大学武汉学院	湖北省	2015年	民办

附表二　2008~2020年上半年全国独立学院转设名单

续表

序号	转设后名称	建校基础	所属省份	转设时间	转设路径
48	四川工商学院	四川师范大学成都学院	四川省	2015年	民办
49	湖北商贸学院	湖北工业大学商贸学院	湖北省	2015年	民办
50	武昌首义学院	华中科技大学武昌分校	湖北省	2015年	民办
51	阳光学院	福州大学阳光学院	福建省	2015年	民办
52	厦门工学院	华侨大学厦门工学院	福建省	2015年	民办
53	沈阳科技学院	沈阳化工大学科亚学院	辽宁省	2016年	民办
54	温州商学院	温州大学城市学院	浙江省	2016年	民办
55	安徽信息工程学院	安徽工程大学机电学院	安徽省	2016年	民办
56	郑州工商学院	河南理工大学万方科技学院	河南省	2016年	民办
57	信阳学院	信阳师范学院华锐学院	河南省	2016年	民办
58	安阳学院	安阳师范学院人文管理学院	河南省	2016年	民办
59	武汉传媒学院	华中师范大学武汉传媒学院	湖北省	2016年	民办
60	华夏理工学院	武汉理工大学华夏学院	湖北省	2016年	民办
61	武汉晴川学院	武汉大学珞珈学院	湖北省	2016年	民办
62	保定理工学院	中国地质大学长城学院	河北省	2018年	民办
63	皖江工学院	河海大学文天学院	安徽省	2018年	民办
64	闽南科技学院	福建师范大学闽南科技学院	福建省	2018年	民办
65	新疆科技学院	新疆财经大学商务学院	新疆	2019年	公办
66	马鞍山学院	安徽工业大学工商学院	安徽省	2019年	民办
67	福州工商学院	福建农林大学东方学院	福建省	2019年	民办
68	新疆理工学院	新疆大学科学技术学院	新疆	2019年	公办
69	浙江大学城市学院	浙江大学城市学院	浙江省	2019年	公办
70	浙江大学宁波理工学院	浙江大学宁波理工学院	浙江省	2019年	公办
71	吉林建筑科技学院	吉林建筑大学城建学院	吉林省	2019年	民办
72	潍坊理工学院	山东师范大学历山学院	山东省	2019年	民办
73	北京师范大学珠海校区	北京师范大学珠海分校	广东省	2019年	回归母体
74	柳州工学院	广西科技大学鹿山学院	广西	2020年	民办

续表

序号	转设后名称	建校基础	所属省份	转设时间	转设路径
75	成都银杏酒店管理学院	成都信息工程大学银杏酒店管理学院	四川省	2020 年	民办
76	西安明德理工学院	西北工业大学明德学院	陕西省	2020 年	民办
77	南京传媒学院	中国传媒大学南广学院	江苏省	2020 年	民办
78	西安工商学院	西安工业大学北方信息工程学院	陕西省	2020 年	民办
79	内蒙古鸿德文理学院	内蒙古师范大学鸿德学院	内蒙古	2020 年	民办
80	武汉文理学院	江汉大学文理学院	湖北省	2020 年	民办
81	蚌埠工商学院	安徽财经大学商学院	安徽省	2020 年	民办

参考文献

[1] 阙海宝,等. 独立学院转设政策的执行与偏差 [M]. 北京:人民出版社,2017.

[2] 金彦龙,等. 独立学院管理模式与运行机制 [M]. 北京:知识产权出版社,2008.

[3] 刘铁,孙雪冬. 我国独立学院内部治理研究——以广东省为例 [M]. 广东:中山大学出版社,2018.

[4] 经济合作与发展组织. 高等教育与区域:立足本地 致胜全球 [M]. 清华大学教育研究院,译. 北京:教育科学出版社,2012.

[5] 程莹,王琪,刘念才. 世界一流大学:对全球高等教育的影响 [M]. 上海:上海交通大学出版社,2015.

[6] 冯文广. 独立学院发展战略研究——以四川省为例 [M]. 四川:西南财经大学出版社,2010.

[7] 罗伯特·M.赫钦斯. 美国高等教育 [M]. 汪利兵,译. 杭州:浙江教育出版社,2001.

[8] 许为民,林伟连,楼锡锦,等. 独立学院的发展与运行研究 [M]. 杭州:浙江大学出版社,2008.

[9] 杨继瑞,等. 高校独立学院 [M]. 成都:西南财经大学出版社,2007.

[10] 陈志丹,刘俊. 独立学院内涵提升与可持续发展研究 [M]. 北京:科学技术文献出版社,2019.

[11] 张震,祝小宁. 独立学院与产品供给——诸方博弈及市场运作 [M]. 北京:科学出版社,2016.

[12] 李延保. 中国独立学院调查报告 [M]. 广州:中山大学出版社,2016.

[13] 苗玉宁. 独立学院可持续发展理论与实践 [M]. 北京:经济科学出版社,2012.

[14] 伯顿·克拉克. 高等教育新论:多学科的研究 [M]. 王承绪,译. 杭州:浙江教育出版社,1998.

［15］联合国教科文组织．教育——财富蕴藏其中［M］．联合国教科文组织总部中文科，译．北京：教育科学出版社，2014．

［16］皮特斯科特．高等教育全球化：理论与政策［M］．周倩，高耀丽，译．北京：北京大学出版社，2009．

［17］诺曼·朗沃斯．终身学习在行动 21 世纪的教育变革［M］．沈若慧，等，译．北京：中国人民大学出版社，2006．

［18］潘懋元．中国高等教育评论（第 3 卷）［M］．北京：教育科学出版社，2012．

［19］简·奈特．激流中的高等教育：国际化变革与发展［M］．刘东风，陈巧云，译．北京：北京大学出版社，2011．

［20］Philip H Taylor, Colin Richards. An Introduction to Curriculum studies［M］. Great Britain：NFER Publishing Company，1979．

［21］约翰·布伦南，等．高等教育质量管理［M］．陆爱华，等，译．上海：华东师范大学出版社，2005．

［22］潘懋元．高等学校教学改革的理论研究［M］．福州：福建教育出版社，1995．

［23］维娜·艾莉．知识的进化［M］．刘民慧，等，译．珠海：珠海出版社，1998．

［24］联合国教科文组织国际教育发展委员会．学会生存——教育世界的今天和明天［M］．北京：教育科学出版社，2001．

［25］Rogers, C. R.. Freedom To Learn［M］. Columbus, Ohio：Charles E. Merrill，1969．

［26］莱夫，等．情景学习：合法的边缘性参与［M］．王文静，译．上海：华东师范大学出版社，2004．

［27］吕世虎，刘玉莲．新课程与教学研究［M］．北京：首都师范大学出版社，2003．

［28］全球治理委员会．我们的全球伙伴关系［M］．天津：天津大学出版社，1995．

［29］杨东平．教育蓝皮书——中国教育发展报告 2014［M］．北京：社会科学文献出版社，2014．

［30］约翰·杜威．民主主义与教育［M］．王承绪，译．北京：人民教育出版社，2001．

［31］张华，等．课程流派研究［M］．济南：山东教育出版社，2000．

［32］加里，D 芬斯特马赫，等．教学的方法［M］．胡咏梅，等，译．北京：

教育科学出版社, 2008.

[33] 阙明坤. 我国独立学院转设现状分析及对策研究 [J]. 教育研究, 2016, 37 (03): 64-71.

[34] 王富伟. 独立学院的制度化困境——多重逻辑下的政策变迁 [J]. 北京大学教育评论, 2012, 10 (02): 79-96.

[35] 金国华, 金鑫. 独立学院转型期师资队伍建设的探讨 [J]. 高等教育研究, 2012, 33 (02): 75-78.

[36] 冯向东. 处在"十字路口"的独立学院 [J]. 高等教育研究, 2011, 32 (06): 36-41.

[37] 苗玉宁. 转型发展中的独立学院定位思考 [J]. 中国高等教育, 2011 (07): 50-51.

[38] 樊哲, 钟秉林, 赵应生. 独立学院发展的现状研究与对策建议——我国民办高等教育改革与发展探析（二）[J]. 中国高等教育, 2011 (Z1): 24-27.

[39] 杨德广. 独立学院的发展模式及未来走向 [J]. 教育发展研究, 2010, 30 (Z2): 103-107.

[40] 季诚钧, 方文彬, 何菊芳. 独立学院办学现状、困境与对策思考 [J]. 教育发展研究, 2009 (22): 25-29.

[41] 房文娟, 何如海. 基于独立学院学生特点的教学管理研究 [J]. 安徽农业大学学报（社会科学版）, 2009, 18 (02): 92-95.

[42] 费坚. 当前我国独立学院"独立"的困境研究 [J]. 高教探索, 2008 (01): 99-103.

[43] 尹伟. 独立学院的发展历程与特征探析 [J]. 高等农业教育, 2007 (08): 9-12.

[44] 王建华. 我国独立学院制度: 问题与转型 [J]. 教育研究, 2007 (07): 46-49, 83.

[45] 张小东, 曾平生. 独立学院教师激励机制探析 [J]. 教育探索, 2007 (06): 89-90.

[46] 周国宝. 独立学院的特性及其发展前景 [J]. 中国高教研究, 2007 (03): 60-62.

[47] 徐淑兰. 独立学院师资队伍建设的问题与对策 [J]. 内蒙古师范大学学报（教育科学版）, 2007 (03): 154-156.

[48] 冯向东. 独立学院新一轮发展的制度支撑 [J]. 高等教育研究, 2006 (10): 58-62.

[49] 许为民. 论独立学院的三个定位 [J]. 中国高教研究, 2006 (08): 44-47.

[50] 沈怡玥, 倪振民. 关于独立学院的政策与法规及其问题的探讨 [J]. 江苏大学学报 (高教研究版), 2006 (03): 10-14.

[51] 周满生. 独立学院产生的背景、发展与政策调控 [J]. 国家教育行政学院学报, 2006 (07): 3-7.

[52] 周白华. 关于独立学院发展的战略思考 [J]. 江苏高教, 2006 (04): 77-79.

[53] 姜毅. 独立学院师资建设问题探析 [J]. 教育发展研究, 2006 (12): 30-32.

[54] 朱翠英. 加强独立学院师资队伍建设的思考 [J]. 高等农业教育, 2006 (05): 56-58.

[55] 林伟连, 伍醒, 许为民. 高校人才培养目标定位"同质化"的反思——兼论独立学院人才培养特色 [J]. 中国高教研究, 2006 (05): 40-42.

[56] 顾美玲. 独立学院的发展历程与前景探析 [J]. 四川师范大学学报 (社会科学版), 2006 (02): 38-44.

[57] 戴林富, 游俊. 创新独立学院人才培养模式刍议 [J]. 中国高教研究, 2006 (01): 75-76.

[58] 冯向东. 独立学院"独立"之辨 [J]. 复旦教育论坛, 2006 (01): 58-62.

[59] 李庆军. 关于独立学院办学定位的思考 [J]. 江苏高教, 2006 (01): 72-73.

[60] 刘翠秀. 独立学院的发展现状及未来走势 [J]. 高教论坛, 2005 (05): 41-44.

[61] 刘翠秀. 独立学院的产生、发展及原因 [J]. 继续教育研究, 2005 (04): 153-156.

[62] 袁韶莹, 齐凤和. 试论我国独立学院的发生、发展与前景 [J]. 现代教育科学, 2005 (07): 18-20.

[63] 李晓波, 鄢烈洲. 关于独立学院教师队伍建设的分析与思考 [J]. 内蒙古农业大学学报 (社会科学版), 2005 (03): 73-74.

[64] 范文曜, 马陆亭. 独立学院发展的现状、问题与对策 [J]. 理工高教研究, 2005 (03): 1-4.

[65] 张保庆. 统一思想 提高认识 注重质量 严格管理 努力促进独立学院健康持续发展 [J]. 中国高等教育, 2005 (09): 3-5.

[66] 秦惠民, 王大泉. 关于"独立学院"属性及其相关问题的思考 [J]. 中国高教研究, 2005 (04): 55-58.

[67] 马陆亭,范文曜. 发展独立学院的现实基础及政策探析 [J]. 中国高等教育, 2005 (08): 28-32.

[68] 王金瑶,来明敏. 独立学院发展的问题及对策 [J]. 高等工程教育研究, 2005 (02): 101-104.

[69] 斯荣喜,龚山平,邹晓东. 独立学院应用型创新人才培养模式探索 [J]. 高等工程教育研究, 2005 (01): 73-75.

[70] 刘翠秀. 独立学院发展问题与对策 [J]. 高教探索, 2005 (01): 11-13.

[71] 赵中岳. 独立学院应用型本科人才培养模式初探 [J]. 吉林省经济管理干部学院学报, 2004 (06): 54-57.

[72] 周雪梅. 关于独立学院办学特色的几点思考和建议 [J]. 南京理工大学学报(社会科学版), 2004 (06): 83-85.

[73] 李祖超,黄文彬. 独立学院发展中的若干问题及对策分析 [J]. 辽宁教育研究, 2004 (11): 34-37.

[74] 于福,史天勤. 独立学院师资队伍建设研究 [J]. 现代教育科学, 2004 (09): 112-113.

[75] 朱军文. 新制独立学院概念及其本质特征:基于产权的分析 [J]. 复旦教育论坛, 2004 (05): 63-65.

[76] 潘懋元. 独立学院的兴起及前景探析 [J]. 中国高等教育, 2004 (C2): 30-31.

[77] 宋秋蓉. 独立学院发展过程中有待解决的几个问题 [J]. 教育与现代化, 2004 (02): 68-71.

[78] 徐文. 独立学院的产权关系分析 [J]. 理论月刊, 2004 (06): 147-148.

[79] 牟阳春. 独立学院——我国高等教育新一轮发展的历史性选择 [J]. 教育发展研究, 2004 (04): 5-9.

[80] 周济. 促进高校独立学院 持续健康快速发展 [J]. 教育发展研究, 2003 (08): 1-4.

[81] 胡瑞文,陈国良,等. 独立学院:我国高等教育发展的创新模式 [J]. 教育发展研究, 2003 (08): 5-10.

[82] 沈勇. 应用技术大学:独立学院转型定位的战略选择和实施路径 [J]. 江苏高教, 2013 (06): 61-62.

[83] 荆光辉,黄文新. 独立学院应用型人才培养方案的特色化研究 [J]. 湖南师范大学教育科学学报, 2009, 8 (05): 94-96.

[84] 杨德广. 独立学院是中国特色的新型民办高校 [J]. 高等教育研究, 2009, 30 (03): 56-60.

[85] 李巧针. 三年来独立学院研究综述 [J]. 黑龙江高教研究, 2007 (10): 11-14.

[86] 游俊. 构建独立学院创新人才培养模式的几点思考 [J]. 大学教育科学, 2005 (06): 80-82.

[87] 吴中平, 郑能波, 等. 独立学院发展策略探讨 [J]. 中国高教研究, 2005 (05): 20-22.

[88] 马陆亭. 独立学院发展分析 [J]. 国家教育行政学院学报, 2005 (05): 77-80.

[89] 刘湘桂, 李冬霞. 论独立学院背景下的高校学生工作 [J]. 经济与社会发展, 2005 (02): 197-199.

[90] 文达, 郭清泉, 张世珊. 明晰独立学院产权关系及其对策 [J]. 当代教育论坛, 2005 (03): 115-117.

[91] 朱军文. 新制独立学院终极所有权归属及其影响探析 [J]. 清华大学教育研究, 2004 (05): 68-72.

[92] 孙远雷. 关于"高校扩招"后教育质量问题的思考 [J]. 现代大学教育, 2002 (02): 96-98.

[93] 张应强, 彭红玉. 高等教育大众化时期地方政府竞争与高等教育发展 [J]. 高等教育研究, 2009 (12): 1-16.

[94] 尹伟. 独立学院的发展历程与特征探析 [J]. 高等农业教育, 2007 (08): 9-12.

[95] 刘志军. 教育评价的反思和建构 [J]. 教育研究, 2004 (02): 59-64.

[96] 李国祥. 独立学院管理体制与运行机制研究 [J]. 广西民族大学学报 (哲学社会科学版), 2012 (03): 186-188.

[97] 刘继荣, 杨潮. 独立学院管理体制与运行机制构建的基本思路 [J]. 高等工程教育研究, 2004 (03): 41-46.

[98] 罗明. 独立学院的发展研究 [D]. 长沙: 湖南师范大学, 2005.

[99] 卢继团. 我国独立学院管理体制改革问题研究 [D]. 福州: 福建师范大学, 2014.

[100] 周文叶. 学生表现性评价研究 [D]. 上海: 华东师范大学, 2009.

[101] 钟秉林. 转变方式, 推进高等教育内涵发展和质量提升 [N]. 光明日报, 2016-02-25 (001).

[102] 熊丙奇. 600所本科院校转职教并非易事 [N]. 新京报, 2014-5-12.

后 记

2009年9月，我进入山西大学商务学院工作，这是一所独立学院，如果从创办于1999年的浙江大学城市学院作为我国第一所独立学院算起，当时，恰逢独立学院刚刚走过第一个不平凡的10年。对于这个10年的发展历程，我只能从一些文献研究资料中、从国家的政策文本中、从与相关人员的交流中去找寻。

此后，我专门致力于独立学院的相关研究工作。首先，要感谢我所工作的山西大学商务学院，给了我这样一个平台，并允许我自由开展一些研究工作。最初，我不知道自己能做些什么，在我的第一印象中，独立学院就是一所大学，和其他公办大学、民办大学没有什么区别。因此，我的工作主要围绕学校的教学、学生、教师、专业等对一所高校的发展至关重要的因素开展。作为一所本科院校，独立学院在教学、科研、学生工作等方面虽然也有一些自身的特殊性，但总体上来说，与其他高校相比，并无更大的差异。

随着对独立学院的深入了解，以及对独立学院发展历史的追溯，我发现独立学院的运作模式远比想象的要复杂、多样。2013年至2015年间，我有幸为中国独立学院协作会和独立学院工作部提供一些文字写作和联络工作，参与了几次全国独立学院研讨活动，有机会到一些独立学院实地考察，并起草了一些政策建议。这段时期，我也完成了一些重要的研究报告工作，我的关注焦点聚焦在国家相关政策以及独立学院转设、转型等宏观层面。随后几年，我又做了一些其他的研究工作，却始终关注国家的政策走向和独立学院的发展动态。

其实，几年之前，就有人告诉我，你应该写一本书，说实话，当时我的大脑里一片空白，我不知道我要写什么，我也不知道我能写什么，虽然独立学院的不少方面引发了我的思考，但都是零星的想法，能够让我进行深入思考、系统梳理，并自圆其说的还没有出现。现在想来，是因为我没有足够的积淀，当然，写这本书之前，我对独立学院的研究和思考仍然是散乱的，希望通过本书的写作，能够使自己之前零星的想法形成一个系统。本书内容作为自己之前研究工作的梳理，希望能为大家提供资料性参考，如果大家觉得还有一些新意，并能够引起共鸣或思考的话,实属难得。同时,此书也算是我 10 年独立学院工作与研究的一个总结和积累,不足之处,还望多多批评指正。

  此书能够顺利完成,首先要特别感谢苗玉宁教授,是她引导、带领我走进独立学院这个研究领域,鼓励我积极探索,并在相关理论研究和实践问题方面给予我诸多的启发和思考。此外,还有许多人需要感谢,感谢学院领导给了我自由探索的环境和氛围,感谢学院图书馆工作人员给我提供了丰富的资料和便利的条件,感谢我的同事张晓雪在之前的研究工作中,和我一起做了大量的资料、数据收集和整理工作。在此,还要特别感谢我的爱人李耀杰先生,他在繁忙的工作中,不仅承担了大量的家务劳动,还对本书的写作提出了许多中肯的意见和建议。